幼儿主题游戏

活动指南

李艳莹　白　鸽——著

中国言实出版社

图书在版编目（CIP）数据

幼儿主题游戏活动指南 / 李艳莹，白鸽著. -- 北京：

中国言实出版社，2024.12. -- ISBN 978-7-5171-4992-7

Ⅰ. G613.7

中国国家版本馆CIP数据核字第2024WB0239号

幼儿主题游戏活动指南

责任编辑：王君宁

责任校对：王建玲

出版发行：中国言实出版社

　　　　地　　址：北京市朝阳区北苑路180号加利大厦5号楼105室
　　　　邮　　编：100101
　　　　编辑部：北京市海淀区花园北路35号院9号楼302室
　　　　邮　　编：100083
　　　　电　　话：010-64924853（总编室）　010-64924716（发行部）
　　　　网　　址：www.zgyscbs.cn　电子邮箱：zgyscbs@263.net

经　　销：新华书店
印　　刷：北京虎彩文化传播有限公司
版　　次：2024年12月第1版　　2024年12月第1次印刷
规　　格：710毫米×1000毫米　1/16　20.25印张
字　　数：300千字

定　　价：56.00元
书　　号：ISBN 978-7-5171-4992-7

丛书编委会

主　编：吴颖惠

副主编：王　强　　宋官雅　　燕海霞

编　委：吴颖惠　　王　强　　宋官雅　　燕海霞

　　　　毕全胜　　尹　涛　　严星林　　宋世云

　　　　白　雪　　王　瑞　　孔　伟　　马京明

　　　　冯　浩　　刘建琦　　赵方军　　宋永健

　　　　杨　柳

序

2012 年 10 月 9 日，教育部正式颁布《3—6 岁儿童学习与发展指南》，其中明确指出，"幼儿的学习是以直接经验为基础，在游戏和日常生活中进行的。要珍视游戏和生活的独特价值"。《3—6 岁儿童学习与发展指南》以为幼儿后继学习和终身发展奠定良好素质基础为目标，以促进幼儿体、智、德、美各方面的协调发展为核心，通过提出 3—6 岁各年龄段儿童学习与发展目标和相应的教育建议，帮助幼儿园教师和家长了解 3—6 岁幼儿学习与发展的基本规律和特点，建立对幼儿发展的合理期望，实施科学的保育和教育，让幼儿度过快乐而有意义的童年。

2019 年 7 月，北京市海淀区教育科学研究院启动"幼儿主题游戏活动设计与实施研究"课题，选题兼具理论意义和实践价值，围绕幼儿主题游戏活动设计与实施组织开展研究，试图通过梳理符合幼儿身心发展特点和规律的内容，设计有利于实现幼儿主题游戏活动的内容主题，从家长、社区、社会等方面多层面、多领域开发有利于幼儿主题游戏活动的教育教学资源，积极探索幼儿主题游戏活动的设计与实施策略。主题游戏活动的设计既体现了《3—6 岁儿童学习与发展指南》所强调的"幼儿的学习是以直接经验为基础，在游戏和日常生活中进行的"精神，也是对"要珍视游戏和生活的独特价值"的最佳回应。它在教育内容的选择上充分考虑了幼儿的兴趣、幼儿已有经验、幼儿的学习方式、幼儿年龄特点以及幼儿发展水平等诸多方面的因素，使幼儿参与活动的主动性与积极性得到了提升与保证。同时，主题活动的开展又能够使得领域之间的联系更为自然而密切，也能将幼儿各领域的学习目标与内容整合，一定程度上避免教育内容割裂单一的现象。从一定意义上来讲，这应该是幼儿园课程进一步科学化和专业化的很好体现。

课题研究关注幼儿园的课程建设，围绕孩子的基本能力、基本生活技能，依据幼儿的兴趣，采用主题化的教育思想组织，运用游戏化的教育方式开展；与此同时，在面向幼儿园儿童进行审美情感的培养、智力的开发中，运用一些主题来承载。因为只有这样才能将关注幼儿日常生活经验与游戏独特价值融入以儿童为视角的幼儿教育之中，并形成符合幼儿身心发展需要的主题游戏课程。

儿童的成长需要和学习需要都需要被关注、被满足。好的游戏活动既要被幼儿喜欢，更要具有育人的价值，课题组各幼儿园在今后的研究与实践中，应进一步挖掘主题游戏活动背后的教育价值，让主题游戏活动真正促进幼儿德智体美劳全面发展，真正成为幼儿发展的最优手段与途径。

廖丽英

北京教育科学研究院副研究员，原中国学前教育研究会秘书长

一 目 录 一

第一章　什么是幼儿主题游戏活动

为深入贯彻落实《国家中长期教育改革和发展规划纲要（2010—2020年）》和《国务院关于当前发展学前教育的若干意见》（国发〔2010〕41号），指导幼儿园和家庭实施科学的保育和教育，促进幼儿身心全面和谐发展，2012年10月9日教育部颁布《3—6岁儿童学习与发展指南》，其目标是为幼儿后继学习和终身发展奠定良好素质基础，提出3—6岁各年龄段儿童学习与发展目标和相应的教育建议，帮助幼儿园教师和家长了解3—6岁幼儿学习与发展的规律特点，建立对幼儿发展的合理期望，实施科学的保育和教育，让幼儿度过快乐而有意义的童年。

北京市海淀区经过深入研究国内外关于幼儿游戏的探索成果，系统梳理幼儿主题活动的实践经验，创新性地尝试开展幼儿主题游戏活动设计与实施。

一、幼儿主题游戏活动有什么特征

幼儿园游戏活动是最适合幼儿身心发展的一种活动形式。正如皮亚杰所说："游戏是幼儿已有经验的反映，幼儿的游戏水平与其发展水平是同步的。""玩"与"学"是相辅相成的平衡关系，正是因为有了"玩"的动力，才能促使幼儿更积极主动地"学"。

（一）从游戏到幼儿主题游戏活动

1. 游戏及其特点

（1）游戏。

游戏是幼儿自发、自主、自由的活动。幼儿好动、好奇，对周围世界充满了兴趣，他们自发地去探索和认识周围环境。探究往往是幼儿游戏活动的开端，兴趣和好奇是推动幼儿游戏的直接动因。游戏不仅是幼儿积极主动地探索、认识周围世界的基本活动形式，也是幼儿与周围的成人和伙伴交往的基本途径。[①]

（2）游戏的特点。

第一，游戏是在假想的情境中反映周围现实和社会生活，具有社会性。

第二，幼儿自发地、自愿地从事游戏，具有主动性。

第三，在游戏中，形象、动作、语言相结合，游戏具有创造性。

第四，游戏中的行为是象征行为，具有概括性。

第五，游戏没有外在的目标，是非生产性的，具有趣味性。

2. 游戏的作用

游戏对于学前儿童具有非常重要的意义。捷克教育家 J.A. 夸美纽斯认为游戏是母育学校时期对儿童进行全面教育的手段。德国教育家 F.W.A. 福禄贝尔指出，"游戏是幼儿园教育的基础"。苏联教育家 H.K. 克鲁普斯卡娅说："游戏对于他们是学习，游戏对于他们是劳动，游戏对于他们是重要的教育形式。"苏联一些学者认为，游戏是儿童有目的、有意识的社会活动，它的内容具有社会性和历史性。现代教育理论认为，游戏是幼儿时期的主导活动，是促进幼儿身心发展的最好活动形式。它是对幼儿进行德、智、体、美等全面发展教育的有力手段，在幼儿教育中占中心地位。

---

① 刘焱 . 游戏——幼儿发展的一面镜 [J]. 标准生活，2016（6）.

3. 游戏的种类 [①]

游戏的分类可以有很多种方法，可以认知发展、社会性发展为依据进行分类，可以活动对象、活动形式、活动内容为依据分类，还可以游戏时间或以游戏教育作用为依据分类。

（1）以认知发展为依据的分类。

认知发展伴随着幼儿的成长，不同的认知发展水平，会出现不同的游戏内容和形式。以认知发展为依据，通常把幼儿游戏分为以下四类。

● 感知运动游戏。也称练习性游戏或机能游戏，是幼儿发展过程中最早出现的一种游戏形式，随着年龄的增长而逐渐减少，主要指简单的重复性运动，以及运动器官在使用过程中所获得的快感，如爬、敲打和摆弄物体等。

● 象征性游戏。主要通过一物代替另一物、角色扮演或模仿身边真实情境等来完成，如"过家家""扮演妈妈""建医院，当医生"等。它是幼儿典型的游戏形式。

● 结构性游戏。主要指幼儿按照一定的目的来组织物体或游戏材料，使之呈现出一定结构和形式的活动，如拼图、搭积木、堆雪人和玩沙泥等。

● 规则性游戏。主要指两个以上的游戏者按照一定的规则进行的具有竞赛性质的游戏，如下棋、跳房子、抛纸包、猫捉老鼠、老鹰捉小鸡等。

（2）以社会性发展为依据的分类。

依据幼儿在游戏中的社会性参与程度可将游戏分为以下四类。

● 独自游戏。即幼儿专注地玩自己的游戏而无视他人的存在，如幼儿自己玩玩具，或张开双臂"开飞机"等。

● 平行游戏。幼儿玩着和身边幼儿相同的玩具，可模仿他人，但却不和他人进行交流，如幼儿自言自语当"老师"、当"警察"等。

● 联合游戏。幼儿和其他幼儿一起玩，进行相似却不一定相同的活动，相互之间没有明确的分工与合作，只按照自己的意愿和兴趣进行。

● 合作游戏。两个以上的幼儿围绕某个共同的主题一起进行的游戏。有

---

① 李丽，邓益云. 幼儿游戏活动设计与案例 [M]. 北京：人民邮电出版社，2018.

明确的目标和分工是幼儿社会性逐步成熟的表现。

（3）以活动对象为依据的分类。

以活动对象为依据的分类，因不同幼儿借助不同对象或材料去开展游戏活动，进而得到不同的游戏体验与感受。

● 身体运动游戏。指感知觉与运动器官的联合活动，类似于练习性游戏。如我们把幼儿举上举下，或放在膝上前后摇摆，幼儿会高兴得咯咯大笑。

● 物质材料游戏。指幼儿摆弄实物的玩物游戏，表现为反复做某些动作或以相同的方法反复玩弄物品以取乐，如幼儿反复地玩弄 Pad 上的"语言猫"以获得愉悦的体验感受。

● 语言材料游戏。指以声音、节律、词汇、语法等各种语言要素构成的嬉戏性游戏，如儿歌、歌谣、猜谜语、说笑话等。

● 生活材料游戏。指以幼儿现实生活经验为主要内容的游戏。扮演不同的社会角色是这类游戏的主要特征。

● 规则材料游戏。指受到规则支配或以探索社会规范限度为目的的嬉戏性游戏。

（4）以活动形式为依据的分类。

● 运动性游戏。指以肢体运动为活动方式的游戏，如走、跑、跳、爬、投等基本动作构成的身体运动，能有效培养幼儿的动作协调性、肌肉的控制力、肢体的平衡性和耐力等。

● 智力性游戏。指运用脑力来进行的游戏，可有效促进幼儿思维活动。

● 装扮性游戏。指以假设现实生活中或文学作品中各种人物形象的动作、语言、表情和事件等，而使幼儿获得一种心理满足。

● 操作性游戏。指幼儿通过手指的灵巧操作而使各种不同的材料在自己的想象创造下变幻无穷。

● 接受性游戏。指通过看电视、听录音、阅读画册或玩电子游戏机等方式使幼儿感到乐趣的活动。

（5）以活动内容为依据的分类。

● 技能性游戏。指有规则的室内外操作性游戏，如荡秋千、投掷、剪贴、弹豆子、拍纸牌等。

● 认知性游戏。指在活动过程中能促使幼儿获得知识、发展智力的游戏，如猜谜语、拼图、听故事、念童谣等。

● 社会性游戏。指模仿成人世界的游戏，如装扮爸爸、妈妈、警察、司机等，以及把孩子在实际生活中的所见所闻通过表演形式反映出来。

● 结构性游戏。指幼儿通过双手操作，把想象中的东西创造出来，如搭积木、捏橡皮泥、折纸、画画等。

（6）以游戏时间为依据的分类。

这种分类主要以幼儿参与同一种游戏或在同一种游戏中持续的时间长短为参照坐标。

● 累积型游戏。通常指把片段的游戏活动连接起来的游戏。如幼儿看几分钟图片，然后在纸上乱涂几分钟，之后又玩起其他玩具来，往往在特定时间内能玩多种游戏，一般多见于1—2岁幼儿。

● 连续型游戏。指对同一类型的游戏能连续玩近一个小时，然后连续玩另一个与上个游戏内容无关的游戏，一般多见于2—4岁幼儿。

● 分节型游戏。指把一个完整的游戏分成二至三次来进行的游戏。如玩沙子时玩盖房子游戏，又玩打隧道游戏等，一般多见于4—6岁幼儿。

● 统一型游戏。指整个游戏是在统一的主题、目标下进行，游戏内容彼此有联系，游戏方式也基本相同，一般多见于年龄稍大的幼儿。

（7）以游戏教育作用为依据的分类。

我国习惯以游戏的教育作用进行分类，将游戏分为规则类游戏与创意类游戏。

● 规则类游戏

规则类游戏包括智力游戏、体育游戏、音乐游戏。

智力游戏。智力游戏是依据一定的智育任务设计的，以智力活动为基础，以生动、有趣的游戏形式，使幼儿在轻松愉快的活动中完成增进知识、发展智力的任务，是帮助幼儿认识事物、巩固知识、锻炼思维的一种有规则的游戏。

体育游戏。体育游戏是以走、跑、跳、投、平衡等基本动作为主要内容，以不同的角色、情节和规则为形式的活动。它的作用是培养幼儿对体育活动的兴趣，锻炼幼儿的基本动作，增强幼儿的体质。体育游戏是根据一定的体育任务设计的。

音乐游戏。所谓音乐游戏，是在音乐伴奏或者歌曲伴唱的情况下，按照一定的要求和规则进行的活动，主要目的是发展幼儿的音乐感受能力和音乐表现能力。

● 创造类游戏

创意类游戏包括建构游戏、角色游戏、表演游戏。

建构游戏。又称结构游戏，是指利用各种结构材料或玩具（如积木、积塑、沙石、泥、雪、金属材料等）进行建构活动的游戏。

角色游戏。角色游戏是指幼儿运用想象，通过扮演角色，创造性地反映生活经验的一种游戏。

表演游戏。表演游戏是指幼儿按照故事、童话的内容，分配角色、安排情节，通过动作、表情、语言、姿势等进行的游戏。

4. 游戏活动

游戏是幼儿的基本活动，教师根据一定的教育目标组织设计游戏活动。在幼儿园中，游戏主要分自由游戏和组织游戏两种。教师围绕主题活动有目的地设计、组织的各类游戏对幼儿的成长、发展有着重要的意义。[1]

从游戏到游戏活动，是将自然状态下的幼儿游戏纳入有目的、有计划的，对幼儿身心施加影响、促进幼儿发展的大背景中。在这一转化过程中，幼儿的游戏呈现出多种表现形式。

在幼儿主题游戏活动实践探索中，游戏活动是指以游戏为载体的教育方式，是教师有目的、有计划、有意识地设计和实施的，对幼儿身心产生积极影响、促进幼儿发展的活动。

在幼儿主题游戏活动实践探索中，游戏活动突出游戏精神。游戏精神是

---

[1] 李林娜. 浅析指导新手型教师设计组织主题游戏活动的策略——以新手型教师参与式培训实践为例 [J]. 中国校外教育，2016（11）：40-42.

一种状态、一种心态、一种品质，教师要用游戏精神和方式去组织主题活动，让儿童在玩中学，即在顺应和保持"游戏期"儿童特有精神的前提下，尽可能地为儿童创设轻松、愉悦的学习环境，使儿童的活动洋溢着"游戏性"。

在幼儿主题游戏活动实践探索中，游戏活动的产生方式可以来自两个渠道。一是将游戏视为幼儿园课程的基本内容之一，将儿童自发或自由状态的游戏赋予教育教学因素，并尽可能地使幼儿园的教育教学活动游戏化；二是根据儿童在游戏中表现出来的兴趣和需要，设计新的教育教学活动。

在幼儿主题游戏活动实践探索中，游戏活动的适用范围很广，不仅可以涉及集体教学活动、区域活动，还可以涉及幼儿园一日活动中的户外活动、生活活动（含过渡环节）等。

5. 主题游戏活动

作为幼儿的基本活动，游戏能够使幼儿不断发现问题、解决问题、主动探究，获得一个或多个领域学习与发展的有益经验，萌发好奇、专注、探究、合作等良好的学习品质。近年来，主题游戏活动越来越受到幼儿园重视，它使各领域的内容有机联系，相互渗透，体现了活动的综合性、趣味性，寓教育于生活和游戏中。在主题游戏活动中，可以把幼儿游戏与相关的主题教育活动结合起来，寓每个主题教育目标于幼儿的游戏活动之中，让每个幼儿在游戏中，从相关主题中获得一定的知识、技能，得到情感的熏陶。

主题游戏活动[1]，即以主题为核心，以幼儿为主体，以游戏为形式，以具有主题想象的情境为特色，在一段时间内通过操作、调查、协商、扮演角色等多种手段，积累生活认知经验，经过师生共同策划，围绕主题创造性、连续性、发展性地展开游戏情节，完成教育目的的一种游戏活动。

在幼儿主题游戏活动实践探索中，主题游戏活动以幼儿为本，充分关注幼儿在一日生活中所表现出的兴趣需要，从现有教师预设的主题活动与幼儿自主生成的游戏中梳理出成体系、有逻辑、有层次，符合幼儿年龄特点和兴

---

[1] 丁红. 浅谈主题游戏活动的组织与发展——以戏剧主题游戏《老鼠嫁女》为例 [J]. 文化创新比较研究，2019（8）：180-181.

趣需要的系列主题，以主题为线索，设计并实施一系列对幼儿身心产生积极影响、促进幼儿身心发展的幼儿游戏活动。主题游戏活动在主题的背景下，涉及幼儿一日生活的多方面：包括通过游戏方式开展主题背景下凸显游戏属性的集体教育活动；通过有主题的环境创设和材料投放，在区域游戏活动中激发幼儿兴趣，在为幼儿自主游戏提供支持与多样选择中渗透一定的教育价值观，产生潜移默化的教育影响；通过主题背景下的游戏元素在生活活动、过渡环节、家园合作等更多环节有效渗透，科学地开展逻辑清晰、线索丰富的主题游戏活动，实现幼儿健康快乐成长。

（二）主题游戏活动的要素

在幼儿主题游戏活动实践探索中，主题游戏活动的要素包括构成要素与设计要素。

1. 构成要素

构成要素主要包括教育要素与游戏要素。其中，教育要素主要包括主题游戏活动的环境和主题游戏活动的内容。

2. 设计要素

幼儿主题游戏活动设计包括在园所或学段、班级范围内整体规划层面的方案设计，以及在单个活动中的方案设计。幼儿主题游戏活动方案的设计要素包括实施范围、设计缘由、活动目标、主题维度、主题网络图、主要概念说明（依情况选用）、活动计划表、建议等。幼儿主题游戏活动单个活动中的设计要素包括设计意图、活动目标、活动准备、活动重难点、活动过程、拓展延伸、总结与提升、游戏活动策略。

（三）幼儿主题游戏活动的创新之处

幼儿主题游戏活动的设计与实施探索，在理论和实践上均有创新之处，在研究视角上创新，在教育方式及教育效果上有所突破，在教育环节上有所拓展。

1. 研究视角上的创新

幼儿主题游戏活动将当前"课程游戏化"与"游戏课程化"两种视角有

机融合融通，是一种创新。

2. 教育方式及教育效果上的突破

因主题游戏活动基于幼儿的兴趣和需要，关注点更加全面，构成要素中同时包括教育要素与游戏要素，从而更加有利于解决以往幼儿园自主游戏活动及主题活动开展中的不足，真正实现幼儿健康快乐成长。通过主题的科学设计，使自主游戏活动的教育要素更加凸显；同时在主题游戏活动的环境创设和内容中渗透一定的教育价值观，对幼儿的游戏施加影响。通过在主题活动中强调游戏要素（包括游戏情境、可观察的外部行为表现和游戏性体验等），真正解决幼儿园教育小学化的问题。

3. 教育环节上的拓展

主题游戏活动较以往主题活动较多关注区域活动、集体教学活动，关注一日生活全过程。主题游戏活动倡导幼儿园在游戏精神的指导下，以主题为主线，将包括生活活动、活动区活动、集体教学活动、户外活动（含过渡环节）在内的幼儿园一日活动的多个环节贯穿起来。

（四）幼儿主题游戏活动的突出特点

幼儿主题游戏活动具有以下几方面突出特点：

（1）幼儿主题游戏活动围绕某个中心（主题）展开，具有综合性，是具有一定时间跨度，相互关联的系列性活动。

（2）幼儿主题游戏活动将全面性和启蒙性、整合性和生活性、活动性和情境性相结合；更注重幼儿的体验与感受，更强调教师与幼儿的共同探究。

（3）幼儿主题游戏活动以幼儿获得经验为主，又有明确的教育内容；涵盖学习的因素，具有教育功能；将游戏因素与教育因素有机结合。

（4）幼儿主题游戏活动具有游戏的属性。即使是模拟的对幼儿来说也仿佛是真实的；需要幼儿主动参与，充满乐趣；是遵循规则的有序行为；在其中，幼儿有选择的权利与可能；活动的难度（任务）与幼儿的能力相匹配；关注过程而非结果；幼儿不寻求或不担忧游戏以外的奖惩，在其中具有成就感或胜任感体验。

（五）幼儿主题游戏活动的实践价值

当前，幼儿园教育实践中轻视与忽视游戏的问题，在全球范围内比较普遍地存在着。在幼儿园科学开展幼儿主题游戏活动，有利于促进幼儿园教师、家长明晰幼儿身心发展的规律和特点，提升教师素养，提升幼儿园保育教育质量，促进幼儿健康快乐成长。

1. 为自由游戏提供更好的支撑

开展幼儿主题游戏活动设计与实施探索，需要认清幼儿主题游戏活动与自由游戏的关系。幼儿主题游戏活动的设计不是与幼儿自由游戏相对立、相排斥的，而是可以通过更加科学的环境创设，利用情境的熏陶及导向作用，使幼儿在游戏活动中受到教育和引导，使幼儿在自由游戏中得到更好的支持；通过科学的材料投放使幼儿的游戏活动能有更多、更好的选择。

2. 提高幼儿参与积极性

通过主题游戏活动的设计与实施，为幼儿创设出一种特定的、快乐的情境，可以促使幼儿在游戏的带动下全身心地参与活动，提高学习的积极性和主动性。

3. 促进幼儿思维发展

通过开展多样性的主题游戏活动，促进幼儿大胆尝试、自主探究游戏的玩法、自由表达自己的想法，使思维得以激活，想象力得以延伸；促进幼儿对问题解决产生多种见解，为幼儿的后续学习打好基础。

4. 促进幼儿健康快乐成长

避免幼儿园教育小学化倾向，促进幼儿园一日生活更加符合幼儿身心发展规律、符合幼儿兴趣，实现幼儿的健康快乐成长。

5. 推动教师专业发展

在幼儿主题游戏活动设计与实施探索中，广大幼儿园干部教师通过对日常的保教工作进行理性的反思，不断开展幼儿主题游戏活动整体方案及活动设计的优化，推动教师理论素养、实践能力提升，专业素养发展。

6. 提升幼儿园保育教育质量

幼儿主题游戏活动整体方案的设计实质上是幼儿园园本课程开发的基础环节。"从某种程度上来说，系列化、规范化的游戏活动就是幼儿园的课程内容，而不只是课程实施的形式""游戏一旦进入幼儿教育领域，就不再是一种纯粹的自然活动，因为它受到教育价值观的规范而成为教育活动。"[①] 幼儿主题游戏活动设计，是以幼儿身心发展规律为依据，以科学系统的幼儿园教育为宗旨，以幼儿的全面发展为目标，努力使幼儿园教育在以幼儿为中心，从幼儿视角、幼儿兴趣出发开展游戏活动的基础上，开展得更加理性、科学、系统，提升幼儿园保育教育质量，实现更完善的幼儿园教育。

二、幼儿主题游戏活动方案怎么做

幼儿主题游戏活动的开展，以幼儿为本，充分关注幼儿在一日生活中所表现出的兴趣和需要，从现有教师预设的主题活动与幼儿自主生成的游戏中梳理出呈体系、有逻辑、有层次、符合幼儿年龄特点和兴趣需要的系列主题，以主题为线索，设计并实施一系列对幼儿身心产生积极影响、促进幼儿身心发展的幼儿主题游戏活动。幼儿主题游戏活动方案的科学设计，是幼儿主题游戏活动有效实施的基础和前提。

（一）幼儿主题游戏活动方案设计理念

在幼儿主题游戏活动方案设计的实践探索中，需要首先明确任务的性质及定位，明晰方案设计的理念及总目标。

1. 明确任务性质及定位

游戏一旦进入幼儿教育领域，就不再是一种纯粹的自然活动，而是受到教育价值观的规范成为教育活动。幼儿主题游戏活动设计与实施的研究实质上属于一种关于幼儿园课程建设的实践探索。幼儿主题游戏活动的系统设计

---

① 《幼儿园游戏化活动课程》编委会. 幼儿园游戏化活动课程教师用书（中班下）[M]. 北京：首都师范大学出版社，2013.

与实施是在为凸显具有园本特色的主题游戏活动课程打基础。

2. 明晰设计理念及总目标

在幼儿主题游戏活动方案设计与实施中，要明晰设计理念及总目标：要从幼儿出发，为幼儿成长发展提供"鹰架"；要助力幼儿的全面发展、快乐成长。为幼儿成长发展提供"鹰架"，是教师的角色定位，又是主题游戏活动方案和活动设计的定位，体现教育要素和主题的元素。助力幼儿的全面发展、快乐成长，要求方案及主题设计具备科学性、系统性、关联性、全面性，凸显游戏特征。

（二）幼儿主题游戏活动方案设计思路

1. 幼儿主题游戏活动方案"主题网络"的设计方式

幼儿主题游戏活动方案"主题网络"的设计方式可以参照幼儿园课程内容组织方式的两种思路——"纵向组织法"和"横向组织法"，采用"纵向拓展"和"横向架构"两种组织方式。

（1）纵向拓展。

幼儿主题游戏活动方案"主题网络"设计的纵向拓展法，是依据课程内容组织方式的纵向组织法展开，从多个主题网中遴选出相对成熟、完善、利于推广的一组，进一步深挖，找下位概念，做实，在更大范围内推广，强化某一特色。

（2）横向架构。

幼儿主题游戏活动方案"主题网络"设计的横向架构法，是依据课程内容组织方式的横向组织法展开，将以往零散的主题群进一步梳理，找到交叉点、结合点，经过重组，进一步找上位概念进行综合提升，进行更庞大、更系统的主题网的编制。

2. 幼儿主题游戏活动方案设计的路径

（1）"自下而上"的路径。

很多幼儿园在做幼儿主题游戏活动方案设计时采用"自下而上"的路径，多数幼儿园从班级层面开始做起，如北京市海淀区颐慧佳园幼儿园、中国农业科学院附属小学附设幼儿班、北京市海淀区唐家岭新城幼儿园、北京市海淀区七一小学附属实验幼儿园。有的幼儿园由年级层面的探索开始，如北京市海淀区上庄科技园区幼儿园。

（2）"自上而下"的路径。

一些幼儿园采用"自上而下"的路径，从园级层面开始，先做幼儿主题游戏活动的顶层设计，然后往下细做。如北京市海淀区上林溪二十一世纪实验幼儿园在做幼儿主题游戏活动方案设计时，不强求研发过程及推进顺序的一致，各园所根据本园实际情况及需求进行组织和推进。目标是实现年级、班级层面的设计更符合相应年龄段孩子的心理发展特征，园级的设计比较具有宏观的统整性。

3. 凸显个性化目标内容

为了解决各园所如何个性化实施主题游戏活动的问题与困惑，并彰显各园所的特色，幼儿园在进行幼儿主题游戏活动整体方案及活动设计的过程中，要牢记各园所个性化的研究方向，凸显个性化的目标和内容，例如，音乐、语言、体育等要素。

4. 注重科学性、整体性

为保障幼儿主题游戏活动设计与实施能够实现实践探索的初衷，实现幼儿健康快乐成长、全面发展，整体方案设计的科学性、整体性是关键。

设计要符合幼儿的年龄段特点。要参考《3—6岁儿童学习与发展指南》《幼儿园教育指导纲要（试行）》中有关要求，在设计中随时进行比对。尤其是以年级或园级为单位的幼儿主题游戏活动方案设计，要关注三个年级之间活动的衔接性与区别是否明显。主题单元背景资料和主题单元目标应在难度、内容侧重点方面区分得更加清楚。尤其是中班和大班的内容应建立在上一阶段学习相同主题时的已有经验之上，以实现主题网络设计的最终目标：分层级、相互关联、成套、立体。

从以下两个例子（见图1、图2）中可以看出小班、中班是如何就"春天"这个主题进行不同的设计的。从对比中可以看出，不同年级的设计在难度、领域、方式方法等方面存在着差异和梯度。

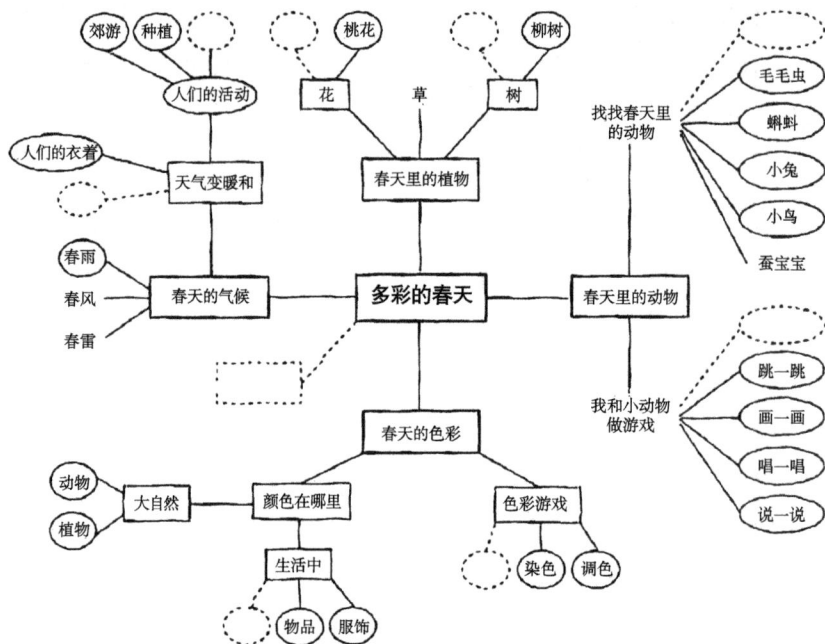

图 1　小班主题网：多彩的春天

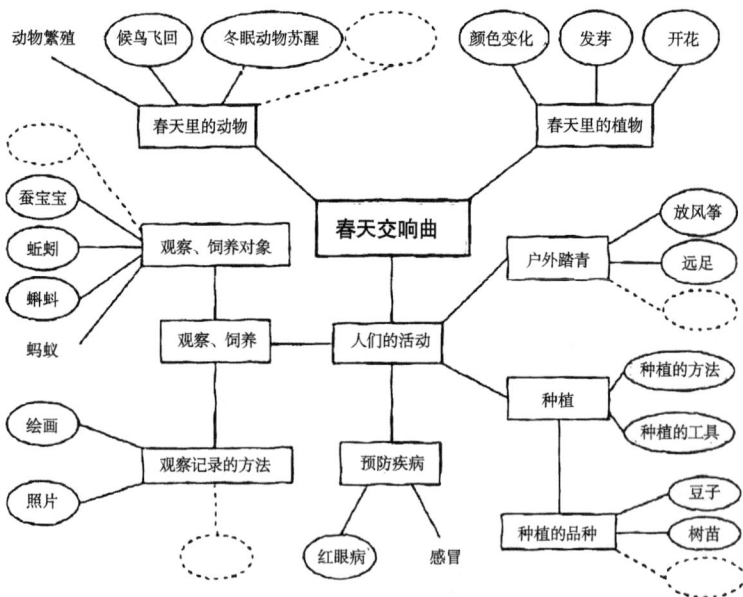

图 2　中班主题网：春天交响曲

　　　　　　　　　　　　　　　　　　　　　　幼儿主题游戏活动指南

5. 在一日生活的更多环节探索主题游戏活动

幼儿园应该在集体教学活动、区域活动中较多开展主题游戏活动，同时，在一日生活的更多环节中进行拓展，比如过渡环节等。过渡环节的游戏活动具有轻松愉快、简短易学、材料取放方便等特点。教师们可以在过渡环节围绕主题探索更多的手部动作游戏、语言游戏、歌谣游戏和区域自选游戏等。

幼儿园游戏活动的研究是学前教育领域亘古不变的主题，幼儿园课程建设是一个庞大的工程，将这两项研究任务结合在一起的海淀区幼儿主题游戏活动方案设计仍有很多问题需要探索和破解。比如：主题网络的设计方式在各年级的梯度（难度、深度、细化程度）如何呈现？不同年级的梯度差异如何在单个教学活动的目标、评价中呈现？设计的模板是否适合集体教学活动、区域活动、户外活动？对于过渡环节、生活活动等环节的设计如何呈现比较适合？如何把握时长、方式？……

（三）幼儿主题游戏活动方案设计要素及方法

1. 幼儿主题游戏活动方案设计要素

幼儿主题游戏活动方案设计要素主要包括：实施范围（园级/年级/班级/个人）、设计缘由、活动目标、主题网维度、主题网络图、活动计划表、建议（包括对环境创设、家园共育及区域材料投放的建议等）。

2. 幼儿主题游戏活动方案设计方法

幼儿主题游戏活动方案的设计是实施的前提与基础，幼儿主题游戏活动方案的科学性是幼儿主题游戏活动实践性及有效性的根本保证。幼儿主题游戏活动方案设计应重点做好以下几方面：明确实施范围、做好主题网络设计、活动计划表思路清晰，并且将园所个性化的特色凸显出来。

（1）明确实施范围。

幼儿主题游戏活动方案设计，首先需要明确实施范围。实施范围（设计主体）需要以主题游戏活动方案研发的主体为单位，与相关主题活动实施范围相关联。

（2）做好主题网络设计。

①维度划分准确清晰。

维度，是指主题及相应活动分类设计的线索，反映主题的细分过程中，是按照什么线索进行分类以及推进的。当前幼儿园的主题网络设计涉及多种维度，可大体分为以下五种导向：一是内容／概念为导向（从概念的内涵和外延入手）；二是儿童发展目标为导向（五大领域、三维目标、多元智能等）；三是幼儿认知发展规律为导向（如：感知—体会—抒发）；四是幼儿活动方式为导向（如：看—听—说—唱—写，等等）；五是活动形式为导向（如：集体、区域、户外、亲子）。依据不同的维度设计的主题游戏活动各有优势和不足，对教师素养的要求也不尽相同（见表1）。实践中，目前各园所的主题网络设计较多涉及内容、五大领域的维度，也有以活动形式、认知发展规律为维度进行设计。幼儿园可以根据实际研究需求厘清思路，选择适合的设计维度，做好主题网络的框架设计。

表1 依据不同维度进行主题设计的比较

设计维度	内容或概念相关联主题设计	幼儿学习与发展目标导向主题设计	儿童经验导向主题设计
设计思路	格局内容的关联性设计游戏	根据儿童学习与发展目标为架构拓展游戏	以儿童在活动过程中经验的连续性为线索生成游戏
课程性质	突出教师控制的相关性	突出教师依据目标主导的全面性	注重幼儿建构的连续性
优点	幼儿所学知识和经验体系性强	幼儿所学知识和经验体系性强，学习领域相对均衡，能较全面落实儿童学习与发展目标	幼儿学习的连续性和主动性得到尊重：有利于幼儿对自己的事情承担责任，能够使其追随自己的思维和行动的线索而不致遭受阻碍和形成对于成人的过分依赖；课程发展的结构隐含丰富的教育价值，有利于促进儿童学习品质的发展
局限	不能为幼儿提供整合性的经验，而是把课程的内容分解为特殊的概念片段，不能满足儿童学习和思维发展的连续性	不能为幼儿提供整合性的经验，而是把课程按照学科界限分解成不同领域，不能满足儿童学习和思维发展的连续性	由于同一年龄段甚至同一个班的幼儿经验差距大，生成的课程很有可能仅仅是个别儿童学习的方向，教师处理不当，就可能完全追随个别儿童的意愿，有可能造成其他儿童经验缺失；所学经验零散
对教师的核心要求	教师需具有比较广泛的科学文化知识	教师需熟悉幼儿园五大领域内容架构及其内涵、目标	教师能观察并记录幼儿行为，挖掘其行为背后隐性经验的发展，从而整合经验并能提供相关新课程、扩展新经验；做好观察和记录，将幼儿园生成的活动放进长期的指导计划中

首先，以内容为维度进行的主题网络设计，如北京市海淀区上林溪二十一世纪实验幼儿园依据秋天的天气、树叶等内容，进行主题的进一步细分。又如北京市海淀区颐慧佳园幼儿园（中班）"雾霾来了"主题游戏活动，按照对雾霾的认知、防护、游戏等相关的学习内容进行设计（见图3）。

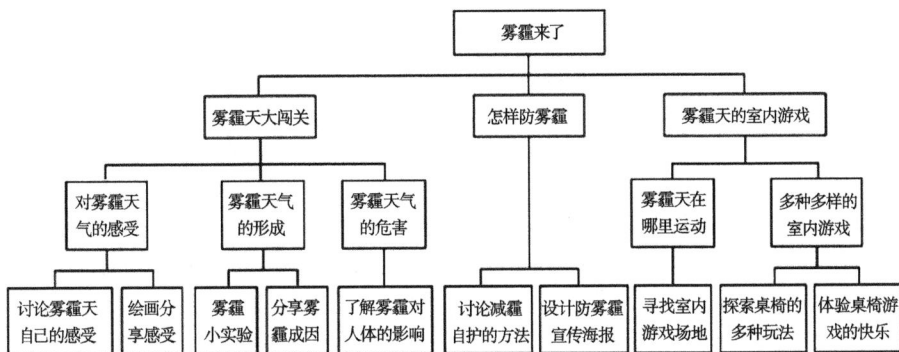

图3 "雾霾来了"主题游戏活动方案设计

其次，以五大领域为维度进行的主题网络设计，如中国农业科学院附属小学附设幼儿班小一班"春分到，真热闹！"主题游戏活动，从语言领域、健康领域、艺术领域、美工活动、科学活动、社会活动等方面进行设计（见图4）。

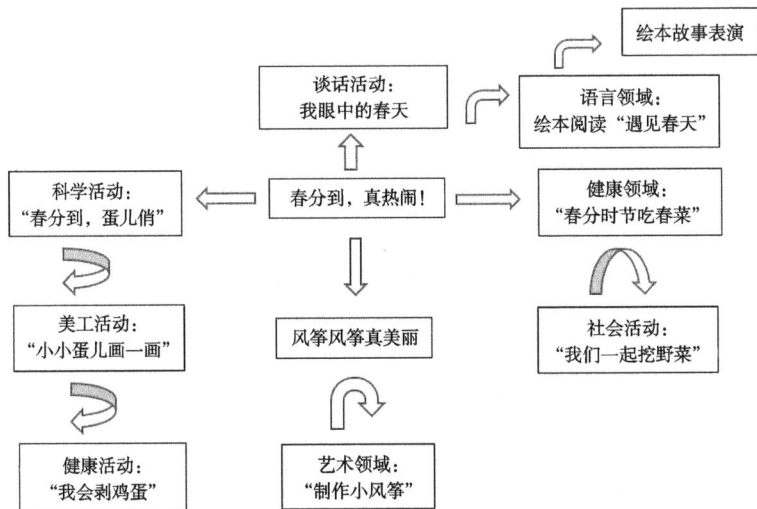

图4 "春分到，真热闹！"主题游戏活动方案设计

再次，以活动形式为维度进行的主题网络设计，如北京市海淀区唐家岭新城幼儿园小一班"我的动物朋友"主题游戏活动，依据教学活动、区域活动、家园共育等活动形式来对主题、活动进行分类（见图5）。

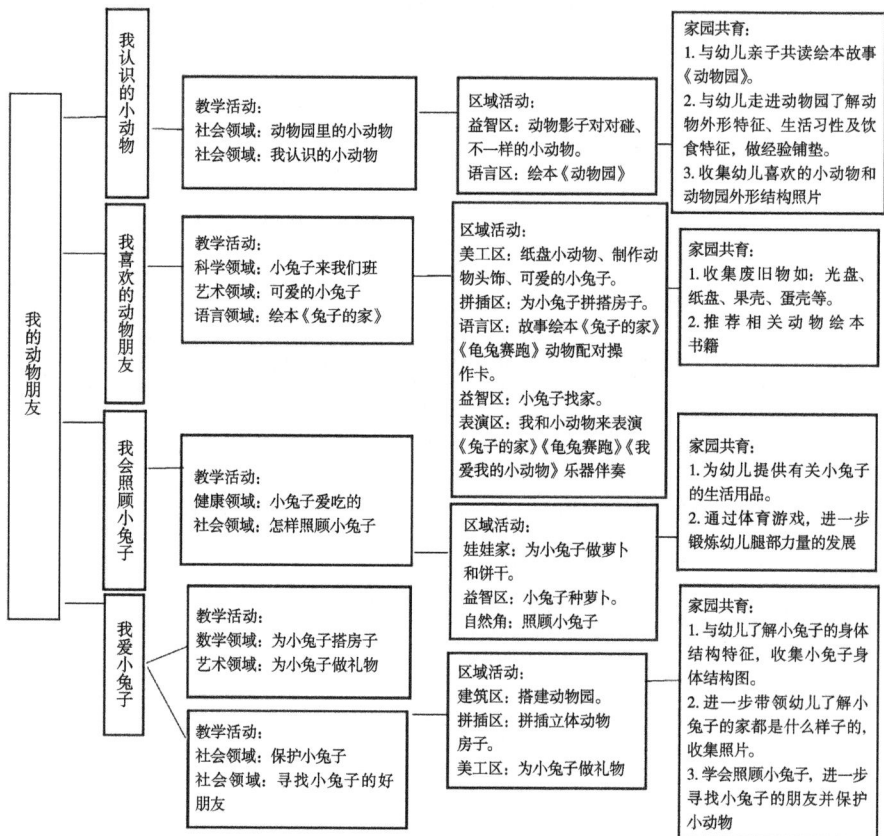

图5 "我的动物朋友"主题游戏活动方案设计

最后，以认知发展规律为维度的主题网络设计，如北京市海淀区七一小学附属实验幼儿园（小二班）"小蚂蚁进行曲"主题游戏活动，按照经验准备、欣赏音乐、区域活动、讲音乐、表现音乐、画的展示、表演音乐的幼儿认知发展规律将主题进行分类（见图6）。

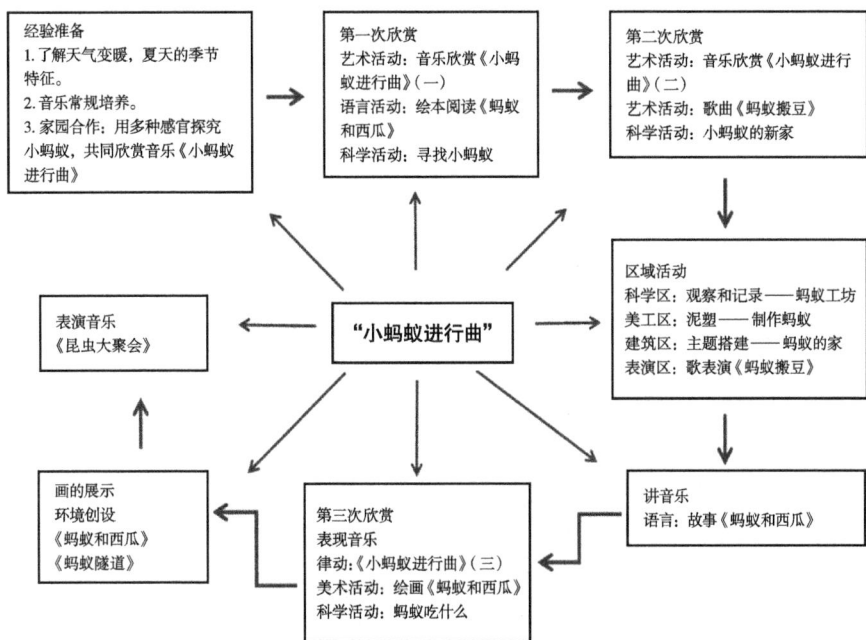

图6 "小蚂蚁进行曲"主题游戏活动方案设计

主题网络的设计不要求统一维度，教师结合子课题研究内容、研究目标，结合幼儿的兴趣与需求，结合实践，选择适合的分类方式进行设计。

②层级尽量丰富。

层级，在这里主要是指主题的层级，反映的是主题逐级细分的程度，体现对主题深入挖掘的程度。结构一般是：一级：总主题—活动；二级：总主题—1级分主题—活动；三级：总主题—1级分主题—2级分主题—活动。

目前各幼儿园的主题层级不尽相同，设计一级、二级主题的比较多，也有幼儿园设计了三级主题。

主题为一级的主题网络设计，如北京市海淀区颐慧佳园幼儿园（中班）高云飞老师设计的"电动车、燃油车大比拼"主题游戏活动方案，在总主题"电动车、燃油车大比拼"下设计了"多种多样的汽车""观察电动车和燃油车"等主题游戏活动（见图7）。

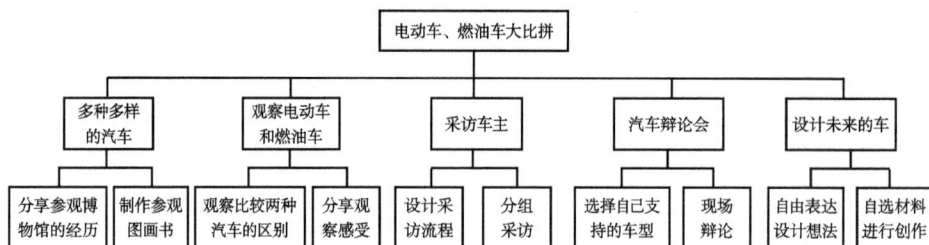

图7 "电动车、燃油车大比拼"主题游戏活动方案设计

主题为二级的主题网络设计，如前所述，北京市海淀区唐家岭新城幼儿园（小一班）"我的动物朋友"主题游戏活动，在总主题"我的动物朋友"下，先细分出"我认识的小动物""我喜欢的动物朋友"等4个1级分主题，然后在4个1级分主题下又分别设计了众多主题游戏活动（见图5）。

主题为三级的主题网络设计，如北京市海淀区上林溪二十一世纪实验幼儿园"秋天交响曲"主题游戏活动，在总主题"秋天交响曲"下，先细分出"秋天天气真凉""丰收的秋天""秋天的树叶"3个1级分主题，然后在3个1级分主题下细分出"保护自己的身体""秋天的衣服"；"秋天的水果""秋天的蔬菜"；"不同的树叶""我和树叶做游戏"等2级分主题，在2级分主题下设计了"折手绢"等众多主题游戏活动（见图8）。

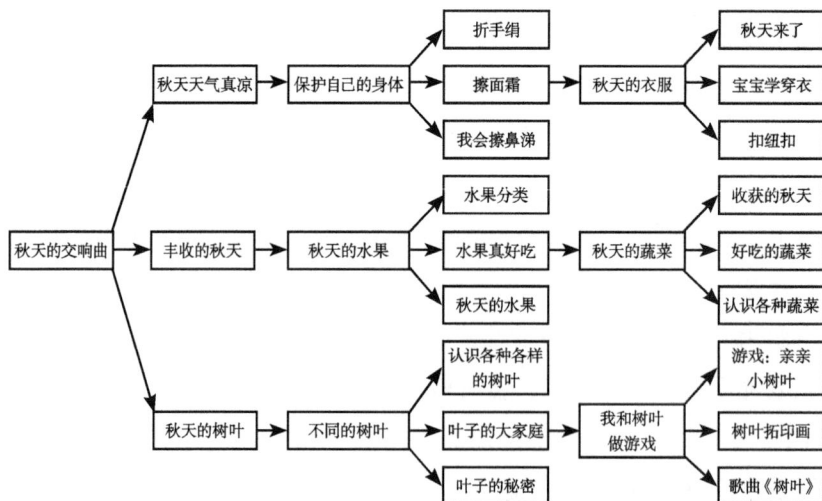

图8 "秋天交响曲"主题游戏活动方案设计

在主题网络设计的过程中，可以从简单的层级入手，随着研究和实践的逐步深入，努力把网络图的层级做得更加丰富。

③呈现方式清晰。

将主题网络维度及层级的结构逻辑呈现得清晰、直观、设计巧妙、区分度高，不容易产生歧义。

目前各园所主题网络图的呈现方式是多种多样的。有树状图，如北京市海淀区颐慧佳园幼儿园、中国农业科学院附属小学附设幼儿班的主题网络图；有的分板块呈现，如北京市海淀区上庄科技园区幼儿园、北京市海淀区唐家岭新城幼儿园的主题网络图；有的增加了流程图，使设计呈现出动态，如北京市海淀区七一小学附属实验幼儿园的主题网络图。

在主题网络图的设计与呈现过程中，需要思考递进关系与并列关系应该如何区分？并列关系的分类如何更加清晰地呈现？从呈现方式方面，是否有可以进一步完善的地方？如何修改得更加清晰？

在内容上，每个园所在主题网络图的内容设计上有所不同。多数呈现的内容：主题网络图的末端呈现的是具体的主题游戏活动，形式为主题—1级分主题（—2级分主题……）—活动。有的主题网络图的末端会下延到活动的环节或要素、内容。

主题网络图的呈现方式不追求形式统一，可以多样化，只要逻辑清晰、内部自洽统一、呈现清晰即可，应该鼓励创新。

（3）活动计划表思路清晰。

①活动计划表。

活动计划表是主题网络图中（通常为最末端）的每个活动在实施中时间及推进上的大体安排。

②详细程度不尽相同。

由于主题网络图层级设计存在差异，所以各园所的活动计划表的详细程度也有所不同。有的呈现了以周为单位开展主题活动的大体框架，有的呈现出每周多个活动的详细设计。

③涵盖方案所有活动。

无论详略程度如何，活动计划表尽量能够涵盖整个幼儿主题游戏活动方案中涉及的所有活动。

（4）园所特色凸显。

幼儿主题游戏活动设计与实施的实践探索本质上是幼儿园园本课程建设，需要结合幼儿园自身教育条件和特点开展，结合各园所处的自然、人文环境，形成彰显园所独特育人目标及方式、有自身特点的课程。

①结合园所自身教育条件特点。

各园所结合自身的教育条件和特点，以及所处的自然、人文环境进行个性化设计；反映各园所育人目标中独特的设计理念和价值观。例如幼儿园在家园合作、亲子游戏、节气、体验活动、食育、民族艺术、角色区、体验活动、通过绘本故事、音乐主题等方面的个性化探索。

②彰显园所独特育人目标及方式。

在主题网络的设计过程中，尤其是在内容设计或活动方式等方面，需要彰显出幼儿园独特的育人目标及方式，指导开展具有针对性、特色的游戏活动设计。

示例：

"绿豆的秘密"主题游戏活动方案设计 [①]

一、实施范围

小班。

---

① 北京市海淀区上庄科技园区幼儿园课题组研究团队。

二、设计缘由

在幼儿园，孩子们在午饭中品尝到了美味的绿豆汤，孩子们非常喜欢。有的小朋友好奇绿豆汤里有什么？有的小朋友只喜欢喝汤，里面的绿豆都剩下了，有的小朋友告诉我奶奶在家也会做，有的小朋友喝完一碗还想添，还有的小朋友好奇绿豆是从哪里来的……绿豆作为夏季消暑食物之一，在炎炎的夏日里是孩子们在幼儿园经常会吃到的食物，同时在端午节也有吃绿豆糕的习俗。

在"绿豆的秘密"主题游戏活动中，从认识绿豆、绿豆从哪来、好吃的绿豆三个方面出发，激发幼儿对绿豆的兴趣，使幼儿认识和了解绿豆的生长过程及营养价值。为加深幼儿对绿豆的喜爱，建立健康的饮食习惯，体验亲自动手的乐趣，发展幼儿的动手能力，我们开始了这场绿豆的秘密之旅。

三、活动目标

1. 大胆与同伴交流自己观察到的绿豆。（饮食与生命、科学、语言、社会）

2. 知道绿豆对身体的好处，逐步养成不挑食的好习惯。（饮食与健康、健康、语言）

3. 初步了解绿豆的营养价值及食用方法。（饮食与健康）

4. 亲子能够运用多种材料和工具制作有关绿豆的美食，体验参与美食制作的乐趣。

5. 初步探究绿豆的成长过程，了解绿豆的生长条件。（饮食与健康、生命、科学）

6. 愿意与同伴分享绿豆美食。（饮食与人际关系、语言、社会）

7. 初步感知传统节日的饮食文化。（端午节——绿豆糕）

四、主题维度

1. 以幼儿发展目标为导向——五大领域。

2. 以幼儿经验发展（认知发展）为导向——初步认识，进一步探究、体验。

3. 以活动形式为导向——集体教学活动、区域活动（含户外活动）、生活活动。

五、主题网络图

	教学活动	区域活动	生活活动
认识绿豆	活动1："妈妈买绿豆"（语言） 活动2："绿豆长这样"（科学） 活动3："数豆豆"（音乐） 活动4："捡豆豆"（数学） 活动5："绿豆宝宝"（美术） 活动6："豆豆不乱塞"（安全）	活动1："绿豆宝宝"（美工区） 活动2："绿豆贴画"（美工区） 活动3："绿豆音乐会"（科学区） 活动4："筛绿豆"（科学区） 活动5："妈妈买绿豆"（图书区） 活动6："一颗会爬的豆子"（图书区） 活动7："捡豆豆"（益智区）	活动1："美味的绿豆汤"（生活） 活动2："豆豆不乱放"（生活）
绿豆的秘密 — 绿豆从哪来	教学活动 活动1："绿豆种哪里？"（科学） 活动2："种植前的准备"（语言） 活动3："开心种绿豆"（科学） 活动4："小绿豆变变变"（科学） 活动5："绿豆芽比长短"（数学） 活动6："绿豆画"（美术） 活动7："摘绿豆"（社会） 活动8："炒豆豆"（体育）	区域活动 活动1："绿豆标本"（科学区） 活动2："豆苗比长短"（益智区） 活动3："绿豆君，加油"（图书区） 活动4："绿豆成长拼图"（益智区）	生活活动 活动1："照顾小豆苗"（生活） 活动2："剥绿豆"
好吃的绿豆	教学活动 活动1："好吃的豆芽菜"（语言） 活动2："绿豆营养多"（健康） 活动3："好吃的绿豆糕"（语言） 活动4："好看的绿豆糕"（美工） 活动5："绿豆还可以怎样吃"（语言） 活动6："端午节的绿豆糕"（社会）	区域活动 活动1："绿豆汤"（小厨房） 活动2："好吃的绿豆糕"（小厨房） 活动3："绿豆糕"（美工区） 活动4："绿豆美食接龙牌"（益智区） 活动5："绿豆美食接龙牌"（益智区）	生活活动 活动1："好喝的绿豆汤"（生活） 活动2："摘豆芽菜"

六、活动计划表

时间段	本周目标	活动形式	活动名称	活动重点
5月 （立夏前后） （第一周）	1.通过多种感官初步了解和认识绿豆。 2.大胆与同伴交流自己观察到的绿豆。 3.有初步的自我保护意识，知道绿豆不能塞到鼻孔耳朵等危险部位	教育活动	"妈妈买绿豆"（语言）	小朋友认识绿豆，了解绿豆的用途
			"绿豆长这样"（科学）	通过看、比、尝等方法，帮助幼儿积累对各种绿豆的感性认识
			"数豆豆"（音乐）	掌握乐曲节拍，能够边用手打节拍边学习演唱歌曲
			"捡豆豆"（数学）	在数豆豆的过程中，积累数的相关经验
			"绿豆宝宝"（美术）	尝试用绿豆、黄豆、红豆进行种子粘贴豆子宝宝
			"豆豆不乱塞"（安全）	不把异物塞入鼻孔或耳朵里

续表

时间段	本周目标	活动形式	活动名称	活动重点
5月（立夏前后）（第一周）	1.通过多种感官初步了解和认识绿豆。2.大胆与同伴交流自己观察到的绿豆。3.有初步的自我保护意识，知道绿豆不能塞到鼻孔耳朵等危险部位	区域活动	"绿豆贴画"（美工区）	用绿豆制作粘贴画
			"绿豆宝宝"（美工区）	用纸黏土制作绿豆宝宝，掌握绿豆的外部特征
			"绿豆音乐会"（科学区）	相同瓶子装不同豆子（绿豆、黄豆、芸豆），体会不同豆子发出的声音
			"筛绿豆"（科学区）	提供筛绿豆的方法、运用到的工具及注意事项图，在筛绿豆活动中认识绿豆形状、大小
			"妈妈买绿豆""一颗会爬的豆子"（图书区）	阅读绿豆相关的图书
			"捡豆豆"（益智区）	根据特征幼儿自主分类（形状、大小、颜色）
		生活活动	"美味的绿豆汤"	进餐时介绍喝汤的方法
			"豆豆不乱放"	提示孩子正确地收放豆豆，小豆豆不乱塞
第二周	1.初步探究绿豆的成长过程，了解绿豆的生长条件。2.乐意在成人和同伴的帮助下参与种植活动，了解简单的种植方法，体验种植乐趣。3.愿意与同伴交流自己的观察与发现	教育活动	"绿豆种哪里？"（科学区）	了解绿豆的生长环境
			"种植前的准备"（语言区）	了解种植前的准备
			"开心种绿豆"（科学区）	实践操作体验种绿豆的乐趣
			"小绿豆变变变"（科学区）	观察绿豆的生长过程
			"绿豆芽比长短"（数学区）	能够对两个物体进行比较
			"绿豆画"（美术区）	能够运用绿豆进行作画
			"摘绿豆"（社会区）	锻炼小手指肌肉
			"炒豆豆"（体育区）	在活动中发展走跑跳能力
		区域活动	"绿豆标本"（科学区）	能够直观地观察绿豆
			"豆苗比长短"（益智区）	能够对两种材料比较长短
			"豆芽君，加油"（图书区）	了解豆子变成豆芽的过程
			"绿豆成长拼图"（益智区）	能够仔细观察拼图内容
		生活活动	"照顾小豆苗"	了解豆苗生长环境，愿意照顾小豆苗
			"剥绿豆"	锻炼幼儿小肌肉发展

第一章 什么是幼儿主题游戏活动

时间段	本周目标	活动形式	活动名称	活动重点
第三周	1.在成人的帮助下制作有关绿豆的美食，体验美食制作的乐趣。 2.知道绿豆对身体的好处，逐步养成不挑食的好习惯。 3.愿意与同伴分享绿豆美食。 4.初步感知传统节日的饮食文化（端午节食用绿豆糕）	教育活动	"绿豆营养多"（健康区）	了解绿豆的营养价值
			"好吃的豆芽菜"（语言区）	能够用语言表达自己的想法
			"好吃的绿豆糕"（语言区）	能够简单地描述绿豆糕的特点
			"好看的绿豆糕"（美工区）	能够运用多种材料进行制作
			"绿豆还可以怎样吃"（语言区）	分享绿豆的多种吃法
			"端午节的绿豆糕"（社会区）	了解中国传统节日的饮食文化
		区域活动	"绿豆汤"（小厨房区）	制作绿豆汤
			"好吃的绿豆糕"（小厨房区）	实践感知做绿豆糕
			"绿豆糕"（美工区）	用纸黏土制作绿豆糕
			"绿豆美食拼图"（益智区）	观察发现拼图之间的联系
			"绿豆美食接龙牌"（益智区）	掌握接龙游戏规则
		生活活动	"好喝的绿豆汤"	进餐时介绍绿豆营养
			"摘豆芽菜"	锻炼幼儿小肌肉发展

七、建议

（一）环境创设

主题墙：

1.认识绿豆。

内容布置：

以绘本《妈妈买绿豆》作为主题情境，第一块内容以绘本封面图为主，其中货架上的豆子用实物撕拉扣粘贴住，孩子们可以同豆子互动，可以将豆子取下来放在篮子里。

在货架旁边可以将"绿豆长这样"活动中，孩子通过五感（听看摸闻尝）对豆子的感知情况用图片或照片进行呈现。

2.绿豆从哪来。

内容布置：

以《妈妈买绿豆》绘本中妈妈和小男孩种绿豆的情境切入，将幼儿种绿豆的过程用图片展示，并将幼儿观察到的绿豆成长过程通过绘画、照片的形式展示在主题墙上。

3.好吃的绿豆。

内容布置：

以绘本《妈妈买绿豆》中妈妈同小男孩一起在餐桌上做绿豆美食的情境切入。通过幼儿制作、绘画的形式展示绿豆对身体的好处及绿豆的营养。

（二）家园共育

1.认识绿豆——可以请家长带幼儿去市场买绿豆，认识绿豆，亲子一起制作绿豆沙包。

2.绿豆从哪来——可以请家长和幼儿一起准备种植前的工具。

3.好吃的绿豆——可以请家长带孩子参与"绿豆还可以怎样吃"活动，一起发现绿豆不一样的吃法及绿豆的营养。

（三）区域材料投放

区域名称	投放材料及指导要点
美工区	1.提供豆子和拓印图引导幼儿用绿豆制作粘贴画。 2.提供纸黏土、《绿豆宝宝》步骤图，引导幼儿根据步骤图制作《绿豆宝宝》
阅读区	提供绘本《妈妈买绿豆》《一颗会爬的豆子》以及自制图书《绿豆还能怎样吃》，引导幼儿认识了解绿豆
科学区	投放"绿豆音乐会""筛绿豆"活动中的自制工具，引导幼儿在听一听、筛一筛的游戏中感知绿豆的特征
益智区	1.投放"捡豆豆"活动中的自制工具，引导幼儿观察区分绿豆特征。 2.投放《绿豆美食拼图》《绿豆成长拼图》，引导幼儿按照顺序进行排列
表演区	提供有关绿豆的歌曲或儿歌、伴奏以及相关头饰，鼓励幼儿进行表演创作
娃娃家	投放好吃的绿豆糕，引导幼儿模仿妈妈做绿豆糕
建构区	投放绿豆模型，请幼儿根据想象搭建出"绿豆的家"

（四）幼儿主题游戏活动方案设计策略

在幼儿主题游戏活动方案设计的实践探索中，需要幼儿园干部教师明确幼儿主题游戏活动方案设计的努力方向及有关策略。在幼儿主题游戏活动设计的过程中，需要运用整体方案及活动设计的"分阶段"设计与实施策略，采取主题网络的"升级"建设策略。

1. 幼儿主题游戏活动方案"分阶段"设计与实施策略

幼儿主题游戏活动的研究是一个系统的、庞大的工程，不可能一蹴而就。幼儿园在开展主题游戏活动的实际情况方面也是丰富多样的，不能够、也不应该用一把尺子来要求和衡量所有幼儿园的实践进度。为了实现整体实践研究的科学有效，建议幼儿园在开展有关实践研究的时候，采取"分阶段"的实施策略。建议各幼儿园在充分、扎实地做好以班级为单位的整体方案的基础上，分步骤，逐步落实和完善年级、园级层面的方案设计，最终实现具有园本特色的主题游戏活动课程研发。

关于研究阶段设计，可以初步划分为每半年做一个阶段的设计，即最初半年重点放在班级层面的扎实探索，半年后逐步过渡到年级层面以及园级层面的研究。但是，这个阶段划分不是死板僵化的，是可以依据实际情况灵活调整的，并且应该鼓励和支持部分起步早、基础牢的幼儿园在完成本阶段任务后先行先试，开展跨阶段的研究探索。

2. 主题网络的"升级"建设策略

如何实现主题网络从班级向年级，再向园级过渡、升级？如果从幼儿园课程建设的视角进行思考，借鉴两种幼儿园课程内容组织方式，幼儿主题游戏活动设计中主题网络的"升级"建设也可以形成纵向、横向两个策略。

（1）主题网络的纵向建设策略。

运用幼儿园课程内容组织方式中的纵向组织法的思路，可构建主题网络的纵向建设策略。幼儿园可以从多个主题网中遴选出相对成熟、完善、利于推广的那一组，进一步深挖，找下位概念，做实，在更大范围内推广，强化某一特色。

（2）主题网络的横向建设策略。

运用幼儿园课程内容组织方式中的横向组织法的思路，可构建主题网络的横向建设策略。幼儿园可以将以往零散的主题群进一步梳理，找到交叉点、结合点，经过重组，进一步找上位概念进行综合，进行更大范围网的编制。

三、幼儿主题游戏活动如何设计

幼儿主题游戏活动的科学设计是幼儿主题游戏活动实施效果的有力保障，需要干部教师厘清思路，明确幼儿主题游戏活动的设计理念，明晰设计要素，把握设计关键，有效运用幼儿主题游戏活动的设计策略。

（一）幼儿主题游戏活动设计理念

幼儿园游戏活动是幼儿的主导活动，是适合幼儿身心发展的一种活动形式。为深入贯彻落实国家有关文件精神，扭转幼儿园教育"小学化"倾向，实施科学的保育和教育，实现幼儿身心和谐发展，幼儿园干部教师们在幼儿主题游戏活动设计的实践中，需要厘清思路，明确幼儿主题游戏活动的设计理念。

1.幼儿主题游戏活动中教师专业角色定位

当前学前教育强调教师要树立以幼儿为本的教育观，倡导教师在教育实践中做支持者及观察者，并且要防止不适宜的介入。在入园考察的过程中，了解到有的教师存在"在幼儿主题游戏活动中如何定位专业角色"的困惑。

深入思考该困惑的根源，实质上是教师在思想认识上存在着关于教师指导与幼儿游戏自由之间的矛盾。在幼儿主题游戏活动的设计与实施中，要防止教师在幼儿游戏中"不作为"或"过分干涉"，要努力实现游戏与教学的真正融合。幼儿园教育真正做到寓教于乐，重点不在于形式，主要是能够渗入以幼儿为中心、以游戏活动为基本活动的教育新理念。

2. 主题与游戏活动有机整合

还有的教师存在困惑，"如何将主题与游戏放在一起研究？"之所以会有这样的困惑，主要是教师担心如果把主题和游戏放在一起，会不会主题做不好，游戏也做不好？他们担心如果把研究的重点放在主题，可能就违背了游戏要由"幼儿自发生成"的基本特征。但如果把研究的重点放在游戏，教师又担心主题教育的目标难以完美达成。

应该将主题与游戏活动有机整合。主题游戏活动应该是在一定的主题背景下开展的，而应根据主题创设一系列的游戏活动，这些游戏活动是与该主题有关的。

（二）幼儿主题游戏活动设计要素

当前，整个学前教育界都在努力克服幼儿园教育小学化倾向，那么幼儿园教育小学化倾向的根源到底是什么？应该如何从根本上解决这个问题？华东师大王振宇教授提出，"幼儿园游戏开展的最大误区是游戏与课程作为两个核心独自存在，也就是幼儿园教育存在双核化的现状。我国的大多数幼儿园把游戏理解为自由活动，把它限定在特定时间（如每天一小时或两小时）和特定空间（如操场或教室的区角）里；而课程则是通过主题活动，主要是集体教学活动来完成。这就导致了游戏没有、也不可能成为幼儿园教育的基本活动，同时，也不可避免地出现幼儿园教育小学化的倾向"。由此可见，人们需进一步审视幼儿园的保教工作，更加科学地推进幼儿主题游戏活动的设计与实施。

在幼儿主题游戏活动实践探索中，主题游戏活动的要素包括构成要素与设计要素。幼儿主题游戏活动单个活动的设计要素包括：设计意图、活动目标、活动准备、活动重难点、活动过程、拓展延伸、总结与提升、游戏活动策略等。

"我的动物朋友"主题游戏活动设计（教案）
之"动物园里的小动物"[①]

一、实施范围

小班。

二、设计意图

幼儿园来了一位小兔子朋友，幼儿对小动物产生了好奇与喜爱，并与老师讨论了有关小动物的话题。有的小朋友说："我最喜欢小兔子了。"边说边跳了起来。有的小朋友说："我去动物园看见了大老虎。"还有的小朋友说："我看到过长颈鹿。"大家都很开心地用自己喜欢的语言方式表达着对常见小动物的认识。

我班幼儿对有趣又神秘的动物世界有浓厚的兴趣，能够认识常见的小动物，喜欢模仿小动物的外形特征，但是在运用语言表达自己对小动物已有认知方面的能力需提升。因此，结合当下班级开展的"我的动物朋友"主题游戏系列活动，在充分尊重幼儿年龄特点、原有经验和兴趣需要的基础上，我决定利用此次教育契机，联系绘本故事《动物园》中的内容，采用游戏方式鼓励幼儿用语言和肢体动作表达对小动物的认识和喜爱，促进幼儿语言表达能力的发展。

三、活动目标

（一）尝试用语言介绍自己熟悉或喜欢的小动物。

（二）愿意用语言或动作表达对新了解的小动物的认识。

---

① 北京市海淀区唐家岭新城幼儿园课题组研究团队。

四、活动准备

（一）经验准备：了解绘本《动物园》，有过去动物园的经历，认识常见小动物。

（二）物质准备：幼儿喜欢的动物照片、《去动物园》背景音乐、小兔子手偶。

五、活动重点、难点

（一）活动重点：能够说出动物名称及明显外形特征，并愿意向他人介绍自己喜欢的小动物。

（二）活动难点：愿意主动地向他人表达自己对小动物的认识。

六、活动过程

（一）开始部分：情境游戏引入主题。

围绕"去动物园"情境游戏，引入主题，引发幼儿参与兴趣。

师：小朋友们，我们现在要坐上小火车去动物园啦！观看小动物的时候我们要学会保护自己，小手要在窗户里面哦，还可以用我们的大眼睛看一看动物园都有哪些小动物呢？（将幼儿收集的动物照片提前贴至教室墙上）

（二）基本部分：分享幼儿的动物朋友。

1.鼓励幼儿介绍"动物园"里喜欢的小动物。

（1）师幼共同分享，鼓励幼儿说一说动物园里都有哪些小动物。

师：动物园里的动物好多啊，你都看到了哪些动物呢？你最喜欢哪只小动物？它长什么样子呢？

（2）分享自己的动物朋友。

师：哪一只小动物是你的动物朋友呢？请把你的动物朋友向我们介绍一下吧！

师：它叫什么名字？喜欢吃什么？喜欢做什么动作呢？

（3）教师小结。

师：原来小动物们有许多不一样的地方，它们的名字不一样；有的小动物喜欢吃草，还有的小动物喜欢吃肉；有的小动物安安静静，还有的小动物喜欢蹦蹦跳跳。

2.游戏体验，尝试用语言或动作表现在活动中新认识的小动物。

（1）游戏——"去动物园"，播放音乐《去动物园》。

师：小朋友，再回想一下今天在"动物园"里你都认识了哪些新动物朋友呢？

师：接下来我们做一个游戏，音乐停止后手中拿着手偶的小朋友说一说或者用动作描绘一下你认识的小动物，它叫什么名字？它长什么样子？

（2）游戏——"做动作猜动物"。幼儿分组，教师带领幼儿进行"你做我猜"的游戏。

师：请小朋友们相互说一说你今天认识的新动物朋友吧！一名小朋友做小动物的动作，我们大家来猜一猜这个小动物的名字。

（三）结束部分：鼓励幼儿在生活中发现新的动物朋友。

教师小结：今天我们认识了新的动物朋友，认识了小动物的名字、喜欢吃的食物。每个小动物都有不一样的地方，你们回家后可以和爸爸妈妈介绍一下今天认识的动物朋友，还可以和爸爸妈妈再找一找其他的动物朋友。

七、延伸部分

1.结合主题活动，带领幼儿在生活中发现不一样的小动物，了解动物的外形特征、生长环境、饮食特征。

2.延伸至区域活动中，根据《在农场里》《我爱我的小动物》等音乐进行律动表演。

3.延伸至图书区，为幼儿投放有关小动物的书籍和动物配对卡，支持幼儿尝试用语言或动作表达对小动物的认识。

八、游戏活动策略

1.以情境游戏的形式，带领幼儿走进"动物园"，了解动物是多种多样的。

2.在欢快的音乐气氛下，开展游戏——"去动物园"，鼓励幼儿大胆表达对小动物的认识，进一步认识新的动物朋友。

3.在"做动作猜动物"游戏中，以师幼互动的形式，引导幼儿尝试用语言和动作表现对小动物的认识与喜爱。

4.对幼儿喜欢的游戏材料提供支持，为幼儿提供动物配对卡，在操作过程中，鼓励幼儿用语言和动作表现对小动物外形特征的认识。

九、总结与提升

本次活动中，我以情境化的游戏方式，通过欢快的音乐游戏，带领幼儿走进"动物园"，使幼儿在欢快的音乐中深入对新动物朋友的认识，幼儿能够尝试用动作模仿常见小动物的形态，并用语言介绍自己熟悉并感兴趣的动物朋友。同时，在师幼的互动中，运用了游戏化的形式，通过"做动作猜动物"的游戏，幼儿用简单的肢体动作表现出对小动物的认识与喜爱，如：身体左右摇摆、上下跳跃等。还有部分幼儿能够积极主动地用语言表达出活动中对新了解的小动物的认识。

在活动中，我注重了幼儿主体性的发挥，并尊重了幼儿的年龄特点，为幼儿营造了宽松愉悦的氛围，运用手偶的方式激发幼儿参与游戏。游戏中幼儿愿意用语言说出活动中新了解的小动物的名称、饮食习惯等。由于小班幼儿喜欢模仿动作，因此在游戏"做动作猜动物"中，通过师幼互动的形式，支持幼儿用肢体动作表现出对小动物形态的认识，并说出小动物的名称及明显的外形特征，从而进一步帮助幼儿将已有经验和所学内容联系起来，使幼儿感受到语言交流的快乐。

为了进一步增强幼儿语言交往能力，可以结合主题活动，带领幼儿在生活中发现不一样的小动物，了解动物的外形特征、生长环境、饮食特征。进一步鼓励幼儿尝试用语言表达对小动物的认识与了解。还可以延伸至图书区，为幼儿投放有关动物的书籍，支持幼儿用语言或动作表达对小动物的认识，增强幼儿语言表达能力。

（三）幼儿主题游戏活动设计的关键

幼儿主题游戏活动的设计是实施的前提与基础，幼儿主题游戏活动方案的科学性是幼儿主题游戏活动实践性及有效性的根本保证。为了促进幼儿园在现有主题活动、游戏活动基础上往前再迈出一步，为了完善幼儿园课程建设、在课程游戏化实践基础上再有所突破，以及促进幼儿全面发展，建议在幼儿主题游戏活动设计过程中从以下几方面进行考虑：做好维度框架设计，凸显个性化的目标及内容，注重设计的科学性和整体性，游戏活动设计要凸显主题，主题活动设计凸显游戏特征，在一日生活更多环节探索主题游戏活动。

1. 游戏活动设计凸显主题

因为区域游戏是幼儿自由游戏的主要形式，所以重点关注区域游戏。与主题结合的区域活动的性质取决于教师对于幼儿活动的控制程度和指导方式，可以是自由游戏活动，或者定向探索性游戏。

在与主题结合的区域游戏活动的组织中，为了凸显主题，建议多考虑定向探索性游戏的开展。具体做法是，教师结合主题活动在活动区为幼儿提供特定的探索材料，向幼儿提出一定的探索任务或问题。其可行性在于，虽然探索的问题来自成人，但幼儿的操作和探索是开放的，幼儿可以按照自己的想法来使用教师提供的材料，活动的"游戏特征"可以得到保障。

2. 主题活动设计凸显游戏特征

幼儿主题活动，不强求全部是游戏，或者说都是完整的游戏，但是在主题活动的研究设计中，至少有一部分是游戏化的设计与实施。并且，一定要避免将游戏化设计得过于泛化，使活动的游戏属性不明显，和常规的主题活动没有两样。因为游戏的属性是主题活动设计的灵魂，必须凸显出来。审视主题活动设计是否凸显了游戏的属性，可以从游戏特点出发。

（1）兴趣性。

游戏必须能够吸引幼儿，使幼儿主动参加，并且在游戏过程中感到愉快。幼儿参与游戏是由主动动机所引起的，例如，幼儿玩"烤蛋糕"游戏，动机就是体验烤蛋糕的过程，并不追求做出真正可以吃的蛋糕。只要参加了游戏过程，就是达到了目的。幼儿在游戏活动中的兴趣是直接兴趣，因为游戏使他们获得情绪价值。

（2）虚构性。

幼儿游戏的虚构性最为明显，游戏中的妈妈并不是真的妈妈，女儿实际上是玩具娃娃。幼儿可以把狭小的游戏场所变成广阔的天地，既可以在那里盖高楼，又可以铺铁路；既可以开轮船，又可以开汽车。游戏必须有想象，这些想象活动，就是把过去获得的知识经验，在游戏这种新情境下重新组合起来。例如，把医生给自己检查身体的行动，结合到自己和娃娃的身上，改造成为自己对娃娃的"听诊"活动。如果儿童不会进行改造，不会想象，是不会进行游戏的。

（3）社会性。

"儿童生活在人类社会里，他们所接触的事物有社会性，反映到游戏中来，游戏必然具有社会性。游戏的社会性也表现在游戏的各种成分上"[①]。游戏的社会性突出表现在游戏的主题内容和行动规则上。幼儿园常见的游戏主题有"坐汽车"等。游戏反映的内容和情节、游戏的角色和规则一定是幼儿所能够了解和想象到的，而幼儿所能了解和想象到的，一定是他们在生活中经历过的，或者直接间接接触过的。游戏的规则总是反映生活的实际需求。例如当游戏中"公交车"在"公路上"行驶时，"车上"的人都不能随便"下车"。

（4）具体性。

游戏是非常具体的活动，角色本身是具体的形象。在游戏中，"司机"不是抽象的词语，而总是由某个孩子来具体表现。坐汽车的"乘客"也都是具体的人。游戏总是要使用玩具或游戏材料，这些东西无疑也是看得见，摸得到和可以动手玩的。游戏活动是由各种各样的行动或动作连接而成。游戏的具体性更体现在：通过游戏的角色、材料等，幼儿头脑中在不断出现具体的形象，即表象。单纯的动作不能引起孩子的兴趣，因为在他们头脑中缺乏生动具体的形象。当别人或幼儿自己说出他的角色身份和动作所代表的意义后，先前无意义的动作就变成了有内容的游戏行动。同样，眼前的几块木头，对幼儿可能毫无意义，但是经过语言提示，这些木头可以使幼儿头脑中原有的

---

① 全国幼儿园教材编写组.幼儿园教材（试用本）[M].北京：人民教育出版社，1982.

关于房子的形象活跃起来。积木的形象和房子的形象结合在一起，变成有趣的游戏材料。

（四）幼儿主题游戏活动设计策略

幼儿主题游戏活动的设计要关注游戏精神的体现、与常规主题活动或教学活动的区别，尤其是趣味性的体现。以当前各幼儿园在幼儿主题游戏活动设计中涉及最多的集体教学活动为例，为了凸显其游戏性特征，幼儿园可以采用预先编制的教学游戏，比如体育游戏、语言游戏、智力游戏、音乐游戏等。因为教学游戏具有一定的游戏因素（例如角色扮演、模仿性动作等），可以使幼儿产生一定的游戏性体验。

幼儿主题游戏活动的过程应凸显游戏属性，其关键在于游戏情境的创设，用游戏因素来设计活动，充分尊重幼儿的主体性，鼓励幼儿在活动中探索、发现，引导幼儿主动思考，让幼儿在兴趣性、自主性等体验中建构关键经验。游戏活动情境创设可以多样化，具体有以下两种路径。

1. 在教学活动中引入游戏活动

游戏活动情境创设的路径之一是，在教学活动中引入游戏活动，在具体操作中包括两种策略：

（1）整个教学活动是一个完整的游戏。

在教学活动中引入游戏活动的策略之一，是整个教学活动是一个完整的游戏，游戏在规定的教学时段里可反复进行，如体育游戏"老狼老狼几点了"、音乐游戏"找小猫"、科学游戏"吹泡泡"等。

（2）游戏成为教学活动的环节。

在教学活动中引入游戏活动策略之二，是游戏只在教学环节中的某个特定时间段出现，成为教学活动的一个环节，这种设计在结构上比较紧凑，教师主要利用为各领域教学编制的游戏来组织教学活动，以提高教学活动的游戏化程度。如用猜谜语的方式导入活动：北京市海淀区上庄科技园区幼儿园"学习用筷子"主题游戏活动设计，在导入环节，引入"猜谜语"游戏，让幼儿猜筷子，激发幼儿参与兴趣，引出学习正确使用筷子的方法的活动内容。

也可把某些游戏用于教学的结束环节，以巩固相应的知识或技能。如北京市海淀区七一小学附属实验幼儿园"在钟表店"（大班）主题游戏活动设计"在钟表店里（第三次音乐欣赏）"的结束部分，引入角色扮演游戏，让幼儿在《钟表店里》的音乐声中扮演钟表或钟表工人，跟随音乐点变换动作，尝试表现愉快的钟表店情境。

2. 利用游戏因素，使非游戏活动具有游戏性

游戏活动情境创设的路径之二，是利用游戏因素，使非游戏活动具有游戏性，包括以下五种凸显游戏属性的游戏活动策略。

（1）以游戏性的语言组织活动。

通过故事、情境性的语言等营造游戏的心理环境，激发幼儿的活动兴趣，便于幼儿理解和创造。如北京市海淀区颐慧佳园"垃圾宝宝不乱丢"（大班）主题游戏活动设计"怎样科学地给垃圾分类"中，情境性语言的运用。在游戏的送垃圾宝宝回家环节，为了引导和组织幼儿游戏，将垃圾送到正确的垃圾桶中，教师运用语言进行情境创设，教师说："老师这里有很多垃圾宝宝迷路了，它们找不到自己的家，请小朋友们帮它们找到自己的家。"有效地营造游戏的心理环境，激发幼儿的活动兴趣，便于幼儿理解垃圾分类的原理，帮助幼儿在游戏体验中将垃圾送到对应的垃圾桶中。

（2）以假想的方式组织活动。

在组织活动时，根据活动的需要可以有不同的假想。如在北京市海淀区颐慧佳园幼儿园中班"采访车主"主题游戏活动设计中，幼儿分组采访电动车与燃油车主，相当于通过角色扮演游戏开展采访活动。在这个过程中，需要幼儿假想自己为小记者，假想教师们为电动车主和燃油车主。

（3）以"做做玩玩"的方式组织活动。

操作是体现游戏性的重要策略之一，旨在让幼儿通过探索与操作，获得兴趣性、自主性、成功感等方面的游戏性体验。如北京市海淀区颐慧佳园（小班）"彩色摩天轮"主题游戏活动设计中，让幼儿在"做做玩玩"的操作中愿意尝试用合作的形式制作彩色摩天轮。幼儿非常喜欢这个活动，并且在活动中都动手参与进来。

（4）以比赛的形式组织活动。

以比赛的形式组织活动，可以使幼儿在人际交往中获得游戏性体验。如北京市海淀区七一小学附属实验幼儿园大班"三分钟运球接力赛"主题游戏活动设计，使幼儿在比赛中发展手眼协调能力，学会协作游戏，培养团结合作的意识。

（5）在其他活动中渗透游戏元素。

在活动的延伸上，注重区域活动、亲子活动以及日常活动中游戏活动的渗透，尽量让游戏充满幼儿的生活。如中国农业科学院附属小学附设幼儿班"雷声到，惊蛰到"主题游戏活动设计中，在拓展延伸环节邀请家长和宝贝们在家进行炒豆豆游戏，增进了亲子感情。

幼儿主题游戏活动设计与实施的探索，要以含有更高比例、更高浓度的游戏属性为努力方向，用游戏的特点对比、反思活动设计是否具有游戏属性，是否可以更多尝试在片段、环节上采用游戏元素，甚至尝试引用或创造更多的游戏来开展幼儿园的一日生活活动。并且通过反思和考量以前做过的设计，不断筛选出适合做主题游戏活动的内容和主题，对主题网络图进行修枝剪叶，留下精华、经典，使主题网络框架游戏属性更加凸显。

南京师大教育科学学院虞永平教授说过："园本课程追求的不是要有自己的课程，而是要有适宜于自己的课程。"园本课程是通过师幼互动探索出来的，不是靠写出来的，需要在不断的实践中完善设计，在与幼儿互动的过程中找到真正适合幼儿身心发展的幼儿主题游戏活动，做出适合幼儿的特色的园本课程。

四、幼儿主题游戏活动怎样组织实施

幼儿主题游戏活动的实施，需要教师对幼儿主题游戏活动进行有效的组织，需要教师善于观察并给予适宜的支持；要追随幼儿兴趣，拓展主题互动内容；注重评价的目的性和适宜性，注重过程性评价；要加强多方沟通，在"家园社"密切协作过程中实现幼儿的健康快乐发展。

（一）主题游戏活动的组织

幼儿主题游戏活动的实施过程，需要幼儿、教师、家长的共同参与。为实现主题游戏活动的教育目的，实现其教育价值，在幼儿主题游戏活动的组织过程中教师要追随幼儿兴趣逐渐深入探究和学习，并且老师要审时度势，依据情况适时、恰当地介入与引导，促进幼儿的学习与发展，要给予家长适宜的支持。

1. 适时介入促进幼儿发展

在幼儿主题游戏活动过程中，教师不能只是旁观者，要适时介入，有效指导、支持幼儿游戏，引导幼儿在游戏中解决问题，相互分享经验。

（1）以观察分析为基础。

教师的介入要以观察和分析为基础。在幼儿主题游戏活动过程中，教师做好观察和倾听，了解幼儿兴趣，把握幼儿需求，并且要追随幼儿兴趣深入探究和学习，但是教师不应只是旁观者，当幼儿产生疑问，或者是面对困难无法克服或解决时，教师的及时介入和指导是非常必要的。

（2）教师适时有效介入①。

在幼儿主题游戏活动过程中，教师要适时介入，有效给予幼儿和家长支持与指导，努力促进幼儿发展。这就需要教师在观察幼儿的游戏活动之后，找到恰当地介入幼儿游戏、实施干预的方法。良好的干预效果的取得，依赖于恰当的介入时机以及恰当的介入方式。

①把握恰当的介入时机。

一是依据游戏进程确定介入时机。

● 游戏开始阶段。

一般在游戏开始时，幼儿自由选择游戏，有时会出现幼儿扎堆一种游戏的情况，教师此时介入主要是帮助幼儿协调矛盾，解决问题；有的幼儿进入游戏后无所事事，没有明确的游戏意愿，徘徊于游戏之外，此时介入主要是

---

① 王元凯.教师如何适时介入幼儿游戏.今日教育（幼教金刊）[J]. 2016（9）：25-26.

为幼儿提供顺利进入游戏的时机；幼儿在构思游戏玩法时出现困难，只是随便摆弄游戏材料，此时介入主要是引导幼儿展开想象，构思游戏玩法。

● 游戏高潮阶段。

在游戏高潮阶段，大部分幼儿都已经积极投入到自己的游戏中，教师需要介入的时机大大减少。当幼儿在游戏过程中与同伴产生冲突，自己却又不能解决时，此时介入能够帮助幼儿解决同伴之间的矛盾；当幼儿的游戏内容出现不合理的、消极的内容时，此时介入主要是帮助幼儿转换游戏内容，使幼儿朝着积极的发展方向进行游戏。

● 游戏结束阶段。

在游戏结束阶段，教师的介入一般是提醒幼儿游戏时间的结束。

二是依据幼儿对游戏的熟悉程度确定介入时机。

● 进入新游戏的介入。

新游戏可以是教师发起的，也可以是幼儿自己发起的。新游戏对幼儿来说是新颖的，在进展过程中，可能因为各种原因不能顺利开展，此时介入主要是帮助幼儿解决新游戏中的困惑，如教师发现幼儿游戏不能有效进行是因为缺乏适合的材料，那教师就需要介入游戏中为幼儿提供材料；在新游戏中，幼儿可能还不能很好地遵守游戏规则，此时介入主要是提醒幼儿遵守游戏规则。

● 游戏成熟期的介入。

这时幼儿对游戏的规则已熟悉，也能顺利开展游戏，在这个阶段，教师不要盲目介入，通常是幼儿在熟悉游戏的基础上进行新的尝试，教师才介入，此时介入主要是对幼儿游戏行为进行鼓励和肯定。

● 游戏疲乏期的介入。

当幼儿对游戏失去兴趣时，就会无所事事，或破坏纪律，或滥用材料。此时介入主要是帮助幼儿转换游戏或更换游戏材料。

②选择合理的介入方式。

教师介入幼儿的游戏，进行干预和指导的方式主要有两种：直接介入和间接介入。直接介入是指教师在指导幼儿游戏时，不以游戏者的身份直接参与到游戏中，而是以教师的身份，给幼儿的游戏行为以建议、引导、说明、鼓励，其主要是通过语言和提供材料来进行。间接介入是指教师在指导幼儿游戏时，以游戏中的角色身份参与到幼儿的游戏中，给幼儿的游戏行为以影响或干预。这种介入最大的好处是可以让幼儿潜移默化地感知到教师对其游戏的支持。

③把握介入的节奏。

教师选择了恰当的介入时机和介入方式并不代表着就可以率性而为了，教师需要在指导过程中随时关注幼儿行为的变化，不断调整自己的指导节奏。当教师的指导幼儿不予接受时，教师则应及时退出，寻求更佳的介入时机或介入方法。总之，教师对幼儿游戏的指导要以不干扰幼儿的游戏为前提。因为幼儿是游戏的主人，教师要给予幼儿接受教师建议的时间，而非强制幼儿接受教师的建议。当幼儿接受了教师的指导建议后，要关注幼儿在教师指导后的表现，而不是立刻给予幼儿评价或给予教师指导水平评价。

2. 适宜指导给予家长支持

亲子游戏作为儿童游戏的一种重要形式，是家长与孩子之间交往的最有效方式。游戏是构建亲子间深情联结的桥梁，游戏是孩子结交朋友、体验生活及探索学习的主要途径，游戏是孩子了解世界和自身的方式，游戏是孩子尝试成人角色和技巧的途径，游戏可以使孩子从情感创伤中得到恢复等。在进行亲子游戏的过程中，家长要真正地理解孩子的内心，了解孩子的情绪，让孩子的天性得以释放。[1] 在家园合作开展主题亲子游戏的过程中，很多时候家长无法给幼儿提供专业、足够的指导，这时候需要教师及时为家长提供支持，实现家庭教育的有效实施、幼儿的健康成长。

（1）关注家长在亲子游戏中引导的不足[2]。

在家园合作开展主题亲子游戏的过程中，家长应该给予幼儿充分的支持和引导，但是目前家长的引导在意识、角色定位以及有效性方面常常有不足之处，需要教师在家园合作开展亲子游戏过程中适时有效地介入，给予家长

---

① 珊瑚海. 儿童游戏力 [M]. 天津：天津人民出版社，2018.
② 曾欣. 幼儿家庭亲子游戏开展的现状研究 [D]. 南充：西华师范大学，2018（6）：31-32.

适宜的支持和引导。

①引导幼儿养成良好习惯的意识不强。

家长应有意识地在生活、游戏中帮助幼儿形成良好行为习惯。但是目前很多家庭都是成人收拾游戏材料，并且只有少数家庭会常常指出并纠正孩子不遵守游戏规则的行为。

②角色定位不够准确。

在亲子游戏中父母与孩子应该是民主、平等的关系。父母与幼儿参与游戏时的角色定位应该是幼儿为主体，家长为主导。但是很多家长经常扮演跟随者或指挥者的角色，喜欢命令、指挥幼儿，以不平等的姿态与幼儿交往，少数家长会扮演协商者。这说明，大部分家长虽然尊重了亲子游戏中幼儿的主体地位，但是参与质量不高。

③有效引导能力不够。

家长有效引导能力不够，常常表现在家长介入引导意识不足或过强，对孩子的评价太过笼统。在游戏过程中，有的家长的引导意识不够，忽略对幼儿的需求观察与支持，完全放手；有的家长在孩子遇到困难时会马上帮助孩子，"大包大揽"。家长过于强烈的引导意识会造成孩子过于依赖他人，不善于独立思考和自主解决问题。并且很多时候，家长对孩子的回应和评价，仅仅使用"宝宝加油""宝宝真棒"这样的词语，这种"鼓励、表扬"的方式太过笼统、抽象，对孩子的引导作用不大。

（2）教师给予支持。

为弥补家长在亲子游戏中的引导不足，幼儿园教师应该给予支持。幼儿园应该加强教师培训，助力家庭亲子游戏开展；通过设计主题亲子游戏，丰富家庭亲子游戏类型；努力为家长普及游戏知识，提高其理论修养；开展亲子游戏，指导亲子双方实际操作。[①] 使家长发现幼儿有能力运用在幼儿园的学习经验，从而提升自信心，使家庭氛围更和谐。

---

① 曾欣.幼儿家庭亲子游戏开展的现状研究 [D]. 南充：西华师范大学，2018（6）：38-39.

①加强教师培训，助力家庭亲子游戏开展。

幼儿教师是幼儿园教育与家庭教育的枢纽站，是幼儿成长过程中的重要引导者，教师自身的文化修养和专业素质对家庭亲子游戏的指导有着重要的影响。那么，幼儿园就要本着终身教育、终身学习的理念，为提高和更新幼儿教师专业素养提供一定的平台和机会。幼儿园可以从理论与实践两个方面对教师进行培训，邀请幼儿专家、大学教授开展讲座，讲解家园合作、家庭教育指导相关的理论知识，也可以多组织本园教师开展亲子游戏公开课，让全园教师进行观摩和相互学习。这样多方式的培训能够增强教师对家庭教育指导工作全面性的认识，提高教师对幼儿游戏、亲子游戏重要性的认识，增加教师指导家庭亲子游戏的理论知识，提高亲子游戏实际组织、指导能力。

②设计主题亲子游戏，丰富家庭亲子游戏类型。

大部分家长缺乏开发新游戏、新玩法的意识和能力。幼儿园教师专业性较强、经验丰富，幼儿园可以充分利用这一优势设计主题亲子游戏，帮助更多的家庭丰富亲子游戏内容和类型。

③普及游戏知识，提高家长理论修养。

幼儿园要帮助家庭提高亲子游戏质量，首先要让家长具备一定的游戏理论知识。知识普及可采用多种方式，例如：家长会、专家讲座、父母沙龙、家长园地、家园小报等。具体操作要注意采用图片、文字、案例、视频等多方式相结合，避免纯理论知识给家长带来枯燥感。

④开展亲子游戏，指导亲子双方实际操作。

很多家长并未意识到其在亲子游戏过程中存在的问题，长期以一种错误的方式参与亲子游戏，这样会对幼儿的发展十分不利。幼儿园应该增加主题亲子游戏活动数量，可以在园区内进行，也可以在幼儿相对集中的几个社区设置游戏点。教师邀请一些热心家庭玩集体游戏，吸引更多的家庭加入。幼儿园教师应该对家长的实际操作进行指导。幼儿园可以引导家长在幼儿主题游戏活动中支持和协助幼儿通过绘画、剪纸、粘贴等方式自制一些简单的道具，不仅有利于发展幼儿的想象力、创作力，还使家长发现幼儿有能力运用在幼儿园的学习经验，从而提升自信心，使家庭氛围更加和谐。

（二）主题游戏活动的评价

评价是幼儿教育工作的重要组成部分，通过评价可以了解教育的适宜性、有效性，调整和改进工作，促进幼儿园教师的专业发展。有效的评价可以促进幼儿发展，让幼儿看到自己的进步、感到喜悦，影响幼儿的自我评价，进一步激发幼儿的活动动机和参与活动的兴趣与信心，从而在活动中取得更大进步，促进幼儿身心和谐健康地发展。在幼儿主题游戏活动实施过程中，幼儿园可以通过专题评价检验活动实施效果，促进教师专业能力提升；教师通过对家长开展亲子游戏评价的指导，提升家长评价实效，促进幼儿健康成长。

1. 评价的思路

（1）明确评价目的"原则性"。

课程评价的目的是提高游戏活动质量，促进幼儿的学习与发展。因此必须遵循科学、常态、发展等基本原则。原则一是科学，即尊重幼儿身心发展特点与幼儿园教育教学特点，依据先进的评价理念、评价系统科学实施评估；原则二是常态，即在日常情境中进行，不打乱幼儿园正常教学秩序，伴随在调研、观摩工作中同时进行；原则三是动态，即不以一次数据为终点，不断与前期评估数据做比照，为后期评估做规划，遵循动态过程发展性；原则四是发展，评价不是为了荐优遴差，而是为了更好地促进教师和幼儿园的发展。正如《幼儿园保育教育质量评估指南》（教基〔2022〕1号）所提出的，"幼儿园应建立常态化的自我评估机制，促进教职工主动参与，通过集体诊断，反思自身教育行为，提出改进措施。同时，有效发挥外部评估的导向、激励作用，有针对性地引导幼儿园不断完善自我评估，改进保育教育工作"。

（2）发挥评价过程"前瞻性"。

在开展评价专题实践的过程中往往会形成一个误区：先实施再评价。其实并非如此，在游戏设计中应充分发挥评价的"前瞻性"诊断功能，这样，教师能较早地发现问题，并及时改进。

（3）探索评价方法"灵活性"。

①个体层面的观察。

进行基于班级个体观察的循证评估研究行动，让评价并非停留在记录的层面，而是教师在主题游戏活动中仔细观察幼儿的表现，倾听他们的声音，并认真梳理和解读这些声音。通过这样的评价方式，教师能够更好地了解幼儿的学习和成长情况，采取有效的教育行动策略，助力幼儿成长发展。要想真正实现主题游戏活动评价中幼儿的主体地位，就必须通过多种方式收集、积累课程过程性评价的参照依据。比如：观察并记录幼儿的行为表现；倾听幼儿的想法；适时支持幼儿的活动，从互动中了解幼儿的想法和思考过程；选择能呈现幼儿学习发展的作品；让家长参与评价，请家长提供幼儿日常在家的游戏情形，等等。

②集体层面观摩研讨。

多名教师可使用集体性的评价方式就某一主题下的游戏活动共同分析，一同评价游戏活动质量和活动的优缺点，在集思广益中制定更具针对性的教育策略（如，保教质量评价）。这样的形式让每一名教师都参与其中，充分发挥教师的主导地位，在宽松、民主的氛围中发现问题、解决问题，畅所欲言，倾听别人的分享，发表自己的观点，进行思想碰撞，通过不断的交流、碰撞，理念达成一致，得出最终结论，促进教师的专业成长。

在这个过程中，教师落实了生本理念，从幼儿视角思考问题，知道幼儿的兴趣是什么，有什么需求，通过多种途径和幼儿互动、交流，真正了解幼儿，让绘本主题游戏活动课程更加适合幼儿，更加满足幼儿的兴趣和需求，提高课程的适宜性和有效性，继而促进幼儿的学习与发展。

（4）运用评价结果的"反思性"。

通过方案设计、观察评价、总结反思、实践调整的闭环实施，为教师反思自己的教学努力程度、改进过程以及教育教学策略提供了依据，使游戏活动评价成为教师反思的有力工具，为幼儿园课程建设提供了支持，也为园所进行课程评价和课程管理指明了方向。

依据实际进行评价工具的深化与反思
——北京市海淀区唐家岭新城幼儿园课程指标的园本化实践

北京市海淀区唐家岭新城幼儿园不断将子课题研究成果转化为教育实践，开展"绘本主题游戏活动"评价专题，其中，依托《3—6岁儿童学习与发展指南》目标精神与系统化的区域活动评价量表，将两者有效结合，立足于促进本园儿童的发展，进行园本化调整，即不管用什么标准、工具或是系统，都不直接使用，而是努力把这些指标和方法进行园本化。

评价指标的解读立足于园本化实践

评价量表的一级指标"游戏材料设计"中的第一点强调"游戏设计思路适宜"，什么是"适宜"？基于园本教研和区域活动的现状分析，幼儿园发现在材料的投放与选择方面主要存在的问题有：难以吸引幼儿参与游戏活动、难以体现不同年龄段幼儿学习发展特点、难以突显游戏精神。为了更有效地发挥评价对绘本主题游戏开发和实施的优化作用，进一步将评价指标的适宜性体现在以下几个方面：符合本班幼儿兴趣、具有明显的年龄阶段特点、体现本班近期教育目标、与主题有适宜的联结、贴近幼儿生活经验。

评价指标在实践中验证和修改

评价工具的使用是为了帮助教师在绘本主题游戏开发和实施的过程中不断地进行改进和优化，归根到底是为了全方位了解本园幼儿的发展实际，助力幼儿的成长。在最初，结合本学期区域游戏活动观摩评价，教师们发现"幼儿活动"这一指标赋值较高，其中"幼儿情绪积极、愉悦，在参与区域活动时能自主选择、使用玩具和材料，与环境积极互动，并有良好的游戏常规"这一项均值最高。那么幼儿是否真正实现了高质量发展呢？结合实践现状和教师的观察反馈，教师发现现阶段的实践问题已经由"如何激发幼儿兴趣？"转变为"如何留住幼儿兴趣?"更加聚焦幼儿参与区域活动的自主探究和深度学习。随着研究重点的改变，评价指标的开发与建构中将会有相应赋值比重的调整。

值得一提的是，在评价指标的园本化实施和修正中也会借助专家引领，帮助教师在游戏活动设计的基础上增加区域创设与游戏活动观察评价的经验。专家参与对绘本主题区域游戏材料空间布局与材料投放的选定、活动目标的确定、活动方案的制定以及活动实施过程中存在问题的分析，提高了绘本主题游戏活动评价的客观性和可靠性，避免评价指标建构的经验化，最终彰显评价促进活动实施的功能。

评价指标体现量化质化相结合

定性评价强调对现象的描述、解释和归纳，能使评价者更深入地认识已有课程及其实践的细节。定量评价强调正确的求知方法，以评价结果为焦点力求精准地测量资料，使评价者能纵观全局、把握总体，做到心中有数。幼儿园课程是一个复杂的系统，幼儿园的区域课程评价应将定性评价与定量评价有机结合，科学、动态、有序、规范地监测区域内幼儿园的课程建设情况，增强评价的有效性与准确性。评价量表能够让课程评价更加科学、系统，教师可以利用活动评价量表在绘本主题游戏观摩中收集活动的具体信息，对照评价量表中的指标和内容进行打分和量化分析。为了更好地帮助教师真正发现游戏活动中存在的问题，得到多种经验数据的支持，促进实践的循环优化，唐家岭新城幼儿园在评价指标量表后加入了"实录与分析"，对照评价指标，教师可以运用不同的方式记录活动过程中的细节和关键事件，形成基于实证的活动评价，提高评价的科学性与有效性。

此外，凭借某一条评价指标是不足以帮助教师有效地找出游戏活动的优缺点及成因，为反思实践提供建议的。基于此，唐家岭新城幼儿园通过业务学习来交流课程实施中的情况，保教管理者将评价反馈的情况与教师们探讨，教师们将实施过程中的亲身体验和感受与管理者和其他同事分享。在这个过程中，教师们针对大家共同探讨所发现的问题，对原来的活动进行了调整，课程中好的部分被保留、不适合的部分被删除或更改，这样幼儿园逐渐形成一套适合本园办园理念、适合本园孩子和教师的绘本主题游戏课程。通过关注活动实施的具体过程，对评价系统的开发起到了积极的作用，也促进了评价指标的园本化实施，解决了评价工具统一与宽泛的问题。

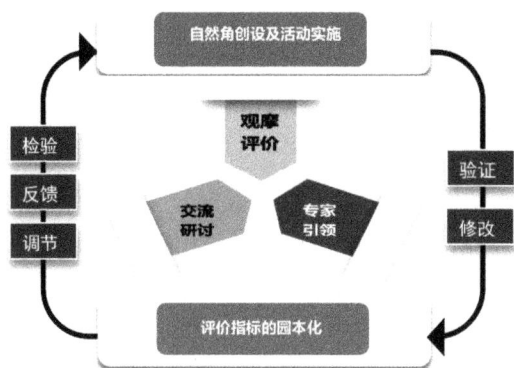

2. 专题评价检验

（1）评价的依据。

为检验幼儿主题游戏活动实施效果，幼儿园可结合《3—6岁儿童学习与发展指南》及全国幼儿园优秀活动案例征集标准，制定主题游戏活动案例评价标准，开展专题评价，可以利用幼儿主题游戏活动案例分享活动的开展，进行教师的自评与互评（见表2）。

表2　北京市海淀区颐慧佳园幼儿园主题游戏案例评价表

评价类别	评价内容	指标总分	自评得分	互评得分	平均得分
儿童观与教育观	尊重儿童的主体地位，充分理解和支持儿童在主题活动中的想法和行为	15			
	尊重和理解幼儿的年龄特点和学习方式，尊重幼儿身心发展规律				
	在主题活动中坚持保教结合的基本原则，珍视游戏和生活的独特价值				
主题目标	符合本班幼儿的年龄特点和实际发展水平	10			
	具有一定挑战性，支持和引导幼儿向更高水平发展				
	紧扣主题核心领域关键经验，并坚持整合性原则，促进幼儿全面发展				

评价类别	评价内容	指标总分	自评得分	互评得分	平均得分
活动内容	追随幼儿发展需要，预设与生成相结合	10			
	以幼儿在主题中的问题线索为导向，活动与活动间有内在逻辑关系				
	与区域活动、生活活动有机整合				
幼儿在主题中的学习过程	根据自己的兴趣和需要自主选择，与环境、材料充分互动，不断生成新的活动内容	20			
	自主发现问题，解决问题，积极、主动地进行持续探究				
	获得一个或多个领域学习与发展的有益经验				
	形成好奇、专注、探究、合作等学习品质				
教师在主题中的支持	了解幼儿的兴趣和前期经验，认真倾听幼儿的想法，尊重幼儿的意愿，尊重和理解幼儿的学习方式和特点	15			
	研究活动特点和发展价值，正确解读幼儿游戏行为所反映的经验与水平				
	能够为幼儿提供适宜的活动空间和游戏材料				
	既关注全体幼儿，又关注幼儿需求和发展的个体差异				
	抓住教育契机，给予幼儿适时、适宜的回应与支持，推动幼儿深度学习				
	能够帮助幼儿回顾、梳理已有经验，激发幼儿进一步探索的欲望				
主题活动反思	能运用马赛克方法中的多种工具，倾听幼儿的想法，正确解读幼儿游戏行为所反映的经验与水平	20			
	能针对主题中的具体活动，反思优势与不足，有针对性地提出方法策略及改进思路				
	以活动为依据，对幼儿发展进行适宜的分析评价				
行文规范	活动记录客观准确，儿童话语真实，无过度修饰	10			
	结构完整，脉络清晰，行文简洁，照片丰富，可读性强				

（2）评价的效果。

标准的制定，帮助教师明确主题游戏活动开展过程中应该关注的重点内容，使教师做之前心中有目标；又能通过互相学习取长补短，促进教师间的同伴学习，共同进步。

3. 亲子游戏评价指导

在幼儿主题亲子游戏活动的实施中，家长通过对幼儿的评价实现对幼儿的游戏活动的鼓励、支持和指导。受专业知识和能力的限制，家长对幼儿的评价常常只是简单地夸孩子"你真棒"，存在内容不具体、评价方式单一等问题。这样对幼儿的评价虽然是积极、正向的鼓励，但流于形式，时间久了，孩子听了也没有感觉，使评价的激励效果不再凸显。为实现家长更加有目的、适宜地评价幼儿在亲子游戏中的表现，幼儿园教师应指导家长在开展主题亲子游戏评价时，注意以下事项：

（1）对接活动目标。

在幼儿主题游戏活动实施过程中，教师应指导家长学会关注亲子游戏的设计目标，在游戏中对幼儿进行有目的的观察，然后再根据幼儿的行为表现，对接目标进行评价。比如，在北京市六一幼儿院主题亲子游戏——"足球小将"中，家长一方面要清楚和幼儿一起踢足球的目的。另一方面，家长要观察幼儿学会了哪些带球的方法，哪种方法最熟练，哪种方法还需要再提升，幼儿在踢球的过程中情绪状态如何等。当家长心中有目标时，自然而然就能看见孩子具体的行为表现，做出的评价就会更加的具体，与幼儿的互动质量也会更高。

（2）运用适宜方式。

结合幼儿的身心发展特征，教师可以指导家长除了运用语言的激励、物质的奖励外，还可以通过观察记录、《幼儿成长手册》、编写学习故事等方式，记录和评价幼儿在游戏中的游戏行为，用这些方式来对幼儿在亲子游戏中的表现做出适宜的评价。

例如，米依妈妈在主题亲子游戏——"去郊游"的评价中写道："米依，你上幼儿园不过一个月，但妈妈看到了你在音乐游戏中的积极行为，你可以在游戏中把这首歌全部唱出来，你可以模仿老师教会我们了解游戏规则，你可以自己设计游戏路线，那一瞬间，妈妈觉得你真的长大了，好像不再是妈妈的小宝宝。妈妈希望你永远可以这么开心地游戏，希望你可以把幼儿园里更多的游戏带回家，我和爸爸喜欢和你一起做游戏，我们觉得很幸福！"当我们把这段文字念给米依听的时候，孩子特别开心和自豪地说："我以后每天都要高高兴兴地上幼儿园，把幼儿园里好玩的游戏全部带回家，每天晚上都要当小老师和爸爸妈妈一起做游戏!"老师把孩子的表达录下来发给家长时,家长特别高兴和感动,也体会到了"记录幼儿学习故事"这种评价方式对幼儿发展的意义。

(3)更多关注过程。

幼儿园教师应该指导家长别太关注结果,应更多关注过程,对幼儿开展更多的过程性评价。请家长把教育的目光放得长远一些,将更多的精力投入到对幼儿游戏兴趣的培养、幼儿在游戏中良好习惯的养成,以及幼儿在游戏中良好品质的培养,为幼儿的终身发展奠基。例如,在科学探究类主题亲子游戏中,家长可以对幼儿表现出来的好奇好问、有序地取放材料、主动探究、大胆尝试、乐于思考等行为进行评价,建议和指导家长做到重过程轻结果,把教育的目光放得长远一些,为幼儿的终身发展奠基。

当家长评价更多对接游戏活动的目标,运用更多适宜性的方式,更加关注游戏活动过程中孩子的成长和发展时,家长评价便不再简单、空洞、流于表面,而会更加丰满、充实、有内容,家园合力下的有效评价,将对幼儿的成长发展起到切实有力的助推作用。

(三)主题游戏活动组织实施中的"家园社"协同

幼儿的发展受到来自幼儿园、家庭和社会多方面因素的综合影响,幼儿主题游戏活动的实施过程,离不开家庭、社会的支持与配合,幼儿园要注重与家庭、社区多沟通,加强协作。

1. 幼儿园与家庭、社区的关系

西方国家注重发挥家庭教育和社会教育在促进幼儿成长中的作用,20世纪50年代美国学者奥森提出,"学校不应是游离于社区的文化孤岛,它应主动与社区架设各种桥梁,致力于解决社区问题"[1]。美国约翰斯·霍普金斯大学"家庭—学校—社区合作"研究专家艾普斯坦提出,"应将'家校合作'的含义扩展为'学校、家庭、社区合作',强调学校、家庭和社区在孩子的教育

---

[1] 刘爱云. H省A市幼儿园利用家庭、社区教育资源的研究 [D]. 上海:华东师范大学, 2007.

和发展问题上负有共同的责任①。"联合国教科文组织在《学会生存——教育世界的今天和明天》中强调了学校、家庭、社会在青少年的教育中负有重大责任②。

在国内研究方面，20世纪90年代，我国政府颁布了一系列学前教育的政策与法规，明确指出了幼儿园必须与家长、社区相互配合，以提高教育影响的一致性和有效性。1992年国务院颁布的《九十年代中国儿童发展规划纲要》中规定："发展社区教育，建立起学校（托幼园所）教育、社会教育、家庭教育相结合的育人机制，创造有利于儿童身心健康、和谐发展的社会和家庭环境。"原国家教委在1996年颁布的《幼儿园工作规程》（国家教委令第25号）中提出，"幼儿园应主动与幼儿家庭配合，帮助家长助设良好的家庭教育环境，向家长宣传科学保育、教育幼儿的知识，共同担负教育幼儿的任务""幼儿园应密切同社区的联系与合作，宣传幼儿教育的知识，支持社区开展有益的文化教育活动，争取社区支持和参与幼儿园建设"。2001年教育部印发《幼儿园教育指导纲要（试行）》提出："幼儿园应与家庭、社区密切合作，与小学衔接，综合利用各种教育资源，共同为幼儿的发展创造良好的条件。"

幼儿园与家庭、社区合作共育是贯彻实施幼教法规的需要。幼儿教育既不是幼儿园单方面能够完成的，也不是家庭或社区单方面能胜任的，只有三方面通力合作，才能形成幼儿园教育与家庭教育、社区教育相结合的育人平台，充分发挥学前教育的整体功能。

2. 幼儿园与家庭、社区协同教育的实践

西方国家注重幼儿园与家庭、社区的协同教育。如瑞吉欧教育建立的合作关系不仅存在于家长、教师和儿童之间，还存在于家庭、学校和社区的管理之中，教师、教学协同建设人员、研究者、家长等组成的社区咨询委员会都会参与到幼儿园的活动之中，充分体现了"全社会参与幼儿教育"的独特

---

① 王聪. 菏泽市牡丹区"家庭、幼儿园、社区"三位一体化的幼儿体育活动指导研究 [D]. 曲阜：曲阜师范大学，2019.

② 联合国教科文组织总部中文科. 学会生存——教育世界的今天和明天 [M]. 北京：教育科学出版社，1996.

风格^①。由全美幼教协会主编的《0—8岁儿童适宜性发展教育方案》强调，幼儿园在对儿童进行教育时要充分利用家庭和社区资源，促进儿童在情感、认知、语言、体力、社会性和审美等方面更好地发展^②。英国幼儿园通过采用不同的形式与家长合作，保证家长拥有了解幼儿园教育和孩子发展水平的知情权、社区资源使用的许可权、集资助教的参与权、反映幼儿园问题的投诉权，创建了幼儿园与家庭、社区共育的高级平台^③。日本知名家校合作组织 PTA，长期致力于加强学校、家庭、社区的联系，在推进学校、家庭一体化教育的过程中，带动家长以志愿者的身份参与到学校教育的管理当中，很大程度地发挥了家长和社会的教育职能^④。

在我国，幼儿园、家庭、社区协同教育的研究也逐渐受到重视。如李生兰采用问卷调查形式，了解幼儿园有哪些可以利用的家庭、社区德育资源，幼儿园利用这些资源的情况怎样，幼儿园如何才能有效地利用家庭和社区的德育资源^⑤。孔小琴选取了上海 6 所高校附属幼儿园作为研究对象，对高校附属幼儿园利用家庭、社区资源的现状和实践探索进行了调查与反思^⑥。刘爱云通过了解某市幼儿园利用家庭、社区教育资源的现状，描述、分析和解释市幼儿园在利用家庭、社区教育资源的过程中存在的主要问题，提出有利于改进市幼儿园充分利用家庭、社区教育资源的可行性建议^⑦。孙姝婷就幼儿园利用家庭资源和社区资源进行科学教育的价值、资源种类、形式、策略和影响因素展开深入研究^⑧。楼晏卿将家庭和社区资源融入民俗传统节日教育，既丰富了幼儿园教学内容及形式，也加深了亲子之间的情感交流，是实现幼儿园、

① 宋睿. 家、园、社区合作共育的实践研究 [D]. 南京：南京师范大学，2008.

② 朱钰. 幼儿园、家庭和社区协同教育的调查及对策研究 [D]. 安庆：安庆师范大学，2019.

③ 李生兰. 英国幼儿园与家庭、社区合作共育的特点及启示 [J]. 学前教育研究，2004（3）.

④ 金熙英. 日本推进学校、家庭、社会一体化教育的经验与启示 [D]. 延吉：延边大学，2009.

⑤ 李生兰. 上海幼儿园利用家庭、社区德育资源的调查与思考 [J]. 学前教育研究，2003（1）.

⑥ 孔小琴. 上海高校附属幼儿园利用家庭、社区资源的研究 [D]. 上海：华东师范大学，2006.

⑦ 刘爱云. H 省 A 市幼儿园利用家庭、社区教育资源的研究 [D]. 上海：华东师范大学，2007.

⑧ 孙姝婷. 幼儿园利用家庭、社区资源进行科学教育的研究 [D]. 上海：华东师范大学，2008.

家庭、社区教育合力的有效途径[①]。王聪从家庭、幼儿园、社区三个角度来调查幼儿体育活动开展的现状，根据调查找出影响幼儿体育活动开展的主要因素，并从"三位一体"的角度为幼儿体育活动开展提出指导策略[②]。但现有研究表明，多数幼儿园家、园、社区合作意识比较薄弱，合作的深度不够，园所缺乏有效管理，合作形式多集中在"引进来"和"走出去"上，家庭和社区资源的开发和利用不足，家庭和社区参与的积极性不高。

3. 主题游戏活动实施中的家园协作

家长们具有不同的职业背景和个人经历，能为幼儿园的主题活动提供丰富的资源。幼儿园应注重与家庭的协作，充分利用家长资源，实现真正意义上的家园共育，实现幼儿健康快乐成长。

（1）做好家长会。

为实现良好的家园协作，做好家园共育，幼儿园需要充分利用做好学期初的班级家长会。通过家长会向家长传递科学的育儿理念，提高家长对自身教育资源的重视程度，取得家长对主题游戏活动的支持与配合。

（2）多渠道家园合作。

幼儿园还要努力探索多渠道的家园合作，采取多种手段和途径深入挖掘家长资源，为高效开展主题活动提供可能。例如探索使用家长参与教育教学活动、幼儿园家长开放日、幼儿园亲子活动、幼儿园家访和接送交流等多种方式，尽力赢得家长的支持与配合，让越来越多的家长愿意参与到主题游戏活动之中。

4. 主题游戏活动实施中注重与社区合作

如何有效地与社区合作并充分利用社区资源，提升幼儿教育的质量，是当前幼儿园面临的重要问题之一。幼儿园要积极转变观念，渗透大教育观；要了解并充分挖掘和利用社区资源，努力探索多种方式，对接社区居委会、

① 楼晏卿. 幼儿园利用家庭和社区资源进行民俗传统节日教育的研究 [D]. 上海：华东师范大学，2010.
② 王聪. 菏泽市牡丹区"家庭、幼儿园、社区"三位一体化的幼儿体育活动指导研究 [D]. 曲阜：曲阜师范大学，2019.

社会机构，与它们建立起良好的协作关系，为开设活动课程、组织参观学习、开展社区服务等奠定基础。

（1）积极转变观念[①]。

幼儿园管理者及幼儿教师均应转变管理理念和教育观念，确立"大教育"的观念。

首先，提高合作意识。一方面，利用教研活动，提高教师对合作共育的认识。为实现幼儿园与社区合作共育的良好效果，幼儿园应当在园内营造良好的环境氛围，统一教师与社区的合作意识，共同探究与社区的合作共育的策略与方式。另一方面，广泛宣传，提高社区人员的合作意识。提高幼儿园与社区合作共育的质量，单纯提高幼儿园管理者及教师的合作意识是不够的，在提高社区工作人员及居民意识这点上，幼儿园应充分发挥自身的教育力量，在主动要求社区合作的基础上，通过多种途径广泛传播幼儿园教育主体的思想，引起社区、居民的重视，促进社区居民"热爱幼儿，热爱幼儿教育，为幼儿做榜样"公民意识的养成。社区内教育宣传的第一步当属对社区委员会工作人员的宣传。社区委员会的工作庞杂琐碎，工作人员无暇顾及与幼儿园的合作问题。更重要的是，社区委员会工作人员并非教育专业出身，对当前学前教育动向略知一二，但并不完全了解社区能为学前教育的发展贡献哪些力量。鉴于此，在与社区合作共育的过程中，幼儿园应作为主体，主动向社区委员会工作人员宣传《幼儿园工作规程》《幼儿园教育指导纲要》等文件的指示精神。在社区委员会工作人员了解幼儿园的合作动机与形式后，二者合作，运用多种方式对社区内居民进行教育宣传。幼儿园在社区内进行教育宣传的形式有多种，例如，在社区内多处设立幼儿教育宣传栏，普及幼儿教育知识，展示各个幼儿园的活动图片，鼓励社区居民献策，参与到幼儿园的教育工作中，推动幼儿园与社区的合作共育，促进幼儿园教育向前发展；同时，幼儿园与社区分别设立居民信箱，方便社区居民在了解幼儿园与社区合作的基础上，将自己关于学前教育的

[①] 张晓敏.幼儿园与社区合作共育的研究——以山东省十所幼儿园为例[D].济南：山东师范大学，2016.

所想所求以书面的形式交与幼儿园或社区，双方定时沟通交流，及时给予社区居民反馈。与此同时，幼儿园应充分利用互联网平台，向社区居民推广幼儿园网站，将幼儿园的风貌展现出来。

其次，确立为社区服务的思想。幼儿教师应在充分理解幼儿园与社区合作共育的内涵、价值等基础上，形成为社区服务的意识和思想。幼儿园管理者应引导教师明确"幼儿园与社区合作共育"的真正内涵是二者的双向互动。幼儿园可以享受社区各种资源，同时幼儿园作为社区的组成部分，自身也是一种社区资源。只有教师充分理解这一思想，才能与社区建立和谐的合作共育关系，为二者合作共育工作的顺利开展奠定重要的基础。

（2）与社区建立合作关系。

与社区建立紧密的合作关系，可以得到更多的资源支持。可以与社区图书馆、文化馆、医院等建立良好的合作关系，扩大幼儿园的资源范围。

（3）开设活动课程。

幼儿园可以根据社区资源情况，开设丰富多彩的活动课程。如利用社区图书馆开展阅读活动、借用社区活动室开展文化活动、邀请社区医生为幼儿进行健康检查等。

（4）组织参观学习。

幼儿园可以组织幼儿和家长一起参观社区内的重要资源，如博物馆、美术馆、公园等，让幼儿在参观中了解社区资源的重要性，开阔他们的眼界并激发他们参与活动的兴趣。

（5）开展社区服务。

幼儿园可以积极开展社区服务活动，比如为社区老年人义务搬运物品、清理社区环境等。这样不仅可以提升幼儿的社会责任感，同时也能够得到社区更多的资源支持。

幼儿园与家庭、社区紧密合作，协同配合，努力实现"家园社"协同共育，方能实现幼儿主题游戏活动的有效实施，使幼儿在主题游戏活动中获得最大发展，实现健康快乐成长。

第二章　健康主题游戏活动

在所有教育中，健康教育是一个不可或缺的领域。对于幼儿而言，健康更有超越一切的重要价值。《3—6岁儿童学习与发展指南》将健康领域的发展目标排在首位，明确提出："发育良好的身体、愉快的情绪、强健的体质、协调的动作、良好的生活习惯和基本生活能力是幼儿身心健康的重要标志，也是其他领域学习与发展的基础。"

一、什么是健康主题游戏活动

（一）健康是什么

在所有教育中，健康教育是一个不可或缺的领域。对于幼儿而言，健康是其成长和发展的基础。1984年，世界卫生组织提出，健康就是身体、心理和社会适应的完好状态。换言之，身体、心理、社会适应是幼儿健康的三大要素。

（二）幼儿园健康教育的理论基础有哪些

健康教育一直都是学前教育研究的热点。在理论方面，研究者们对健康教育的目标、原则、评价等问题进行了探讨。如，朱家雄等认为，幼儿健康教育的目标包括促进幼儿身体的正常发育，增强幼儿的体质，促进幼儿身心健康地发展；培养幼儿对体育活动的兴趣和积极参加体育锻炼的习惯，发展幼儿的基本动作，同时培养幼儿活泼、开朗、勇敢、不怕困难等心理品质；帮助幼儿获得基本的健康常识，培养其良好的生活习惯以及自我保护的初步意识和能力[①]。申毅等人对幼儿园健康教育原则进行探讨，认为健康教育应遵循六项原则，包括以身心和谐发展为中心，知、情、行统一的原则；以幼儿活动为中心，健康常识、健身活动与益心活动并重的原则；以幼儿教师、保育员保教结合为主，师生主体共同创设健康教育情境，共建共育的原则；以动为主，动静结合，劳逸适度，营卫配合，持续发展的原则；以幼儿园管理为主，幼儿园、家庭、社区教育相结合的原则和以发展性评价为主，目标性评价与形成性评价相结合的原则[②]。安·S.爱泼斯坦在《关键发展指标和支持性教学策略》中探讨了幼儿身体发展和健康的内容、特点、价值、发展阶段和原则，以及促进幼儿身体发展和健康成长的具体教学策略，同时真实展示了支持每一关键发展指标的教学实践。叶平枝等人撰写的《幼儿园健康领域教育精要——关键经验与活动指导》阐述了幼儿健康领域发展的核心经验，分析了影响关键经验发展的相关因素。理论上的探讨为健康教育的实践活动提供了核心价值的引领。

（三）健康主题游戏活动在实践中是什么样的

当前，关于幼儿园健康主题游戏的研究，多为实践经验的梳理。通过以园所为背景和某一类主题游戏案例为前提进行行动研究。研究的内容多为教育策略有效性、教师行为、课程实施、幼儿行为观察以及主题游戏背景下的某一类教学活动。

通过以上对幼儿园主题游戏及健康主题游戏相关资料的综述，发现研究者虽对这两方面均做了一些研究，但关于幼儿健康主题游戏的研究相对较少，主题游戏的开展模式以传统的五大领域活动设计为主，对如何解决幼儿的实际问题的研究较少；案例中预设的课程虽然较多，也包含一些对幼儿发展具

---

① 朱家雄等. 幼儿卫生学 [M]. 南京：江苏教育出版社，1990.

② 申毅，王纬虹，潘维维等. 幼儿园健康教育原则初探 [J]. 教育导刊（幼儿教育），2000（3）：22-24.

体问题的研究，但在主题游戏背景下研究生成问题的很少。因此，幼儿健康主题游戏还有相对较大的研究空间，特别是如何借鉴项目活动——以解决问题的思路开展主题游戏，可以做进一步的实践探索。

幼儿主题游戏活动通常围绕一个题目或概念开展一系列的教育活动，具有计划性、整体性和持续性的特点。在这个命题背景下，教师要提前设计每一次活动的目标、准备活动材料、思考过程中的关键提问，促进活动与活动之间的逻辑更加紧密，让幼儿对事物的探究始终保持积极性和新鲜感。同时，幼儿很难在一次活动中完成对游戏的探究，而是在多次的活动中通过亲身感知、实际操作等，形成完整的认识。

因此，健康主题游戏活动是围绕健康主题所进行的活动，短则几天，长则几个星期、几个月。在内容上，主要以身体素质与运动能力教育，卫生习惯教育、环境卫生教育、心理卫生教育和安全教育为主，也可以包含语言、社会等学习领域及幼儿情感、态度、知识、技能等方面的发展内容；在组织形式上，以幼儿为主体，融合各种游戏活动。具有兴趣性、虚构性、社会性、具体性、不创造财富物质等五个特征。

二、体育主题游戏活动是怎样的

陶行知先生认为，健康是生活的出发点，也就是教育的出发点。婴幼儿期是人生的初始阶段，这一时期健康的发展状况，将对幼儿一生产生重要影响。健康所包括的身心状况、动作发展、生活习惯与生活能力等的大部分内容的发展都需要通过体育运动途径来完成。

（一）如何设置体育主题游戏活动的维度

幼儿园开展体育主题游戏活动，要先深入分析原始材料，发掘游戏的教育价值，发现体育的教育价值，科学组织与安排主题游戏活动的内容、形式和时间，合理运用组织策略，促进体育主题游戏的整体优化，从而让体育回归教育，让教育拥抱游戏，促进幼儿的全面发展。体育主题游戏活动的内容可以从以下几方面进行选择：

①身体。包含稳定性、移动性、操作性等动作模块，促进平衡、协调、灵敏、柔韧等身体素质的发展。除常见的走、跑、跳、爬、投等动作内容之外，还包含旋转、翻滚、推、拉、抬等生活中或应急时会用到的更丰富的动作内容，以促进幼儿获得丰富的身体运动经验。

②认知。根据幼儿的年龄和身心特点融入认知锻炼内容，包括持续注意、抗干扰、注意分配、自控力、快速反应、认知灵活等。

③社交。根据幼儿的年龄和身心特点融入社交锻炼内容，包括个人展现表达、双人配合、小组协作等。

（二）体育主题游戏活动的目标体系是怎样的

幼儿园成功开展体育主题游戏活动的关键在于制定适宜的目标价值体系。目标对于活动内容的生成、实践途径的确定、活动评价的开展具有引领和标杆的作用。首先，结合体育领域目标和幼儿德、智、体、美、劳的全面发展，目标定位应为塑造在生活和教育上共同发展的完整的儿童。其次，考虑到幼儿发展的阶段性，活动目标的制定应体现循序渐进的特点，与幼儿的心理发展相衔接，各个活动的教育目标层层细化，环环相扣。最后，幼儿园开展体育主题游戏活动目标应结合本园、本班幼儿的实际情况，符合维果斯基的"最近发展区理论"，具有较强的可操作性。

（三）怎样开展体育健康主题游戏活动

1. 注意观察细节，从细节中发现技能培养契机

在幼儿体育活动中，教师在兼顾整体的同时还要多观察细节，这些细节往往决定了幼儿体育技能的掌握和运用水平。从细节中观察发现，更容易把握幼儿体育技能培养的契机。例如：在"快乐跳跳跳"体育游戏中，需要幼儿双脚连续向前跳，发展幼儿的肢体协调能力和平衡力。但是，有些孩子跳

跃的时候不够连贯，或者上下肢动作协调性不足，而这些问题都是一些细节性动作造成的。比如：幼儿上下肢动作不协调，往往是"先跳后摆臂"造成的，这时候幼儿手臂不但不能助力起跳，而且影响幼儿跳跃的平衡性和连续性。发现这个问题后，教师从动作协调技能的强化入手，帮助幼儿理解正确的起跳过程：双脚平稳扎地，增加身体的稳定性，然后屈膝摆臂，手向后身体跃出，这样才能双脚稳稳着地，为连续跳跃做好准备。在指导幼儿动作的时候，教师可以多做几次正确的动作示范。幼儿一边观察教师的动作，一边对照自己的动作，摸到其中的"门道"后，幼儿就会主动调整自己的动作，让跳跃更加标准连贯。

2. 突出幼儿体育技能培养的趣味性和实践性

幼儿体育活动设计首选要突出趣味性，很多教师都能做到"激趣为先"，但涉及其中的技能性问题时，教师在指导中总是严肃有余而趣味不足。多数教师会把某个动作单独提出来讲，幼儿也会按部就班地跟教师学习，但整个过程幼儿比较被动，甚至是机械地模仿教师的动作。所以，教师要改变幼儿体育技能培养中"重技艺、轻趣味"的问题，积极转变教育理念，让技能培养同样充满好奇与童趣。例如：在"烤白薯"体育游戏中，通过直体滚动动作的训练，提高幼儿前庭器官的稳定性，培养幼儿的平衡能力。在游戏中，很多幼儿会用手脚发力，但是却不懂如何用腰部发力，如果教师单纯用理论讲解的方法，幼儿还是很难理解腰部发力是什么状态。针对这一情况，教师设计了"白薯滚一滚"的游戏情境，引导幼儿理解翻滚动作的发力点："今天我们每名小朋友都是一块白薯，需要在烤箱里烤一烤，才能把自己变得美味，我们可以怎样做呢？"在教师的启发下，幼儿开始练习侧身滚，完成侧身动作后教师继续引导："这锅白薯不好吃，有的没熟呢，怎么能烤得香香甜甜的呢？"帮助幼儿理解翻滚速度要均匀，而且要用腰来带动四肢滚动。在教师的启发下，幼儿时而手脚合并变成"尖尖的白薯"，时而手脚展开变成"胖胖的白薯"，时而侧身，四肢收紧变成"细细的白薯"，身体每个部位都照顾到，最终变成"成熟又香甜的白薯"。

3. 从"授人以鱼"到"授人以渔"，激发幼儿自主学习能力

幼儿体育技能的培养需要教师的悉心引导，但也要给幼儿预留更大的自主发挥空间。正所谓"授人以鱼不如授人以渔"，教会幼儿正确的体育活动方法、正确的动作技巧，使幼儿能结合自身实际创造性地发挥，才是幼儿体育技能培养的关键。教师不能以"孩子太小，理解能力有限"为由减少幼儿自主学习的机会。譬如：在"运球高手"游戏中，幼儿运球的同时要穿越障碍，不但要手眼协调，而且要懂得运用技巧。游戏中教师可以演示怎样运球行走，同时向幼儿提出引导的问题："小朋友们想一想，怎样才能让球稳稳地贴在手上？""绕旗杆的时候我们的路线变了，怎样才能让球稳稳地跟着我们也转弯？""想一想自己运球的时候为什么会掉球？"这些问题很有启发性，能够引导幼儿主动思考、主动纠正完善，这种自主思考往往比被动接受教师讲解效果更好，对于提高幼儿的自主学习能力有积极的促进作用，同时也让幼儿体育技能培养更有针对性和实效性。

（四）体育健康主题游戏活动有什么作用

深入开展卓有成效的体育健康主题游戏系列活动，能够提高教师体育教育教学活动的游戏创编能力、丰富实践经验，营造园内充满童趣、童真、童乐的体育特色教育环境。让幼儿更好地融入到体育主题游戏活动之中，能够激发幼儿的想象力，更利于幼儿的情感体验和表达，促进幼儿更好地发展与健康成长。

幼儿的情绪控制。运动是幼儿的一种本能活动，通过参加一定量的运动，幼儿能够释放体内多余的能量，调节情绪并放松身心。各种运动器材和各种形式的体育锻炼可以激发孩子对幸福和兴奋的良好感觉。运动的成功和满意度可以使孩子们拥有积极的锻炼体验，使他们保持快乐的心情并充满信心。

幼儿的合作能力。体育主题游戏活动多是在社交场合中进行，例如：滚

动、踢球、闯洞和老鹰捉小鸡，需与同伴协商合作，幼儿在玩中学习分工和角色转换，有利于合作能力的培养。

幼儿的规则意识。所有活动都有一定的规则，幼儿必须认真遵循这些规则，才能成功完成游戏。例如：在"抢椅子"游戏中，孩子们必须等待音乐停止才能开始捕捉；在"斗鸡"游戏中，孩子们必须用一只脚降落；在接力赛中，孩子们必须学会等待、与他人合作。幼儿在教师的指导下认真参加游戏活动，遵守各种游戏规则，并逐渐树立规则意识。[①]

示例：

北京明天幼稚集团"体育主题亲子游戏活动"

北京明天幼稚集团从促进幼儿体育主题游戏的教学实践角度，提升教师幼儿体育主题游戏活动的理论知识水平和专业发展水平，围绕基本理念、发展目标、核心经验，体育主题游戏活动设计的维度和层次、策略与方法、案例与实践，幼儿体育主题游戏活动的基本动作、基本技能和体育知识等层面，更新了幼儿体育主题游戏活动的理论概念、动作技能、核心经验、发展目标，实现了体育主题游戏活动教学的研究目标，也搭建了教师专业成长的可持续之路。开展体育游戏活动的实践成效包括：

一、促进幼儿的健康成长

帮助幼儿建立身体、认知、社交的新经验，让幼儿获得丰富愉悦的成长体验。每个学期的体能测试重在考察幼儿的平衡、柔韧、力量、速度、灵敏和耐力。

以四幼知春里园体质测试为例。在册儿童 201 人，应测人数 201 人，实测人数 201 人，其中男童 101 人，女童 100 人，体质测试率 100%。其中优秀率 69.7%，

---

① 孙宇. 以幼儿体质健康教育为基础的体育游戏设计探究 [J]. 海淀教育，2023（5）：68.

良好率 23.3%，及格率 7.0%。

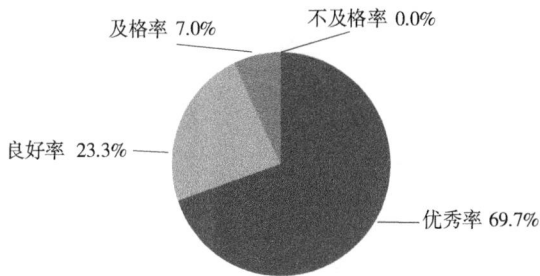

图 1 全园儿童体质测试成绩构成比例

从图 1 可以看出，四幼知春里园儿童体质测试整体优良率在一个非常好的水平，为 93.0%。

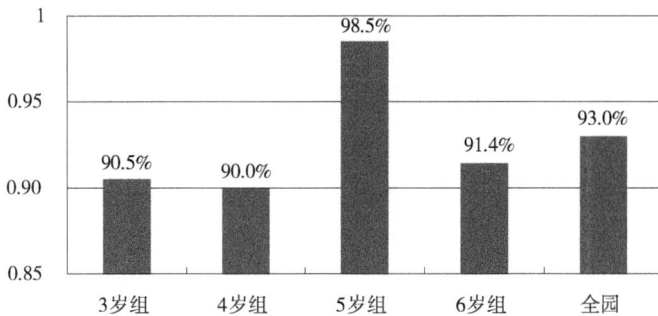

图 2 体质测试各年龄组成绩优良率比例

［标准：优良率＝（年龄组优秀人数＋良好人数）/ 年龄组应测人数 ×100%］

从图 2 可以看出，5 岁组优良率最高，为 98.5%，3 岁、4 岁、6 岁组优良率在 90%—92% 之间。四幼知春里园各年龄组整体优良率都在一个较高水平，这些成绩的取得离不开教师在一日生活中非常重视幼儿的户外锻炼，离不开幼儿身体素质的培养，离不开项目团队持续的研究与跟踪。

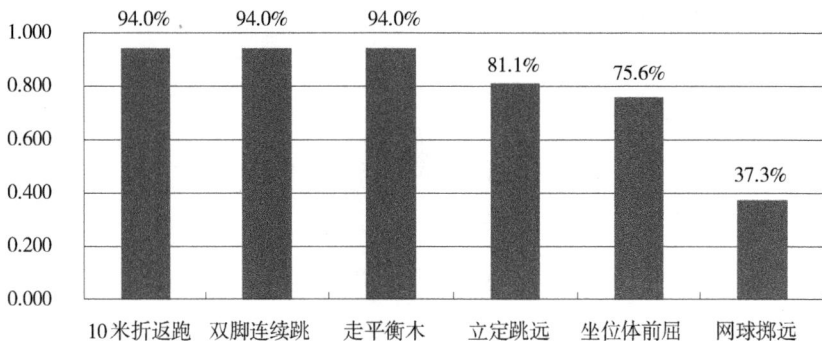

图3 体质测试各单项成绩优良率比例

[标准：优良率＝（单项成绩5分人数＋4分人数）/ 实测人数×100%]

通过图3可以看出，在6项测试结果中，优良率最高的是10米折返跑、双脚连续跳和走平衡木，整体优良率都在94%，其次是立定跳远，优良率为81.1%，这表明幼儿下肢肌肉力量、爆发力、灵敏性、协调性以及平衡能力都较强。坐位体前屈的优良率为75.6%，成绩好于2018年10个百分点，说明四幼知春里园儿童身体柔韧性有大幅提升。网球掷远的优良率为37.3%，与2018年的成绩持平，说明四幼知春里园近一年虽然关注到了儿童投掷锻炼，也开展了一些相关游戏和活动，但锻炼效果并不明显。

二、促进教师专业发展，提升了专业指导能力

教师是游戏活动的教育者、观察者与指导者。研究过程充分调动了教师的学、研、教能力，促进了游戏活动的开展常规科学、合理与有序，也提升了教师体育主题游戏活动指导质量，在岗位上提升，在专业上提高，在学习中精细实。帮助教师全面梳理幼儿体育的理论、理念、教学技能、活动设计、环境和早操创编等实用技能，并在过程中培养教师独立思考、表达、小组领导合作和写作的职场素养。为教师提供经过检验的科学、有趣、实用的集体教学活动教案，节省教师备课时间，让教师在师幼亲密互动的游戏中体验到职业幸福感。

"学习—反思—行动"是一个良性的循环式升华，在项目带动和引领下，通过问题研讨，推动研究新发展，用研究视野解决新问题。注重体育主题游戏活动

　　　　　　　　　　　　　　　　幼儿主题游戏活动指南

教研的实效性，开展园所体育特色研磨，加强对幼儿的指导，解决园所阶段性问题。

研究团队实施的集团体育名师项目，16名教师中有骨干教师、有活力青年教师，他们从游戏活动不同的定位与视角，践行体育游戏活动。每一名成员都获得更全面展示的机会，每一次现场都有寻求改变的渴望，项目开展中涌现出多名优秀个人与事迹，以成长助力成长，以激励促进激励，形成园所你追我赶、教师你帮我扶的并进状态，促进了研究团队的整体发展以及教师的职业发展。

三、通过研究开展，促进了集团化的体育研究模式

2019年是集团专业发展的启动之年，体育项目的研究开展行而致远，转管理，促落实，见真效。四幼知春里园、七幼定西园、九幼安宁里园、十幼铁路园形成雁阵发展的主力，相伴相进，在项目研究开展中既有本园发展又有协作精神，既有本园特点也有和谐统一，实现了让每一个园所都发展、每一个教师都成长、每一个儿童都幸福的集团发展总目标。

通过现场观摩，形成"鲶鱼式效应"互助团队发展。项目研究组成员一方面吸收理论与经验，一方面改进自己的游戏活动，以学促教。各园所在团队发展的大池子里互帮互助，互学互进，搅动"一江春水"流起来，激活教师学起来，促进儿童发展动起来。

实践探索中，我们以项目研究为培养平台，以理论指导为培养方法，以设计诊断为培养基础，以专业成长为培养目标，以活动现场为培养手段，有计划、系统地开展，提升研究团队的系统思考能力、实践应用能力、专业发展能力，最终助力儿童的健康成长。

三、生活主题游戏活动怎样做

幼儿的游戏活动来源于生活，回归于生活。开展生活主题游戏活动，应注重从幼儿身边的小事入手，选取贴近幼儿生活、幼儿容易理解和感兴趣的健康教育内容来设定和开展主题游戏活动。

（一）怎样设置生活主题游戏活动的维度

要设计不同主题的生活游戏活动，通过开展富于挑战性、愉悦性和创造性的游戏活动，促进幼儿身体、认知、社交等核心能力的立体发展，让幼儿更好地融入到活动之中，激发幼儿的想象力，丰富幼儿的情感体验，促进幼儿更好地发展与健康成长。生活主题游戏活动的内容可以从以下几方面进行选择：

（1）幼儿的生活与卫生习惯。从有规律地生活、对体育活动的兴趣、良好的饮食习惯（如不偏食、不挑食、不暴饮暴食、常喝白开水）和卫生习惯（如用眼卫生、早晚刷牙、饭前便后洗手）等方面进行实践探索，将主题游戏活动融入幼儿的生活与卫生习惯中。

（2）幼儿的生活自理能力。建立在身体动作发展的基础之上，尤其是手的动作能力。可以通过主题游戏活动的方式促进幼儿的生活自理能力，包括独立进餐、盥洗、排泄后的自理、穿脱衣服和鞋袜、整理生活用品与学习用品等方面。

（3）幼儿的安全意识和自我保护能力。针对幼儿的生活环境与成长发展，从与他人交往的安全、活动与运动中的安全、交通安全以及求助、防灾等角度指出各年龄段幼儿在自护方面的典型表现和必备的基本能力。通过融入主题游戏活动，探索提高幼儿自我保护能力的策略与方式。

（二）如何组织生活主题游戏活动

1.深化教师对生活教育的认识和理解

教师要在幼儿的学习生活中扮演引导者、支持者和合作者的角色。在幼儿的学习活动中，教师要密切关注幼儿的表现，观察他们的需求并给予适当的指导，形成一种探究式的师生互动方式，并选择与幼儿生活相契合的内容来开展生活教育。

（1）教师要理解生活教育的内涵。

健康教育是幼儿成长和发展的基础，教师对生活教育目标、内容、组织实施途径的理解会影响生活教育的实施效果。因此，教师要在深入理解、准确把握生活教育内涵的基础上，将生活教育理念贯穿于主题游戏活动中。通过组织教研活动、培训活动、观摩活动、说课活动等，加深教师对生活教育的认识。

（2）教师要尊重、了解幼儿的生活。

在实施的过程中，教师要了解幼儿的生活。从幼儿的生活出发，选择与他们生活经验相对应的教育内容，促进生活教育的开展。

（3）教师要善于发现和利用幼儿生活中的教育机会。

幼儿的生活处处充满创造，他们在生活中不断地以自己的方式表达对生活的感受，因此，他们的生活充满了教育机会。幼儿在生活中的表现并不都是有意识的，这就要求教师要有意识地观察他们在生活中的表现，发现他们的兴趣和需要，然后从中提取和总结具有长远价值的教育内容。

2. 教师要重视对幼儿生活情境的创设与利用

教师在生活教育过程中要为幼儿创设与他们真实生活情境相似的教育情境，幼儿在园的一日生活是个人生活跟社会生活相结合的，是教师有意识地为幼儿创设的一个特殊教育情境。这个特殊的教育情境既有幼儿真实的生活，也有经过教师精心改造后与幼儿真实生活相关的部分，既是对幼儿真实生活的反映，同时又不同于幼儿的真实生活。幼儿在这样的教育情境中亲身体验、感受，能够帮助他们将在其中获得的知识和经验迁移运用到真实的生活情境中去。

（三）开展生活主题游戏活动有什么作用

帮助广大教师建构新的生活教育主题模式，深化生活教育的质量与主题游戏实施的联系，促进教师深入理解健康生活的重要性。同时，开展生活主题游戏活动更加贴近幼儿原有生活，有助于解决幼儿健康发展中的真实问题，满足幼儿发展的实际需要，对培养幼儿的卫生习惯、自理能力、安全意识与自我保护能力具有显著作用。

中国科学院第三幼儿园"幼儿园健康主题游戏活动设计与实施"

中国科学院第三幼儿园以幼儿的生活习惯养成为立足点，以促进幼儿自理能力为取向，凸显"做中学、玩中学、生活中学"的理念，在对幼儿社会和学科知识的深入研究中，注重幼儿的身体、认知和情感发展规律，同时关注幼儿对家庭、社区和社会发展的需要。基于对总体发展价值的认识，以及教育哲学的价值筛选和学习心理学的可行性筛选，制定符合幼儿身心发展规律、满足幼儿社会发展需求、凸显教育发展功能的明确目标。

1.建构了适宜的健康教育目标体系

如在幼儿园的健康主题游戏活动目标中，将"养成良好的生活习惯（健康）"作为教育实施的重要内容。

养成良好的生活习惯（健康）	3—4岁具体目标	在提醒下，按时睡觉和起床，并能坚持午睡。 能养成在幼儿园午睡的习惯，午睡时不哭闹。（上学期） 能够根据音乐或语言提示，主动上床，午睡形成良好的睡姿（不趴着睡、不蒙头睡），养成良好的午睡规律。（下学期） 知道午睡前能做哪些准备。 在教师的帮助下，愿意尝试不同口味的蔬菜和水果（上学期），认识各种各样的蔬菜，知道各种瓜果蔬菜有营养，并愿意尝试。（下学期） 了解白开水的好处、饮料对身体的危害。愿意饮用白开水，少喝饮料。（下学期） 学会使用水杯喝水，认识自己的水杯，会取放水杯。（上学期） 在口渴时能告诉成人。（上学期） 愿意坐在座位上和小朋友一起喝水。 知道喝水能解渴，能在提醒下主动饮水。知道什么情况下要喝水。（下学期） 不用脏手揉眼睛。在提醒下，每天早晚刷牙、饭前便后洗手。 知道饭后要漱口，学会漱口的方法。（上学期） 在老师的提醒下不用脏手揉眼睛，眼睛不舒服时会告诉老师。（上学期）学会《七步洗手法》儿歌，在老师的提醒下会用七步洗手法洗手。（上学期） 自己能做的事情愿意自己做。在老师的帮助下穿脱衣服或鞋袜。 在老师的帮助下，学习穿脱不同种类的衣服，以及系纽扣的方法。（下学期）

养成良好的生活习惯（健康）	3—4岁具体目标	能将玩具和图书放回原处。 学习认识标记，知道玩具图书和标记——对应的摆放方法。（上学期）在老师的帮助下，把玩具送回原处。（上学期）知道并记住玩具的摆放位置。（上学期） 能根据音乐提示收玩具。（上学期） 能主动将玩具和图书放回原处，能尝试分类摆放积木。能根据提示，学习快速整理玩具的方法。（下学期） 学会正确使用勺子吃饭。 在老师的语言提醒帮助下，能选择自己喜欢的活动。（上学期） 能够根据自己的兴趣做区域计划。（下学期）
	4—5岁具体目标	每天按时睡觉和起床，并能坚持午睡。 通过规律的午睡，感受到睡眠的好处和醒后舒服的感觉。（上学期） 自主进行午睡前的准备，知道睡觉要穿小背心和小内裤或秋衣秋裤，不裸睡。（上学期） 能自主入睡，知道冷了盖被子，热了盖肚子。（下学期） 能自己整理床铺、叠被子。（下学期） 不偏食、挑食，不暴饮暴食，喜欢吃瓜果、蔬菜等新鲜食品。 在提醒下，吃饭时不含饭，一口饭一口菜地吃，知道吃饱了就不吃了。（上学期） 知道吃瓜果、蔬菜对身体的好处。（上学期） 养成干稀搭配的饮食习惯，不浪费食物。（下学期） 吃水果时能主动剥皮、吐籽儿。（下学期） 常喝白开水，不贪喝饮料。 了解什么情况下需要多喝水（嗓子干、大便干燥、小便发黄）。（上学期） 知道喝饮料的危害。（上学期） 能根据健康提示卡，做自己的饮水计划。（下学期） 知道保护眼睛，不在光线过强或过暗的地方看书，连续看电视等不超过20分钟。 每天早晚刷牙、饭前便后洗手，方法基本正确。 自己的事情尽量自己做，不依赖别人。 能自己穿脱衣服、鞋袜，系纽扣。 能整理自己的物品。 能按自己的想法进行游戏或其他活动，会做计划和总结。
	5—6岁具体目标	养成每天按时睡觉和起床的习惯。 能自主做好睡眠前的准备（散步、小便、拿拖鞋、午检）。 能够主动遵守睡眠的规则，如果睡不着，也不打扰别人，在床上休息或安静地游戏。（下学期） 吃东西时细嚼慢咽。 能匀速进餐，但不磨蹭。（上学期） 能把握自己饮食的量，对于自己喜欢吃的食物不贪吃。（下学期） 进餐时能关注到饭菜的温度，不吃凉的饭菜，对食物的口味、温度有明显的反应。 主动饮用白开水，不贪喝饮料。 能根据自己的饮水记录统计自己的饮水量。（上学期） 了解多种饮品（水、牛奶、酸奶、果汁、碳酸饮料等）对身体的影响。（下学期） 能根据身体需要，主动喝适量的水。（下学期）

养成良好的生活习惯（健康）	5—6岁具体目标	主动保护眼睛，不在光线过强或过暗的地方看书，连续看电视等不超过30分钟。 每天早晚主动刷牙，方法正确。 饭前便后主动洗手，方法正确。 自己的事情自己做，不会的愿意学。能根据冷热增减衣物。 会自己系鞋带。 能按类别整理好自己的物品。 能主动发起活动或在活动中出主意，想办法。 主动做计划、总结，能够解决生活中的问题。

养成教育的具体目标围绕生活习惯、运动习惯、心理素质和文明礼仪习惯四部分进行细化。其中，生活习惯的培养是养成教育课程的核心部分，一日生活的各环节贯穿幼儿在园学习、生活的始终，生活教育在一日生活中的比重最大，也是幼儿可持续发展的基础。除此之外，运动习惯、心理素质培养和文明礼仪也是养成教育的重要组成部分。对标生长课程的目标我们发现，良好的生活习惯和良好的运动习惯指向幼儿的健康发展；养成良好的心理素质指向幼儿的自信心培养；养成良好的生活习惯、文明礼仪习惯指向幼儿的自主发展。在细读目标的过程中，可以看到，生活习惯的同一目标被分解成上、下学期两个阶段，体现了幼儿发展的递进性。半年的时间幼儿行为习惯会产生显著变化，细化学年目标为教师在生活活动的指导上提供更明确的导向。

2.生成了丰富的教育内容

课程内容的选择与组织是实现课程目标的关键和手段。健康教育课程内容可以按照不同的角度、层次进行划分，其划分依据主要有以下三个方面：一是按照知识的内在逻辑来组织编排课程内容；二是按照幼儿的经验、兴趣、需要等方面来组织编排课程内容；三是结合学科知识和学习者能力来组织编排课程内容。在此基础上，园所制定了3年的养成教育课程实施内容，具体安排如下：

时间	小班	中班	大班
9月	"逛逛幼儿园" "摇摇乐" "科科会洗手" 角色区："我们的新家" 益智区："贪吃的毛毛虫"	"筷子夹夹乐" "擦屁股" 生活区："学做值日生"	"换牙的时候" "设计我的健康食谱" 生活区： 1.逐步学会根据气温的变化以及自己的冷热感觉主动增减衣服。 2.学习自己系鞋带。 3.能够按类别整理自己的物品
10月	"睡午觉喽" "科科会擦嘴" "我会自己穿衣服" 生活区："小矮人" 角色区："我来帮助你"	"好吃的粗粮" "我会正确刷牙" 生活区："我会叠被子"	
11月	"咕噜咕噜漱漱口" "对不起，没关系" "把玩具送回家" 角色区："香喷喷的饭菜"	"朋友树" "保护眼睛" 生活区："我会擦屁股"	
12月	"学习穿袜子" "冬天不怕冷" "我会自己塞衣服" 角色区："手套店开张了"	"我喜欢我自己" "照镜子" 益智区："夹豆子"	
3月	"爱吃水果的牛" "睡觉有好习惯" "我爱喝水" 休闲区："快乐小屋" 角色区："今天我当家"	"快乐和大家分享" "我爱吃鱼" 生活区："系绳带"	"我的心情" "为弟弟妹妹做点事" 比比角： 1.鼓励幼儿大胆、自由地表达和交流自己的心情故事。 2.初步学习调控自己的情绪和行为的方法
4月	"拉拉链" "哭哭笑笑" "小鸡吃米" 角色区："窗外"	"好朋友，陪我走" "美丽的蝴蝶结" 生活、美工区："制作名片"	
5月	"当我们生气的时候" "鳄鱼怕怕，牙医怕怕" "幼儿园是我家" 生活区："勺子、筷子都会用"	"黑暗城堡的探险" "如何做计划"	
6月	"不用脏手揉眼睛" "请说谢谢" "我会对老师说" 角色区："妈妈下班了"	"生气了该怎么办" "节约用水"	

3.实施了多样的健康教育实践途径

幼儿园课程实施途径主要有三种形式：集体活动、随机教育、小组活动。每种形式都有其独特的教育价值，充分考虑各形式的特点，统筹规划，把握每种组织方式的适切性至关重要。尤其要考虑幼儿的年龄特点，如小班幼儿可针对进餐、如厕、午睡、饮水、洗手等环节开展丰富的教育活动，中大班幼儿则可侧重于集体规则的适应、帮助园所和集体做事，培养集体荣誉感，提高生活自主能力，合理安排自己的时间，提高自我保护能力等方面开展活动，在课程设计上一共有44节集体教学活动和19个活动区活动。集体教学活动包括26个生活活动课程、8个心理健康课程、8个社会性课程，以及2个体育活动课程。活动区活动包括生活区、角色区、益智区、休闲区、比比角5类区域游戏。生活区和益智区以培养幼儿生活习惯和生活自理能力为主，休闲区和比比角以情绪管理和情绪表达为主，角色区以社会性发展和生活习惯、生活自理能力的培养为主。

集体教学活动

课程内容	小班	中班	大班
生活活动课程	"科科会洗手" "睡午觉喽" "科科会擦嘴" "我会自己穿衣服" "咕噜咕噜漱漱口" "把玩具送回家" "学习穿袜子" "我会自己塞衣服" "爱吃水果的牛" "睡觉有好习惯" "我爱喝水" "拉拉链" "不用脏手揉眼睛" "鳄鱼怕怕，牙医怕怕"	"筷子夹夹乐" "擦屁股" "好吃的粗粮" "我会正确刷牙" "保护眼睛" "照镜子" "我爱吃鱼" "美丽的蝴蝶结" "如何做计划" "节约用水"	"换牙的时候" "设计我的健康食谱"
心理健康课程	"逛逛幼儿园" "摇摇乐" "哭哭笑笑" "当我们生气的时候"	"我喜欢我自己" "黑暗城堡探险" "生气了该怎么办"	"我的心情"
社会性课程	"对不起，没关系" "请说谢谢" "我会对老师说" "幼儿园是我家"	"快乐和大家分享" "好朋友陪我走" "朋友树"	"为弟弟妹妹做点事"
体育活动课程	"冬天不怕冷" "小鸡吃米"		

活动区活动

班级	内容
小班	角色区："我们的新家" 目标：情绪安定、愉快，有安全感，逐步建立与教师的依恋关系，适应幼儿园生活。 益智区："贪吃的毛毛虫" 目标：会用小勺独立进餐，掌握基本的用餐方法。 生活区："小矮人" 目标：学会如厕，养成定时大便、不憋尿的习惯。 角色区："我来帮助你" 目标：养成良好的睡眠习惯，逐步学习按次序穿脱衣服和鞋袜。 角色区："香喷喷的饭菜" 目标：喜欢吃健康的食物。 角色区："手套店开张了" 目标：感知四季最明显的特征以及下雨、下雪等自然现象，体会天冷了多穿衣服、天热了少穿衣服等人与自然的关系
小班	休闲区："快乐小屋" 目标：情绪安定、愉快，有安全感，逐步建立与教师的依恋关系，适应幼儿园生活。 角色区："今天我当家" 目标：会自己选择活动，做自己能做的事情，如穿脱衣服、收放玩具等，感受独立做事的快乐和满足，对自己有信心。 角色区："窗外" 目标：感知四季最明显的特征以及下雨、下雪等自然现象，体会天冷了多穿衣服、天热了少穿衣服等人与自然的关系。 生活区："勺子、筷子都会用" 目标：掌握基本的用餐方法。 角色区："妈妈下班了" 目标：知道父母的姓名及他们喜欢做的事，感受他们对自己的爱，知道不打扰父母的工作和休息
中班	生活区："我会擦屁股" 目标：学习大便后自己擦屁股的方法。 生活区："我会叠被子" 目标：学习叠被子的方法。 生活区："学做值日生" 目标：学做值日生为他人服务，有初步的责任感。 益智区："夹豆子" 目标：锻炼手部力量和手眼协调能力。 生活区："系绳带" 目标：学习系绳带的简单方法。 生活、美工区："制作名片" 目标：能记住家庭地址或电话

班级	内容
大班	生活区： 目标： 1.逐步学会根据气温的变化以及自己的冷热感觉主动增减衣服。 2.学习自己系鞋带。 3.能够按类别整理自己的物品。 比比角： 目标： 1.鼓励幼儿大胆、自由地表达和交流自己的"心情故事"。 2.初步学习调控自己的情绪和行为的方法

集体教学活动小班每学期12个，每个月3次课。小班幼儿的集体教学活动多以适应和习惯培养为主，通过游戏引导幼儿参与集体活动，在游戏中学习生活的技能和方法。中班每学期8个，每个月2次课；中班幼儿的生活能力有所提高，开始有了自己的主见，但是遵守规则的意识和能力还很弱。中班幼儿开始使用筷子吃饭、开始做值日、开始用牙膏刷牙、开始计划自己的生活，这些内容是中班课程的主要部分。大班每学期2次课，具体时间可根据幼儿学习的需要自行安排。大班幼儿的生活习惯基本养成，重点关注的是生活活动的自主性，即幼儿自主生活的能力、自我服务、自我照顾的能力是否达到，能否熟悉幼儿园一日生活各环节的顺序，有秩序地进行自主生活。合作化的共同学习是大班幼儿的主要学习方式，能否进行合作学习、共同解决问题，是大班幼儿培养的重点。同时，对情绪的识别和表达，对上小学建立合理的期望是大班幼儿心理健康教育的重要内容。

示例：

"勇闯难关"主题游戏活动整体方案设计 [1]

一、实施范围

大班。

---

[1] 李丽娜，北京明天幼稚集团。

二、设计缘由

运动会过后，小朋友们参与运动的热情依然不减。近期天气一天天变冷，于是孩子们想多到体育馆进行游戏，但很多问题也接踵而至。"去体育馆我们玩的材料有哪些和操场不一样的地方？""分小组可以怎样摆玩具材料？""太拥挤了，怎样解决？"……

结合《幼儿园教育指导纲要》中对幼儿体育活动提出的发展目标——"喜欢参加体育活动，动作协调、灵活"。我们共同生成了一个符合大班幼儿年龄特点的，在室内开展的主题游戏活动"勇闯难关"。引导幼儿在游戏中进行包括直线走、S形走、直线跑、曲线跑、障碍跑、单双脚连续跳、投掷、钻爬、攀登等在内的相关活动的锻炼，激发幼儿主动参与体育运动的兴趣，提高幼儿身体灵活性、协调性等运动综合能力，促进幼儿体能的全面发展。同时通过参与室内体育活动，加强幼儿接受挑战、努力坚持、不轻易放弃等良好的运动品质。

三、活动目标

（一）通过开展室内体育游戏活动，培养幼儿对体育活动的喜爱，激发幼儿的运动潜能，体验体育游戏的快乐。

（二）通过参与多种形式的运动，促进幼儿大肌肉运动能力发展，发展幼儿动作的协调性和灵活性，促进身体全面发展。

（三）活动中培养幼儿的规则意识及合作精神，树立幼儿的自信心，培养幼儿勇于挑战、努力坚持、不轻易放弃的运动品质。

四、主题维度

大班室内体育游戏活动。

五、主题网络图

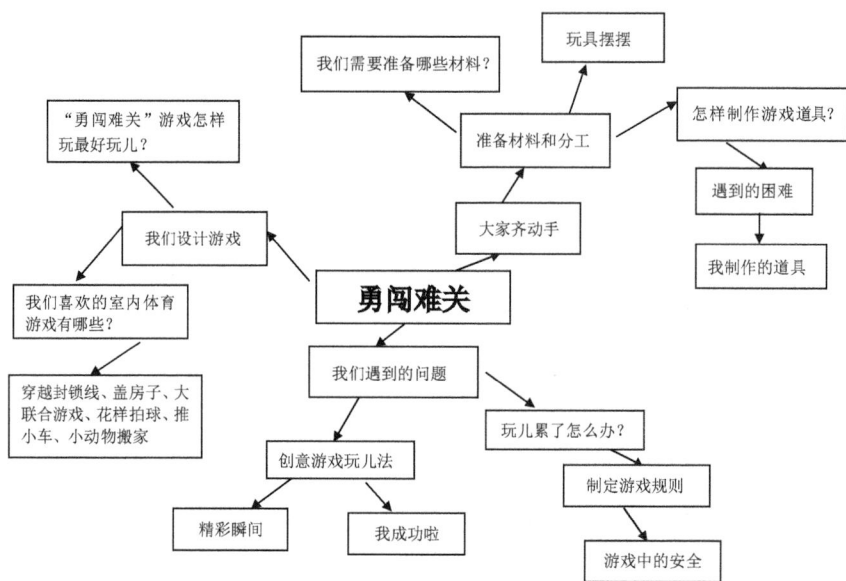

```
                              玩具摆摆
   我们需要准备哪些材料?                    怎样制作游戏道具?
"勇闯难关"游戏怎样
玩最好玩儿?          准备材料和分工                遇到的困难
   我们设计游戏        大家齐动手                我制作的道具
我们喜欢的室内体育      勇闯难关
游戏有哪些?
                    我们遇到的问题
穿越封锁线、盖房子、大                玩儿累了怎么办?
联合游戏、花样拍球、推
小车、小动物搬家      创意游戏玩儿法          制定游戏规则
   精彩瞬间      我成功啦              游戏中的安全
```

六、活动计划表

大一班"勇闯难关"主题游戏活动计划

活动 总目标	1.通过开展室内体育游戏活动,培养幼儿对体育活动的喜爱,激发幼儿的运动潜能,体验体育游戏的快乐。 2.通过参与多种形式的运动,促进幼儿大肌肉运动能力发展,发展幼儿动作的协调性和灵活性,促进身体全面发展。 3.活动中培养幼儿的规则意识及合作精神,树立幼儿的自信心,培养幼儿勇于挑战、努力坚持、不轻易放弃的运动品质
系列活动	语言领域:"我喜欢的运动""我收集的运动""我想玩儿……""我玩儿过的室内体育游戏""锻炼身体好""玩儿累了怎么办?"
	健康领域:"穿越封锁线""创意垫子游戏""盖房子""大联合游戏""花样拍球""推小车""小动物搬家""跳绳比赛""运动中的安全""保护自己"
	艺术领域: "制作道具""绘画我喜欢的运动""我的困难""泥塑运动员"
	科学领域: "道具怎样摆""我来设计道具"
	社会领域: "我们遇到的问题""道具摆摆摆""我成功啦""制定游戏规则"

环境布置	"我想玩的室内体育游戏"—"我能玩的体育游戏"—"怎样摆道具?"—"我们的分工表"
家园共育	请家长协助幼儿一起收集室内体育运动的游戏和游戏图片等。 积极鼓励和引导幼儿参加体育锻炼,培养幼儿的身体协调性及不怕困难的品质

七、建议(包含环境创设、材料投放、家园共育等方面)

冬季我班结合幼儿的兴趣和发展需要及园所的特点,开展了室内体育游戏的主题活动——"勇闯难关"。在环境创设方面,从"我想玩的室内体育游戏"到"我能玩的游戏"再到"道具怎样摆?"最后解决游戏中的问题,解决道具摆放的问题,层层递进深入开展。同时主题活动还与多区域进行整合、联动,例如,在图书区,我们引导幼儿通过看游戏图片了解更多的室内游戏内容,认识室内体育活动中的游戏并用语言表述,使幼儿喜欢用语言和同伴分享运动的快乐。材料支持有室内游戏图书和图片以及自制图书等。在美工区中,引导幼儿设计绘画自己喜欢的室内体育游戏,用多种材料表现作品并进行主题墙面装饰。材料支持有绘画纸、彩色卡纸、丝带、彩泥、毛根、毛线、胶棒等。我们的主题活动的开展也离不开家长的参与及支持,鼓励家长们帮助幼儿搜集各种室内游戏的图片和内容,这样不仅丰富了我们室内游戏的内容,而且让我们的活动更加丰富更有创新。有了家长的参与和协助,孩子们的积极性更高了,兴趣也更浓了,通过家园共育更好地促进了幼儿的全面发展。

"勇闯难关"主题游戏活动设计(教案)之"创意垫子"(大班)

一、设计意图

结合《幼儿园教育指导纲要(试行)》对幼儿体育活动提出的发展目标,能利用多种运动器械、辅助材料创造性地进行体育活动。符合大班幼儿年龄特点和满足幼儿发展需要的室内体育游戏"勇闯难关",引导幼儿在游戏中,发挥想象积极参与垫子游戏,锻炼大肌肉的运动技能,提高身体动作的协调能力和灵活性；培养幼儿的规则意识，树立幼儿的自信心，及勇于挑战、努力坚持、不轻易放弃的运动品质。体验合作游戏的快乐。

二、活动目标

（一）培养幼儿合作意识，体验合作游戏带来的快乐。

（二）引导幼儿发挥想象积极参与垫子游戏，锻炼大肌肉的运动技能，提高身体动作的协调能力和灵活性。

（三）活动中培养幼儿的规则意识，帮助幼儿树立自信心，培养幼儿勇于挑战、努力坚持、不轻易放弃的运动品质。

三、活动准备

（一）经验准备：幼儿有一物多玩的前期游戏经验。

（二）物质准备：游戏垫子若干、背景音乐、安全的场地布置等。

四、活动重点、难点

（一）重点：引导幼儿发挥想象积极参与垫子游戏，锻炼大肌肉的运动技能，提高身体动作的协调能力和灵活性。

（二）难点：能够战胜困难，勇于挑战，体验合作游戏的快乐。

五、活动过程

（一）环节一：热身运动。

1.引导语：小朋友们，今天我们要玩个新游戏。游戏之前，先让我们一起来做做热身运动吧。

2.与幼儿一起随着音乐做热身运动，模仿各种小动物。

3.请幼儿各自选取一块垫子，并在垫子上感受垫子的柔软，然后提出问题：谁来说说你在垫子上的感觉？垫子可以怎样玩儿？

（二）环节二：探索部分。

1.幼儿在垫子上自由玩，发挥想象。

2. 请幼儿介绍自己在垫子上的玩法，并示范动作。

3. 教师与幼儿一起模仿幼儿示范动作，亲密地在垫子上玩耍。

4. 请幼儿将垫子摆成一竖排，形成"桥"，幼儿依次用自己喜欢的动作通过"桥"。

5. 教师将身体摆成不同姿势，设置障碍，让幼儿想办法过"桥"。

6. 教师依次抽掉部分垫子让"桥"变形，提示幼儿根据垫子的变化用助跑跳远的方式过"桥"。

7. 将幼儿的每个垫子拼成大联合的模式，先邀请幼儿进行示范，然后幼儿自由分成2组分别进行游戏。

（三）环节三：结束部分。

1. 随音乐做放松运动。

2. 幼儿分享游戏感受和想法。

六、活动延伸

（一）引导幼儿与爸爸妈妈一起搜集、创想更多的垫子游戏。

（二）继续开展好玩儿的垫子游戏。

七、总结与提升

践行体育精神，培养运动品质，"勇闯难关"让主题活动成为激发幼儿运动热情的摇篮。

主题活动内容来源于幼儿的生活，是幼儿喜欢和感兴趣的。只有幼儿感兴趣的他们才更愿意参与，才能更好地发挥主动性。应引导幼儿在活动中亲身感知、实际操作、直接体验，满足幼儿的发展需要，帮助幼儿解决生活中遇到的问题。

"勇闯难关"主题活动，结合《幼儿园教育指导纲要（试行）》对幼儿体育活动提出的发展目标，能利用多种运动器械、辅助材料创造性地进行体育活动。引导幼儿在游戏中练习直线走、S行走、直线跑、曲线跑、障碍跑、单双脚连续跳、投掷、钻爬、攀登等相关活动的锻炼，激发幼儿主动参与体育运动的兴趣，提高幼儿身体灵活性、协调性等运动综合能力，从而促进幼儿体能的全面发展。同时通过参与室内体育活动，培养幼儿的规则意识及合作精神，帮助幼儿树立自信心，培养幼儿勇于挑战、努力坚持、不轻易放弃的运动品质。

"勇闯难关"主题活动包括认识玩具材料、制定游戏规则、玩具摆摆、游戏中的安全等环节。活动中充分调动幼儿主动性，使其能够不断围绕主题提出新问题，引导幼儿不断深入探究，培养幼儿思考问题、探究解决问题的能力；发展合作精神，规则意识。在摆放材料的探究中，提升幼儿观察和比较的能力，使幼儿在空间方位、测量和统计等数学领域的能力有所提升，促进幼儿的全面发展。

每个游戏活动都有着它独特的教育价值。从孩子们的游戏活动中，我们看到了他们的专注、持续、认真、仔细等一系列的良好品质。教师的付出也得到了家长的肯定与支持，促进了家园共育。

孩子们的成长和进步是我们最好的礼物、最大的快乐。感谢有你、感恩成长、感受幸福，让我们在花开绽放中享受职业的幸福感！

示例：

"我和小球做游戏"主题游戏活动整体方案设计 [1]

一、实施范围

小班。

二、设计缘由

经观察发现，在户外分散活动中，小朋友们喜欢选择皮球进行游戏。随着小朋友玩球活动的增多，以及运动会后每人得到皮球作为奖品，小朋友们对皮球的兴趣被激发。他们喜欢拍球、踢球、追着球跑，更喜欢和老师一起玩滚球的游戏。经常会有小朋友向老师说出自己的发现："老师，这个皮球外面有花纹。""老

---

[1] 庞宇瑶，北京市海淀区七一小学附属实验幼儿园。

师您看，我的皮球会在地上滚！"每有小朋友在和球的游戏中有了新发现，其他的小朋友也会拿着球反复模仿、尝试。观察到小朋友们兴趣浓厚，我问小朋友们："小球可以滚来滚去吗？拍一拍它能跳起来吗？"小朋友们说着自己的猜想。我说："我们来一起试一试！"于是结合学习兴趣，小朋友们与球做游戏，对小球直接感知、亲身体验，"我和小球做游戏"主题游戏活动开展起来。

三、活动目标

（一）情感方面：关注身边的球，对它们感兴趣、有好奇心，喜欢玩球类游戏，感受球类游戏的乐趣。

（二）认知方面：能运用多种感官感知球的特性，发现球的明显特征，知道几种球类运动相关知识。

（三）能力方面：积极运用多种感官对球进行感知，能用多种形式自由表达对球的感知、感受和发现。

四、主题维度

（一）以幼儿发展目标为导向——五大领域。

（二）以幼儿经验发展（认知发展）为导向——通过游戏初步认识，进一步探究、体验。

（三）以活动形式为导向——集体教育活动、区域活动、生活活动。

五、主题网络图

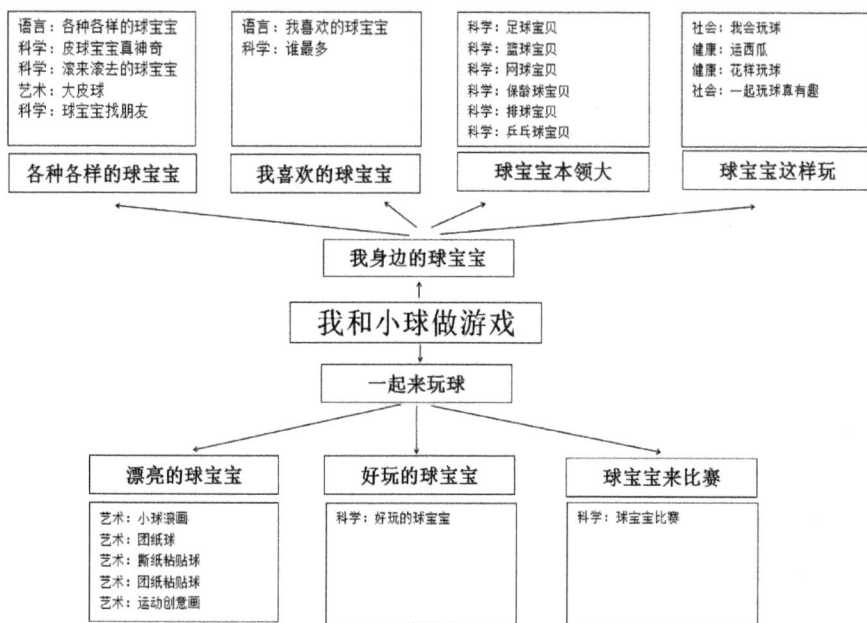

```
┌─────────────────┐  ┌─────────────────┐  ┌─────────────────┐  ┌─────────────────┐
│语言：各种各样的球宝宝│  │语言：我喜欢的球宝宝│  │科学：足球宝贝    │  │社会：我会玩球    │
│科学：皮球宝宝真神奇│  │科学：谁最多      │  │科学：篮球宝贝    │  │健康：运西瓜      │
│科学：滚来滚去的球宝宝│  │                 │  │科学：网球宝贝    │  │健康：花样玩球    │
│艺术：大皮球      │  │                 │  │科学：保龄球宝贝  │  │社会：一起玩球真有趣│
│科学：球宝宝找朋友│  │                 │  │科学：排球宝贝    │  │                 │
│                 │  │                 │  │科学：乒乓球宝贝  │  │                 │
└─────────────────┘  └─────────────────┘  └─────────────────┘  └─────────────────┘
```

| **各种各样的球宝宝** | **我喜欢的球宝宝** | **球宝宝本领大** | **球宝宝这样玩** |

```
                    ┌─────────────────┐
                    │  我身边的球宝宝   │
                    └─────────────────┘

                    我和小球做游戏

                    ┌─────────────┐
                    │  一起来玩球   │
                    └─────────────┘
```

| **漂亮的球宝宝** | **好玩的球宝宝** | **球宝宝来比赛** |

```
┌─────────────────┐  ┌─────────────────┐  ┌─────────────────┐
│艺术：小球滚画    │  │科学：好玩的球宝宝│  │科学：球宝宝比赛  │
│艺术：团纸球      │  │                 │  │                 │
│艺术：撕纸粘贴球  │  │                 │  │                 │
│艺术：团纸粘贴球  │  │                 │  │                 │
│艺术：运动创意画  │  │                 │  │                 │
└─────────────────┘  └─────────────────┘  └─────────────────┘
```

六、活动计划表

计划时间段	本周目标	活动形式	活动名称	活动重点
第一周	1.通过游戏感知球可以滚动的特性。 2.在体验游戏中，感受探索活动的乐趣。 3.知道身边的不同材质的球宝宝	集体教育活动	"滚来滚去的球宝宝"（科学区）	在操作中感知球可以滚动的特性。在寻找、体验游戏中，感受探索活动的乐趣
			"花样玩球"（体育区）	尝试探索球的多种玩法。体验球类游戏的快乐
		区域活动	科学区	投放不同材质的球，通过触摸感知球的特性
			图书区	通过阅读与球相关的绘本，丰富球类相关的经验
		生活活动	各种各样的球宝宝	探索生活中常见的球
		家园共育	"我知道的球宝宝"调查问卷	1.亲子共同完成"我知道的球宝宝调查问卷"。 2.鼓励幼儿在家中与家长一同收集不同的球宝宝

计划 时间段	本周目标	活动形式	活动名称	活动重点
第二周	1. 通过调查问卷与教师一同统计"我喜欢的球宝宝"。 2. 通过家长与幼儿共同体验不同球类体育场馆，了解不同球类体育游戏。 3. 在"球宝宝本领大"中，了解不同的球类体育游戏	集体教育活动	"我喜欢的球宝宝"（语言区）	能结合调查问卷内容，在教师提示下大胆讲述，感受分享的快乐
			"球宝宝本领大"（科学区）	通过亲自体验不同球类体育场馆，了解不同球类体育游戏
		区域活动	科学区	通过轨道游戏，感知球滚动的特性
			美工区	观察小朋友的运动体态，通过拼组小人，展现开展球类游戏的情景
		家园共育	亲子体验体育场馆	家长带领幼儿体验各种体育场馆，了解不同球类的体育游戏
第三周	1. 喜欢玩球类游戏，通过不同美工方式制作漂亮的球宝宝。 2. 通过游戏活动体验球类游戏的乐趣	集体教育活动	"小球滚画"（美术区）	探索用小球作画，感知球滚动的特性
			"运动创意画"（美术区）	根据小朋友不同的运动形态，拼贴运动创意画。收获拼贴画的乐趣
			"团纸粘贴"（美术区）	用皱纹纸团纸球后粘贴。感受团纸球的乐趣
		生活活动	在生活中发现不同球的作用	引导幼儿发现生活中不同球的用途
		区域活动	美工区	提供不同材质的纸团进行团纸粘贴
			科学区	发现生活中不同球的用途
		家园合作	和家长一起体验球类游戏	家长带幼儿一同玩不同的球类游戏
第四周	通过"球宝宝比赛"游戏，发现不同材质的球运动快慢不同	教育活动	"球宝宝比赛"	通过"球宝宝比赛"游戏，发现不同材质的球运动快慢不同

七、建议

（一）环境创设

结合小班幼儿喜欢具体形象物体的年龄特点和认知水平，本主题整体环境创设为情境式环境创设，采用三种不同颜色的热气球为主背景，热气球下结合季节特征设计鲜花盛开的花园。环境创设中充分利用废旧物，向幼儿渗透环保理念，如：超轻黏土盒、麻绳、纸盒、鸡蛋盒、纸盘、牙膏盒等。教师与幼儿共同进行整体环境创设，幼儿参与度很高。在创设丰富的教育环境中，最大限度地支持和满足幼儿在探索中的需求，让幼儿与环境对话。几个板块能与幼儿充分互动，互动效果较好，使幼儿在互动游戏中获得发展。

在各种各样的球宝宝板块，小花采用带旋拧盖子的塑料盒，里面装有各种各样的、不同材质的、不同大小的球，幼儿在触摸感知球的不同特征的同时，也发展了小肌肉旋拧动作。热气球中的板块结合幼儿主题活动呈现出幼儿探究轨迹。在"我喜欢的球宝宝"环节，可操作、易懂的投票柱状图，在幼儿的充分参与下能够使幼儿对统计结果一目了然，初步感知统计。在"球宝宝本领大"板块中，充分发挥家园合作作用，并和幼儿共同梳理出不同球类的玩法、规则和场地。在"漂亮的球宝宝"板块中，幼儿装饰球的作品不仅展示在墙面上，还结合美工区和作品栏进行相应的展示。在"好玩的球宝宝"板块，幼儿通过亲身操作探索，感知颜色排序、感知点数、感知图形拼摆。在幼儿操作中提供范例照片，注重幼儿个体差异。最后在发现幼儿的兴趣和需要时，生成"球宝宝比赛"活动，支持幼儿的探究行为，并引导幼儿进行猜想、试验并得出结论。以环境、材料支持幼儿主动探究。

"我和小球做游戏"板块   "一起来玩球"板块

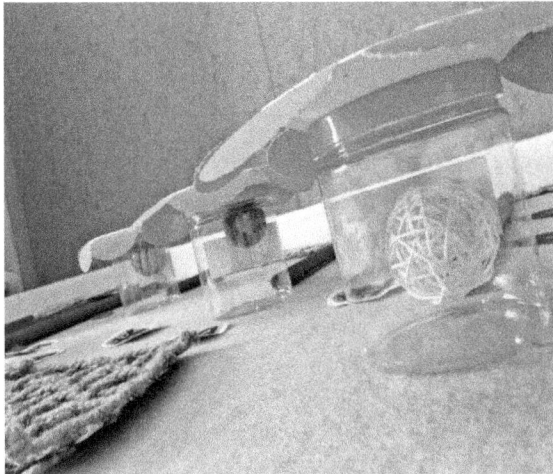

幼儿操作互动墙面进行游戏

利用废旧物创设的花朵墙面

（二）家园共育

1.家园共同收集各种各样的球。

2.家园合作共同完成"我知道的球宝宝"调查问卷。

3.家长结合主题活动带幼儿参观相关体育场馆。

4.家长与幼儿共同玩关于球类的体育游戏。

（三）区域材料投放

区域 名称	投放材料及指导要点
科学区	1. 将幼儿共同收集的不同小球展示在科学区，供幼儿充分感知探索。 2. 创设小球比赛互动墙面，激发幼儿主动探究的兴趣
阅读区	1. 提供绘本《别跑，球！》《黛西的球》《不可思议的乒乓球》等，引导幼儿感知不同的球以及生活中的球。 2. 将大皮球的儿歌制作成小书投放到阅读区
美工区	 1. 在美工区收集环境创设中需要的废旧物，向幼儿渗透环保理念。 2. 结合小球主题，通过创作与小球有关的画、撕纸粘贴、制作纸团球等不同形式表现喜欢的小球

"我和小球做游戏"主题游戏活动设计（教案）之"花样玩球"①

一、实施范围

小班。

二、设计意图

经观察发现，在户外分散活动中，小朋友们喜欢选择皮球进行游戏。随着小朋友玩球活动的增多，其对皮球的兴趣逐渐提高。他们喜欢拍球、踢球、追着球跑；更喜欢和老师一起玩滚球的游戏。经常会有小朋友向老师说出自己的发现："老师您看，我的皮球会在地上滚！""老师，我的球能在头顶上。"其他的小朋友也拿着球反复模仿着、尝试着。观察到小朋友们兴趣浓厚，我问他们："小球还可以怎样玩呢？"小朋友们说着自己的猜想。我说："我们来一起试一试！"于是结合小朋友们的学习兴趣以及主题活动"我和小球做游戏"，设计此活动。

三、活动目标

（一）通过玩球游戏，尝试探索球的多种玩法。
（二）在活动中体验玩球游戏的快乐。

四、活动准备

（一）经验准备：有玩球的经验，知道球是圆圆的可以滚动。
（二）物质准备：人手一个皮球。

五、活动重点、难点

（一）活动重点：探索球的多种玩法。
（二）活动难点：通过玩球感知球的特性。

---

① 庞宇瑶，北京市海淀区七一小学附属实验幼儿园。

六、活动过程

（一）开始部分：情境游戏引入主题。

教师讲述小故事，出示"能干的皮球"，邀请幼儿来做游戏，幼儿列队入场。

（二）基本部分：探索球的不同玩法。

1.变身"球宝宝"进行热身活动，活动全身各部位。

2.游戏："我和小球是朋友"。

玩法：幼儿尝试将球滚到身体的某一部位不掉下来（由简至难）。

3.游戏："小球跳一跳"。

幼儿尝试单手、双手拍球。

4.幼儿分散探索小球的不同玩法（滚球、转球、传球）。

鼓励幼儿分散探索小球的不同玩法，教师发现幼儿的创新玩法，拍照记录下来。

5.教师总结幼儿探索出的球的多种玩法，并请幼儿试一试。

（三）结束部分。

教师引导幼儿与小球共同做放松活动。

七、活动延伸

户外活动分散游戏时引导幼儿继续探索球的不同玩法，体验与小球做游戏的乐趣。

八、总结与提升

（一）此活动源于幼儿的兴趣，活动内容贴合幼儿生活。

球是孩子们生活中常见的事物，本活动结合小班幼儿年龄特点及发展水平，设置了以游戏为主的各种玩球活动，使幼儿在充分感知、体验中了解球的特性。

（二）活动开展过程中，幼儿在直接感知、实际操作、亲身体验中获得与球相关的知识。利用幼儿爱摸一摸、动一动的特点，充分调动幼儿多种感官，通过幼儿和球的互动游戏，引导幼儿主动探索球的特性。

（三）在活动中既能够关注全体幼儿的发展，又能兼顾幼儿的个体差异，设计了不同的游戏活动，满足不同幼儿的发展。

（四）此活动通过不同的玩球游戏，使幼儿充分感知球的特性，在活动过程中感受玩球的快乐。

九、游戏活动策略

（一）以情境化的游戏方式，进行热身及放松活动。

（二）通过"我和小球是朋友"游戏，感知球滚动的特性，培养幼儿平衡能力及肢体协调性。

（三）通过"小球跳一跳"游戏，感知球的弹性。

（四）通过分散探索小球的不同玩法，体验与小球做游戏的乐趣。

示例：

"蔬菜总动员"主题游戏活动整体方案设计[①]

一、实施范围

小班。

二、设计缘由

蔬菜是幼儿一日三餐必不可少的食物，但班级中大多数幼儿对蔬菜的界定比较迷糊，将所有绿叶类的都称为绿叶菜，同时大部分幼儿对吃蔬菜不太感兴趣，有挑食的习惯。蔬菜颜色鲜艳能够引起幼儿的兴趣，符合小班幼儿年龄特点。邻

---

① 杨红、王丹丹，中国科学院第三幼儿园。

班幼儿开设了蔬菜餐厅邀请本班幼儿进行品尝，进一步加深了幼儿的兴趣。《3—6岁儿童学习与发展指南》中指出："引导幼儿对身边常见事物和现象的特点、变化规律产生兴趣和探究的欲望。"因此根据《3—6岁儿童学习与发展指南》要求和本班幼儿兴趣点开展了"蔬菜总动员"的项目主题游戏活动。

三、活动目标

（一）运用多种感官，探索并了解常见蔬菜的特征。

（二）通过与蔬菜进行各种游戏，发展创造力、想象力和思维能力。

（三）了解蔬菜对身体的好处，逐步养成不挑食的好习惯。

（四）初步了解蔬菜的营养价值及食用方法。

（五）通过亲子制作，能够运用多种材料和工具制作与蔬菜有关的美食，体验参与美食制作的乐趣。

（六）初步探究多种蔬菜的成长过程，了解常见蔬菜的生长条件。

（七）愿意与同伴分享蔬菜美食。

（八）感知蔬菜在生活中的重要作用，激发幼儿对蔬菜的喜爱。

四、主题维度

（一）以幼儿发展目标为导向——五大领域。

（二）以幼儿经验发展（认知发展）为导向——初步认识，进一步探究、体验操作。

（三）以幼儿活动形式为导向——集体教育活动、区域活动、生活活动、亲子活动。

（四）以幼儿活动方式为导向——看、听、画、说、唱。

五、主题网络图

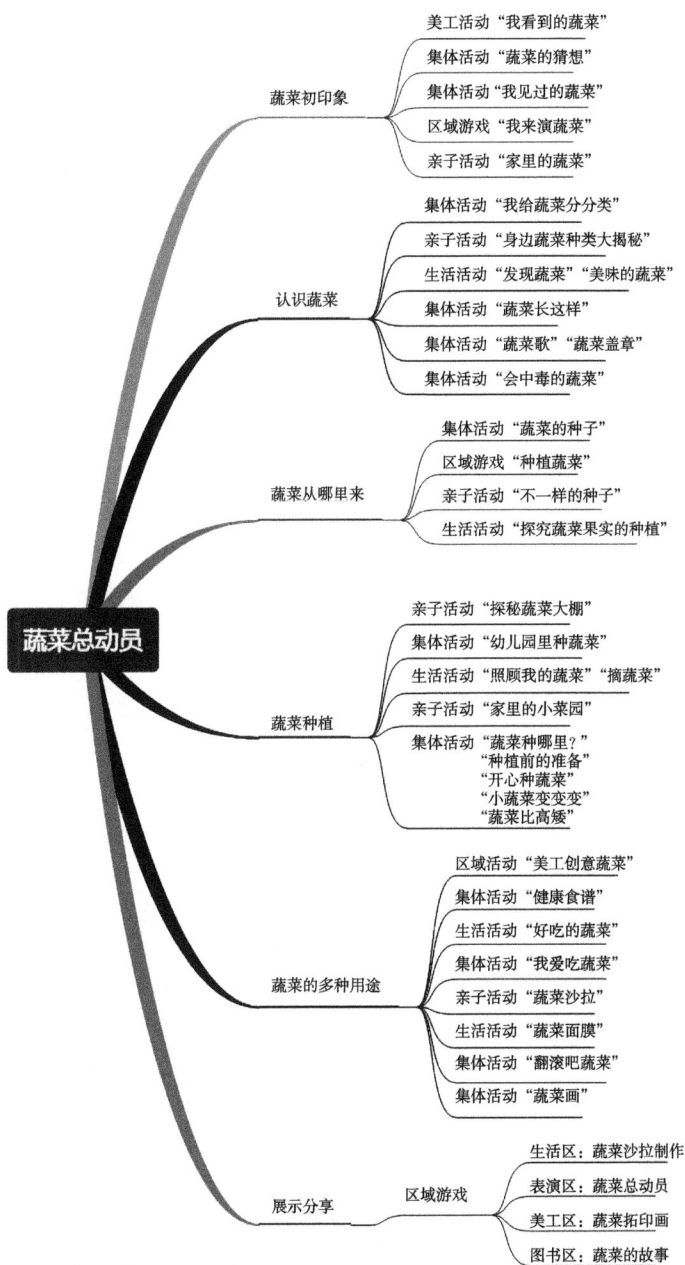

蔬菜初印象
- 美工活动"我看到的蔬菜"
- 集体活动"蔬菜的猜想"
- 集体活动"我见过的蔬菜"
- 区域游戏"我来演蔬菜"
- 亲子活动"家里的蔬菜"

认识蔬菜
- 集体活动"我给蔬菜分分类"
- 亲子活动"身边蔬菜种类大揭秘"
- 生活活动"发现蔬菜""美味的蔬菜"
- 集体活动"蔬菜长这样"
- 集体活动"蔬菜歌""蔬菜盖章"
- 集体活动"会中毒的蔬菜"

蔬菜从哪里来
- 集体活动"蔬菜的种子"
- 区域游戏"种植蔬菜"
- 亲子活动"不一样的种子"
- 生活活动"探究蔬菜果实的种植"

蔬菜总动员

蔬菜种植
- 亲子活动"探秘蔬菜大棚"
- 集体活动"幼儿园里种蔬菜"
- 生活活动"照顾我的蔬菜""摘蔬菜"
- 亲子活动"家里的小菜园"
- 集体活动"蔬菜种哪里？""种植前的准备""开心种蔬菜""小蔬菜变变变""蔬菜比高矮"

蔬菜的多种用途
- 区域活动"美工创意蔬菜"
- 集体活动"健康食谱"
- 生活活动"好吃的蔬菜"
- 集体活动"我爱吃蔬菜"
- 亲子活动"蔬菜沙拉"
- 生活活动"蔬菜面膜"
- 集体活动"翻滚吧蔬菜"
- 集体活动"蔬菜画"

展示分享 —— 区域游戏
- 生活区：蔬菜沙拉制作
- 表演区：蔬菜总动员
- 美工区：蔬菜拓印画
- 图书区：蔬菜的故事

六、活动计划表

计划时间段	本周目标	活动形式	活动名称	活动重点
5月初第一周	1.通过多种感官初步了解和认识蔬菜。 2.大胆与同伴交流自己观察到的蔬菜。 3.有初步的自我保护意识，知道部分蔬菜不能生吃	集体教育活动	"我见过的蔬菜"（语言）	小朋友认识蔬菜，了解蔬菜的形态
			"蔬菜长这样"（科学）	通过看、比、尝等方法，帮助幼儿积累对各种蔬菜的感性认识
			"蔬菜歌"（音乐）	掌握乐曲节奏，能够边用动作模仿蔬菜形态边学习演唱歌曲
			"蔬菜盖章"（美术）	尝试用多种蔬菜进行拓印，创意绘画
			"会中毒的蔬菜"（安全）	知道蔬菜要加工制作后才能食用
		区域活动	"蔬菜拓印画"（美工区）	用蔬菜制作拓印画
			"蔬菜宝宝"（美工区）	用纸黏土制作蔬菜宝宝，掌握蔬菜的外部特征
			"蔬菜的种类"（科学区）	提供蔬菜分类的方式，引导幼儿观察蔬菜形态，进行相同、不同特点的分类
			"一园蔬菜成了精""我爱吃蔬菜"（图书区）	阅读蔬菜相关的图书
		生活活动	"美味的蔬菜"	进餐时介绍多种蔬菜美食
第二周	1.初步探究蔬菜的成长过程，了解蔬菜的生长条件。 2.乐意在成人和同伴的帮助下参与种植活动，了解简单的种植方法，体验种植乐趣。 3.愿意与同伴交流自己的观察与发现	集体教育活动	"蔬菜种哪里？"（科学）	了解蔬菜的生长环境
			"种植前的准备"（语言）	了解种植前的准备
			"开心种蔬菜"（科学）	实践操作体验种蔬菜的乐趣
			"小蔬菜变变变"（科学）	观察蔬菜的生长过程
			"蔬菜比高矮"（数学）	能够对两个物体进行比较
			"蔬菜画"（美术）	能够运用蔬菜进行作画
			"摘蔬菜"（社会）	锻炼小手指肌肉
			"翻滚吧蔬菜"（体育）	在活动中发展走、跑、跳、爬能力
		区域活动	"蔬菜展台"（科学）	能够直观地观察蔬菜
			"菜叶比拼"（益智）	能够对两种材料比较长短、大小、薄厚
			"蔬菜的秘密"（图书区）	了解蔬菜的营养和生长环境等
			"蔬菜拼图"（益智区）	能够仔细观察拼图内容
		生活活动	"照顾蔬菜"	了解蔬菜生长环境，愿意照顾班级的蔬菜
			"摘蔬菜"	锻炼幼儿小肌肉发展

　　　　　　　　　　　　　　幼儿主题游戏活动指南

计划 时间段	本周目标	活动形式	活动名称	活动重点
第三周	1. 在成人的帮助下制作有关蔬菜的美食，体验美食制作的乐趣。 2. 知道蔬菜对身体的好处，逐步养成不挑食的好习惯。 3. 愿意与同伴分享蔬菜美食。 4. 了解蔬菜在生活中的重要作用，激发幼儿对蔬菜的喜爱	集体教育活动	"蔬菜营养多"（健康）	了解蔬菜的营养价值
			"我爱吃蔬菜"（语言）	能够用语言表达自己的观点
			"我家的菜谱"（语言）	能够简单地描述多种蔬菜美食
			"蔬菜还可以怎样吃" （语言）	分享蔬菜的多种吃法
		区域活动	"蔬菜沙拉"（小厨房）	制作蔬菜沙拉
			"美味蔬菜食谱" （小厨房）	制作蔬菜美食
			"蔬菜美食拼图" （益智区）	观察发现拼图之间的联系
			"蔬菜美食接龙牌" （益智）	掌握接龙牌游戏规则
		生活活动	"好吃的蔬菜"	进餐时介绍蔬菜营养
			"择菜、洗菜"	锻炼幼儿小肌肉发展

七、建议

（一）主题墙环境创设。

1. 认识蔬菜。

内容布置：

以绘本《一园青菜成了精》作为主题情境，第一块内容以绘本封面图为主，其中蔬菜的叶子或根茎用实物撕拉扣粘贴住，孩子们可以同蔬菜互动，将蔬菜取下来放在篮子里。

2. 蔬菜从哪来。

内容布置：

收集蔬菜的种子，用图示的方法记录种植的方式和过程，并在最后与成熟蔬菜进行对比观察，了解蔬菜可食用的部分和营养价值。

3. 好吃的蔬菜。

内容布置：

幼儿品尝由各种蔬菜制作的美食，记录下感受、蔬菜美食的制作方式与过程。

（二）家园共育。

活动名称："蔬菜变变变"。

活动目标：增进亲子亲密度，同时延续幼儿对蔬菜游戏的兴趣。

环境材料：家中的蔬菜。

玩法：家长与孩子一同制作百变的蔬菜，并带到幼儿园进行展示分享。

（三）区域材料投放。

1. 娃娃家。

（1）贴面膜。

材料投放：提供黄瓜、刀以及娃娃家的大沙发。

游戏玩法：幼儿将黄瓜洗净后切片放在碗内进行备用，切片若干后与同伴一同互相进行贴面膜游戏。

指导要点：①引导幼儿切的正确动作；

②幼儿合作完成贴面膜的动作。

温馨提示：教师注意在活动中创设幼儿贴面膜的舒适环境。

（2）制作蔬菜沙拉。

材料投放：提供适合做蔬菜沙拉的蔬菜，以及刀、锅、沙拉酱。

游戏玩法：幼儿选择适合制作沙拉的材料，根据墙面及前期教育活动进行制作沙拉的活动。

指导要点：①引导幼儿切的正确动作；

②游戏中引导幼儿正确使用洗、切、搅拌、挤等细微动作；

③在活动中鼓励幼儿分工合作进行制作。

温馨提示：活动前，教师与家长沟通携带蔬菜事宜，并且告知幼儿蔬菜沙拉的归处，避免幼儿养成浪费蔬菜的习惯。

2. 美工区。

（1）蔬菜拓印。

材料投放：提供各种蔬菜及美工材料供幼儿创作。

游戏玩法：幼儿选择不同蔬菜进行拓印活动，观察各种蔬菜纹路。

指导要点：①可为幼儿提供拓印蔬菜的方法或步骤图，供幼儿参考学习；

②鼓励幼儿观察拓印出的图案，发现蔬菜内部的纹路特征；

③拓印过程中，可适时提醒幼儿用刷子将颜料均匀地刷在蔬菜上，拓印在纸上后要轻轻按压，避免移动，保证拓印出完整的纹理；

④鼓励幼儿尝试进行添画。

（2）礼物制作。

材料投放：蔬菜及各种半成品材料。

游戏玩法：幼儿可以选择泡泡泥、毛球、画纸、颜料等材料制作自己喜欢的蔬菜。

指导要点：①鼓励幼儿大胆选择材料进行创意制作；

②墙面放置各种蔬菜创意画激发幼儿创作欲。

温馨提示：教师准备罩衣、桌布等材料，避免幼儿将颜料沾在衣服或桌子上，以便保持衣物和桌面的干净。待拓印好的作品晾干后再移动。

3.建筑区。

（1）搭舞台。

材料投放：墙面放置前期经验分享，提供辅助材料支持幼儿活动。

游戏玩法：区域联动让舞台搭建有意义，前期欣赏舞台并讨论舞台搭建需要的东西，后期鼓励幼儿进行舞台的搭建。

指导要点：①运用延长、围拢、堆高的方式搭建舞台；

②鼓励幼儿之间大胆交流合作；

③在过程中及时与幼儿发现问题解决问题（如何使舞台更稳固、舞台的进出口设置等）。

（2）搭菜园。

材料投放：毛根、积木、纸箱以及前期幼儿自主参观的图片。

游戏玩法：区域联动让菜园搭建有意义，前期欣赏菜园并讨论菜园搭建需要的东西，然后鼓励幼儿进行菜园的搭建。

指导要点：①运用围拢、搭高的方式来完成菜园基本轮廓的搭建；

②鼓励幼儿大胆与小朋友交流合作；

③在过程中及时与幼儿发现问题、解决问题；

④参与幼儿游戏，与幼儿一同想办法搭建菜园雨棚。

温馨提示：在活动前期，教师参与幼儿活动，在活动中及时与幼儿一同梳理问题、解决问题，并在区域活动中分享经验。

4.图书区。

（1）我爱看我爱讲。

材料投放：各种有关蔬菜种植的绘本故事及幼儿在主题活动中的关键性照片、录音设备（教师讲述蔬菜绘本音频）。

游戏玩法：幼儿可以自主选择图书区内有关蔬菜的书籍阅读，也可选择关键性照片进行讲述活动，提供的录音笔供幼儿进行录音欣赏。

指导要点：①引导幼儿使用正确的看书姿势；

②在活动中提供录音机的正确使用方法；

③鼓励幼儿大胆讲述自己在主题活动中的收获及故事。

5.科学区（种植区）。

（1）蔬菜种植。

材料投放：蔬菜种子、豆子、蘑菇包等种植养殖材料以及相应的种植工具、记录本。

游戏玩法：幼儿用放大镜随时观察泡的豆子的变化，根据调查的方法分小组进行种子种植活动。观察并记录种子的变化，探讨蘑菇包的生长环境并选取适合的材料进行种植活动。

指导要点：①鼓励幼儿将自己的发现分享给大家；

②给幼儿提供观察记录本，供幼儿观察记录种植的蔬菜的变化。

（2）土豆氧化。

材料投放：刀、土豆、水、纸、盒子、保鲜膜等。

游戏玩法：幼儿尝试各种材料，寻找防止土豆氧化的材料。

指导要点：①鼓励幼儿大胆进行操作实验；

②在活动中支持、辅助幼儿开展验证猜想的操作；

③引导幼儿耐心关注土豆的变化并及时进行分享。

6.表演区。

（1）我们来表演。

材料投放：提供蔬菜样式的服装及相关道具、幼儿制作蔬菜沙拉的视频、关键探究点的照片。

游戏玩法：幼儿能够根据真实的制作蔬菜沙拉的活动进行戏剧表演游戏。

指导要点：①将蔬菜沙拉的制作过程进行表演；

②引导幼儿合作进行表演，丰富表演内容；

③在活动中引导幼儿关注蔬菜沙拉制作的科学探究点。

（2）燃烧吧蔬菜。

材料投放：《燃烧吧蔬菜》音乐及舒缓的音乐、各种常见蔬菜切面若干。

游戏玩法：①幼儿在舒缓的音乐中找到同自己蔬菜切面相同的人，两个人抱在一起，当《燃烧吧蔬菜》音乐响起，一个小朋友变成切蔬菜的人，将他们切开；

②找几种切面、外形类似的蔬菜进行游戏，玩法相同。

指导要点：①鼓励幼儿根据音乐进行律动；

②注意根据音乐的变化进行游戏。

"蔬菜总动员"主题游戏活动设计（教案）之"我给蔬菜分分类"[①]

一、实施范围

小班。

二、设计意图

小朋友们的日常生活中认识了很多的蔬菜，对蔬菜产生了浓厚的兴趣。虽然请爸爸妈妈带了很多的蔬菜放在自然角进行观察，在家也尝试了很多蔬菜的游

---

① 王丹丹、李白鸽，中国科学院第三幼儿园。

戏，但是对于蔬菜的分类、口味等还缺少了解，对同类蔬菜区分较困难。

在幼儿的兴趣和遇到的困难的基础上，设计了本次活动，引导幼儿通过观察、对比，发现不同蔬菜的特点，并进行蔬菜分类，了解不同蔬菜对身体的影响，从而鼓励幼儿多吃蔬菜。

三、活动目标

（一）了解蔬菜的基本种类。

（二）能够简单分辨不同蔬菜种类之间的区别。

（三）愿意参与活动，能够在活动中大胆表达自己的想法。

四、活动准备

（一）经验准备：认识蔬菜，有观察的经验。

（二）物质准备：蔬菜实物、彩色筐若干、蔬菜展示架。

五、活动重点、难点

（一）活动重点：能够通过观察不同蔬菜的外部特征，进行对比，找出相同的特点。

（二）活动难点：愿意主动地向他人表达自己对蔬菜的认识。

六、活动过程

（一）开始部分。

播放《蔬菜歌》引起幼儿关注，出示蔬菜实物激发幼儿的观察兴趣。

教师：请你们看一看这些都是什么蔬菜？

幼儿1：这个是我家的胡萝卜。

幼儿2：那个是黄瓜。

幼儿3：我带着菜花。

幼儿4：还有香瓜。

幼儿5：还有西红柿。

幼儿6：还有我最爱吃的土豆。

幼儿7：还有豆角，是我妈妈给我带的。

（二）基本部分。

1. 蔬菜初分类。

教师：这些蔬菜摆在一起太乱了，谁能帮这些蔬菜找到自己的家？

幼儿争相举手，教师通过创设"给蔬菜找家"游戏情境，激发幼儿兴趣，让幼儿获得游戏体验。

教师：你是按照什么方法分的呢？

幼儿：我把一样的放在了一起。

2. 种类大分辨。

教师：很多小朋友把一样的蔬菜放在了一起，老师有一种新的"找家人"方式，想不想看看？教师说完继续操作。

教师：请你想一想我是按照什么方式分家的呢？蔬菜被分别放在了哪里呢？

幼儿摇头觉得乱。

教师：好多小朋友觉得很乱，现在请你仔细观察我放在一起的蔬菜有什么地方是相同的？

幼儿：那一堆全部都有叶子。

教师：说的很对，有很多叶子的叫叶类蔬菜。剩下的呢？

幼儿：好多不同的蘑菇放在一起。

教师：宽宽说的很对，它们也有个好听的名字，叫菌类，其他的呢？

幼儿：不知道了。

教师：那现在请你仔细听一听剩下的好听的名字，长在蔬菜的枝干上的是果实类，像黄瓜、西红柿……还有一种长在土里，像土豆、紫薯，这种是根茎类的，我们需要将它们挖出来。

（三）结束部分：布置蔬菜展台。

教师：那现在我们按照它们好听的名字，把它们放在我们的展示架上吧！

请幼儿回忆蔬菜种类并进行布置。

活动延伸：家中蔬菜种类大分辨游戏。

教师：请你今天回家后和爸爸妈妈一起玩一玩蔬菜种类分辨的游戏，当回小老师，把你今天学到的蔬菜分类知识讲给爸爸妈妈听吧！

七、活动延伸

（一）结合主题游戏活动，围绕蔬菜的外形特征、生长环境，带领幼儿在生活中发现不一样的蔬菜。

（二）区域活动。

1.美工区：根据蔬菜的形态进行拓印画、写生画的制作。

2.图书区：为幼儿投放有关植物生长和蔬菜的图书卡，支持幼儿尝试用语言或动作表现对蔬菜的认识。

（三）家园共育，与爸爸妈妈一起进行蔬菜种类分辨的游戏。

八、总结与提升

本次活动的整体设计从幼儿的兴趣和发展需要出发，准备蔬菜材料，让幼儿能够直观地感受和触摸，幼儿在游戏过程中积极参与和感受蔬菜的不同特点，通过亲身体验，建立认知经验；教师利用生活化、游戏化的活动组织方式，创设游戏情境，引导幼儿给蔬菜找到自己的家和家人，引导幼儿在参与游戏、感知蔬菜特点的同时，能够尊重身边的事物和同伴、家人，学会关爱他人。

在游戏活动中，教师以游戏参与者和观察引导者的角色，用儿童化的语言引导幼儿参与活动。活动中师幼互动自然，教师能够尊重幼儿的不同表达和想法，幼儿在与教师互动时积极主动，体现了良好的师幼关系。在本次活动中，主要利用创设游戏情境，请幼儿扮演游戏角色的方式，激发幼儿的游戏兴趣，同时在活动后及活动延伸中，鼓励和引导幼儿与家长一起进行游戏比拼，促进家园教育一致的同时，巩固幼儿的认知经验，增加家庭亲子游戏内容，促进幼儿的发展。

九、游戏活动策略

（一）在活动中，主要以创设"蔬菜找家"的游戏情境为主线，引导幼儿积极参与游戏活动，动手动脑，积极观察和思考，了解身边的蔬菜。

（二）在游戏中，教师提供生活中常见的蔬菜实物，供幼儿直接操作感知，引导幼儿用多种感官充分感知蔬菜的特点。

（三）在第二次的"为蔬菜找家"游戏中，教师以示范分类、启发性的提问"我是怎么给蔬菜找家的呢？我的家里都是什么样的蔬菜呢？"引导幼儿进一步深入观察，总结第一次游戏经验，获得新的游戏经验，激发幼儿持续深入地参加游戏的兴趣。

（四）在游戏的最后，创设蔬菜家庭展示台，鼓励幼儿将自己的游戏结果进行分享，建立幼儿的自信心，满足幼儿的游戏成就感。

"蔬菜总动员"主题游戏活动设计（教案）之"蔬菜沙拉"[①]

一、实施范围

小班。

二、设计意图

小朋友们在日常生活中对蔬菜产生了浓厚的兴趣，认识了很多蔬菜，在三餐中品尝了不同蔬菜的味道，对蔬菜食品的制作方法有了一定的了解，并对蔬菜的食物制作产生了浓厚的兴趣。

在幼儿的兴趣和健康饮食引导的基础上，设计了本次活动，引导幼儿通过参与蔬菜沙拉的制作，了解蔬菜的食用特点，减少对蔬菜类食物的抗拒，愿意多吃蔬菜，通过摄入多种蔬菜营养，促进身体的健康生长。

三、活动目标

（一）知道蔬菜沙拉的制作方法和步骤。

（二）能自己动手制作蔬菜沙拉。

---

① 王丹丹、李白鸽，中国科学院第三幼儿园。

（三）愿意与父母、教师一起参与活动，乐于分享。

四、活动准备

（一）经验准备：认识蔬菜，有制作简单食物的经验。

（二）物质准备：洗好切好的蔬菜若干、沙拉酱、盘子、酸奶。

五、活动重点、难点

（一）活动重点：了解蔬菜的不同的可食用部位，并且进行食物的制作。

（二）活动难点：愿意自己动手制作蔬菜食物，并邀请他人品尝。

六、活动过程

（一）开始部分。

1.师幼一起唱《蔬菜沙拉》儿歌，引起幼儿的关注与思考。

2.出示制作沙拉的材料，引导幼儿观察材料，参加"蔬菜沙拉"创意比拼活动。

教师：你觉得这些材料可以制作什么？

幼儿：蔬菜沙拉。我最爱吃。

教师：那你会制作蔬菜沙拉吗？

幼儿摇头表示不会。

（二）基本部分。

1.教师示范制作蔬菜沙拉的方法。

教师：第一步，请小朋友们像我这样把菜切好；第二步，放入酸奶或者沙拉酱进行搅拌，让蔬菜上面沾满白白的沙拉酱或者酸奶；第三步，把它们放在小盘子里，这样我们的蔬菜沙拉就做好啦！你学会了吗？

全体幼儿：学会了。

2.制作蔬菜沙拉。

教师：老师已经把菜给你们切好了，现在你们需要做什么呢？

幼儿1：需要拿沙拉酱拌一拌。

幼儿2：还可以拿酸奶拌一拌。

教师、家长一起给幼儿分发材料，幼儿开始进行搅拌制作。

教师：老师看到大家都已经制作好了，那现在请大家品尝吧！

家长和教师一同分发蔬菜沙拉供幼儿品尝。

（三）结束部分："蔬菜沙拉"创意大比拼。

教师：哪位小朋友的蔬菜沙拉最有创意？还可以请谁来评价一下呢？

幼儿：可以请别的班的小朋友和老师。

教师采纳了小朋友的建议，和孩子们一起去请其他班的小朋友和老师评价创意蔬菜沙拉。

七、活动延伸

（一）结合主题游戏活动，围绕蔬菜的食用特点，鼓励家长带领幼儿在生活中制作更多种类的蔬菜美食进行分享。

（二）延伸至区域活动。

1.美工区：根据蔬菜的不同种类的色素，调制美工染料。

2.图书区：为幼儿投放有关蔬菜美食制作的图书，支持幼儿尝试用语言或动作表达对蔬菜美食制作的认识。

八、总结与提升

本次活动的设计来源于幼儿的生活经验和幼儿的兴趣。在活动中增加亲子游戏环节，一方面能够增强幼儿的参与度和积极性，另一方面以家长的经验引导幼儿进行创意蔬菜沙拉制作，能够减少小班幼儿模仿行为下的创作成果单一，增加游戏的丰富性和创新性。在活动组织过程中，教师利用蔬菜特有的形态特点，引导幼儿与实际生活中的事物建立关联，进行创意蔬菜沙拉制作，并且为了提升幼儿参与游戏的兴趣，教师创设蔬菜沙拉创意比拼的情境，通过同伴之间的分享与对比，激发幼儿的创新思维，增加游戏的趣味性。活动中，教师注意自己教育者角色的弱化，以观察为主；鼓励家长与幼儿一起游戏，使得幼儿能够积极主动地表达自己的创新想法，游戏活动氛围活跃。

九、游戏活动策略

（一）在活动中，创设竞赛比拼的游戏情境，幼儿积极参与游戏活动，动手动脑，观察思考，并与家人一起进行创意蔬菜沙拉制作。

（二）在游戏中，教师提供生活中常见的蔬菜实物供幼儿直接操作，鼓励幼儿进行多种蔬菜沙拉的创意制作，幼儿在与家人沟通中有很多创新想法，并在家人的帮助下实现，大大增加幼儿游戏参与的积极性。

（三）在游戏的最后，教师鼓励幼儿将自己的游戏成果进行分享，感受分享的乐趣，使幼儿在游戏中取得丰富的满足感。

第三章　艺术主题游戏活动

艺术主题游戏活动丰富多彩，包括音乐主题游戏活动、美术主题游戏活动，以及依托民族艺术开展主题游戏活动等。

一、音乐主题游戏活动是怎样的

音乐教育是实施全面发展教育的手段。开展音乐主题游戏的实践探索一方面能够最大限度发挥音乐的综合教育价值，另一方面能充分激发幼儿参与的兴趣，为幼儿提供主动学习与发展的空间。

音乐主题游戏活动以音乐教育为特色，以主题活动为形式，实现音乐主题游戏目标。音乐主题游戏活动从基本音乐活动类型入手，带领幼儿从感知欣赏到理解体验，再到表现创造，提升幼儿的艺术素养。

（一）音乐活动与游戏

幼儿园音乐活动是指在幼儿园内开展的以为幼儿提供审美教育和情感教育为目的的音乐教育工作或活动。音乐游戏是幼儿园有规则游戏的一种，是指幼儿在音乐伴奏或歌曲伴唱下进行的游戏，主要作用是发展幼儿的音乐感知能力和动作。

（二）音乐主题游戏活动

幼儿园音乐主题游戏活动是指，围绕幼儿的兴趣与发展需求，以音乐为切入点，挖掘其综合教育价值，以游戏为基本实施方式，师幼共同建构主题内容，以凸显幼儿音乐素养并最终实现五大领域全面发展的活动。

（三）音乐教育的价值是什么

"在教育这个特定的领域中，学科仅仅是被利用来帮助儿童达到理想发展目标的媒介，音乐教育也不例外。"学前儿童音乐教育作为学前教育的一个方面和要素，既要遵照学前教育的总目标、遵循学前教育的一般规律，又要体现出自身的特殊规律——用音乐进行教育和教儿童音乐。

一方面，通过学前儿童音乐教育让儿童认识表现音乐的各种符号手段，掌握必要的演唱、演奏技巧，同时学会感受音乐、理解音乐和表现音乐，培养和发展儿童的音乐能力和音乐才能。这是学前儿童音乐教育的首要任务。

另一方面，儿童学习音乐的过程，不仅是儿童逐步学会认识音乐、把握音乐、养成对音乐的积极态度的过程，更是儿童在身体、智力、情感、个性、社会性等方面获得全面、和谐发展的过程。通过音乐教育，培养儿童健全的人格，促进儿童全面、和谐、整体地发展，是学前儿童音乐教育的根本目的和任务。因此，从这个意义上而言，音乐教育更是实施全面发展教育的手段。

以音乐为手段，在音乐教育的过程中促进儿童的全面发展，是指除了教给儿童一些基本的音乐知识、技能技巧、感受表现等音乐本身的东西以外，还使儿童在精神与心灵等方面获得更多有益的东西。对于这一点，古今中外的哲学家、思想家、教育家们都有过十分精辟的论述。孔子曾经说过："兴于《诗》，立于礼，成于乐。"他认为，仁人君子修身养性的完成是通过音乐艺术的熏陶来达成的，音乐可以融合、协调人的知识、经验，促进人的和谐、整体的完善和发展。古希腊著名哲学家德谟克利特也认为，"艺术、音乐是改变人、造就人的重要手段"。他主张对儿童的音乐教育，既要注重天赋，也要强调勤学苦练，在儿童学习技能的同时培养意志品质、净化心灵。20 世纪日本著名音乐教育家铃木镇一更是强调在音乐教育中培养、锻炼儿童的意志品质——坚韧不拔，克服困难，坚持不懈地努力、追求。他认为，这些品质的养成，对儿童今后的成长将是受用一生的。由此可见，把音乐教育作为培养人的整体全面发展的手段和途径之一，已经成为古人与今人的一种共识。[①]

《幼儿园教育指导纲要（试行）》指出，要引导幼儿"大胆地表现自己的情感和体验；能用自己喜欢的方式进行艺术表现活动"。因此，教师在音乐教育中应着重关注幼儿情感方面的培养，多为幼儿提供机会，并提供必要的技能上的帮助。但在教育实践中，幼儿音乐主题教育存在着一定的问题或误区。

（1）音乐教育内容的选择过于局限。一些老师将音乐教育看作单一内容教授的学科，只是单纯发展幼儿的音乐知识与技能，没有与其他领域的教育内容渗透融合。音乐教育活动没有连贯性，虽然激发了幼儿充分发现美、表现美的兴趣，但丰富他们的审美经验，使之体验自由表达和创造的快乐方面稍弱。在教材的选择上，没有跟随时代的发展融入新的教育内容与理念，限制了幼儿音乐素养的发展。

（2）音乐教育活动忽视幼儿的主体地位。在音乐活动实践过程中，没有为幼儿提供充足的感受 / 欣赏 / 体验 / 创造等方面的空间；教师过于注重幼儿音乐教育活动取得的成效，过于注重音乐教育活动最后的效果，忽视了音乐教育的过程。在这种活动导向下，幼儿无法深入体验音乐的内涵，更不能充分感知音乐的魅力，最后可能失去对音乐活动的兴趣，是得不偿失的。

（3）在音乐教育的形式上，没有充分重视游戏的价值。更多在进行的是音乐教学，而没有采用游戏化的方式。那么，幼儿很容易失去对音乐活动的兴趣，更无从谈起发挥音乐的综合教育价值。

综上所述，幼儿音乐教育活动的内容与形式的多样性，为其拓展教育价值，促进幼儿全面发展提供了有效的支撑，但在审视幼儿音乐教育的开展和实施中，发现存在一定的误区。在开展幼儿音乐教育的过程中，既要注重音乐基本知识和技能的培养，又要突破传统教学模式的束缚，将着眼点放在游

---

① 黄瑾，阮婷. 学前音乐教育与活动指导 [M]. 上海：华东师范大学出版社，2014：72-74.

戏化的学习方式上。本研究将以音乐为切入点,以不同类型的幼儿音乐游戏活动为平台,探索音乐主题游戏的内容与实施途径。以期通过游戏的方式,充分凸显艺术本身的美感,发挥音乐的综合教育价值,为幼儿提供充足的感受与欣赏的空间,搭建想象与创造的平台,实现自身在身体、智力、情感、个性、社会性等方面的和谐发展。

(四)音乐主题游戏活动有什么作用

1. 促进幼儿发展

作为音乐主题游戏的参与者和构建者,幼儿能够在充分感知和欣赏的基础上,运用多种方式表达对艺术的理解。以中班《秋日私语》为例,结合秋天和幼儿对季节变化的兴趣,共同选择了一首世界名曲《秋日私语》作为活动的主题曲。在欣赏过程中,教师给予幼儿一定画面(视频、图画),借助画面欣赏音乐,感知音乐旋律、结构。孩子通过观看视频、图片等方式,将抽象的、看不见摸不着的音乐内化为看得见的艺术。在生成的主题活动中,幼儿通过绘画、讲述、舞蹈等艺术的方式表达自己对音乐的感受与理解。每名幼儿对《秋日私语》的感受都不同,制作了独一无二的秋天故事书、创作了富有创意的秋天作品,以及跟随音乐跳着创编的舞蹈。在《秋日私语》主题活动中,幼儿全身心地沉浸在秋天的氛围里,充分感受音乐带来的艺术之美。

2. 促进教师的发展

在音乐主题游戏活动课程的构建中,教师也能够得到收获与发展。有音乐基础的教师充分发挥艺术经验优势,参与音乐主题游戏小组的研讨和学习,成为园所实践探索的中坚力量。依托音乐主题游戏活动,开展各类观摩评比活动,鼓励成熟期和成长期教师充分发挥自身优势,提升艺术素养;在音乐主题游戏研究中,利用师徒结对活动,对青年教师进行一对一指导,传递音乐主题活动构建经验,提高其音乐主题游戏实践能力。

3. 促进家园工作的发展

家庭教育在幼儿成长中占据重要地位,在音乐主题游戏活动中,家长可以参与到音乐主题游戏中,与幼儿共同欣赏和创作音乐作品,深化音乐主题游戏内容的同时，促进家园共育的和谐，增进家长对幼儿园工作的了解。

（五）音乐主题游戏活动前需要做哪些准备

1. 规范课题管理，教研科研融为一体

为了实现课题研究稳步有序地推进，可以采取规范化的管理模式。在负责人的统筹安排下，课题组成员有明确的分工，责任到人；定期开展研讨活动，落实课程进展程度，及时总结经验，改进不足；做好课题阶段小结，并鼓励教师撰写论文和案例，注重资料的积累和搜集。

课题研究工作来源于实践，也是为了服务于实践。为了达成这一目的，可以以研究活动为载体，将课题研究融入到教育实践中去。一方面，探索有效教科研途径。在幼儿园的教科研活动中，教师为主体、幼儿为对象、教学实践为平台，最终回归于教学质量的提升和幼儿的发展。为了切实提升教师的教科研水平，探索有效的教科研途径，可以进行系列尝试：（1）找准研究"真"问题。成功的教科研活动，应该帮助教师解决他们在科研中出现的最需要解决的问题。课程中主题的确定，不仅仅由教科研组制定，还应该从教师切身工作中寻找。教科研组通过多种渠道收集最为困惑的问题，经过梳理调整，确定研究的"真"问题。在课题研究内容的引领下，结合教师实践中的困惑，确定一系列的教研主题。（2）确定教师活动主体。教科研活动必须是教师自己的学习研究活动，而不应该是从外部强加的活动。如果教师对教科研的主题一无所知，每次活动只是即兴地说上几句，那么教科研活动的实效性得不到保障。幼儿园在教科研活动中尝试以下做法：活动前告知教师——了解本次活动的主题；教师参与主题的确定——倾听教师的心声，广泛听取教师的建议；发动教师活动前做好充分准备——鼓励教师带着问题、带着思考参与教科研活动。另一方面，创新教科研形式。教科研活动是幼儿园保教管理中不可缺少的一部分，是教师专业成长的重要载体。为了有效助推教师教科研水平的提升，提高他们参与的热情，解决教育实践中的真问题，更好地完成课题研究任务，我们对教科研形式进行了尝试与创新：（1）案例分析法。运用观察与诊断的方式，对教师的教育实践进行深入的剖析和反思，调动教师原有的知识经验，引导他们站在客观的角度进行分析。在活动中采用头脑风暴法，充分调动大家的经验与想法，切实解决教育实践中的问题。

（2）体验式教科研。体验式教科研活动突出的是教师的体验。在体验活动过程中，教师作为"玩者"而非"教者"来操作、体会和感受。教科研组以音乐主题实践中的疑惑为切入点，请教师亲自参与，自我发现与解决，明确具体的指导方向与措施。通过创新教科研形式，激发了教师参与教科研的积极性，凸显了教科研推动实践的效果。

2. 立足游戏精神，扎实教师理论基础

结合落实幼儿园"游戏精神"的要求，深入开展《幼儿园教育指导纲要（试行）》和《3—6岁儿童学习与发展指南》的学习，理解"游戏"的内涵，提升教师理论水平；根据研究计划，形成推荐阅读书目，让自荐图书成为教师研究音乐主题游戏活动的好帮手，随时阅读，解答疑问，拓宽视野；围绕课题研究需要，采用文献研究法，搜集与课题研究相关的书籍，在学习与分析的基础上，帮助教师积累音乐主题游戏相关的理论知识。

3. 明确研究内容，形成清晰研究思路

园所成立研究小组，定期召开课题研究会，引领课题组成员共同学习区级群体课题的内容，明确园所研究切入点；在延期开学期间，通过微信、腾讯会议等软件开展线上科研，梳理学期科研重点工作；结合开题报告内容及修订意见，完成开题报告的完善工作，并以此为平台，引领课题组成员深入了解课题研究背景、计划，为后续研究指明方向。

4. 设计主题案例，构建主题游戏框架

在群体课题组的指导下，课题小组按照研究计划，有目的地开展研究活动，及时梳理研究思路与成果，为后续的实践研究提供支撑。课题小组引领全体教师参与音乐主题游戏研究，从幼儿发展出发，探索和设计音乐主题游戏框架和内容。

5. 落脚教育实践，积累主题游戏经验

以游戏为基本活动方式，引导教师参与到音乐主题游戏的预设中，充分挖掘音乐教育的综合价值；探究不同年龄班音乐主题游戏的内容以及组织形式，师幼共同参与到音乐主题游戏的生成与实践中；在总课题组的指导下，不断完善幼儿园不同年龄班音乐主题游戏活动方案，及时梳理研究思路与研究成果。在研究阶段，共有 20 余名教师参与到案例研究中，收集整理多个音乐主题游戏案例，初步积累了幼儿园音乐主题游戏的教育资源。

（六）如何组织音乐主题游戏活动

1. 挖掘音乐教育价值，搭建音乐主题游戏框架

音乐本身蕴含综合教育价值，与幼儿五大领域发展息息相关。通过充分欣赏和感知乐曲，鼓励幼儿进行表现和创造，可以设计和生成多种活动。如音乐语言指的是对乐曲理解的表达，可以拓展为歌唱活动、音乐故事活动等，促进幼儿语言和表达能力的发展；音乐创意指的是在欣赏和感知音乐的基础上，鼓励幼儿大胆想象和创造，进而衍生出泥塑、绘画、剪纸等活动；音乐戏剧在原有乐曲的基础上，加入语言、动作和表演等元素，创造出音乐舞台剧和表演；音乐探秘则将幼儿带入音乐世界，探索音乐中蕴含的科学元素。

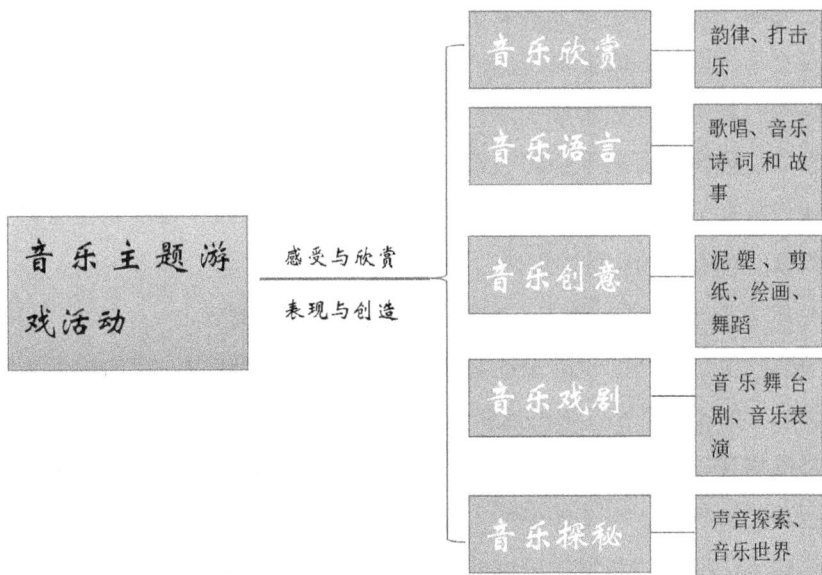

海淀区七一小学附属实验幼儿园"音乐主题游戏活动"框架

2. 以感知欣赏为前提，走好音乐主题游戏第一步

音乐欣赏是主题活动的重要基础，有了深入的欣赏才有丰富的表达。可是，怎么让幼儿对音乐进行充分的欣赏和感知呢？相对于成人的音乐欣赏来说，幼儿由于受心理水平的限制，他们的欣赏还处于浅表层次，必须有更多的直觉因素参与其中。这意味着在音乐感受与鉴赏教学中，仅仅用听觉或语言是不够的，还必须恰当地采用直观的教学方法，借助听觉以外的其他感官通道，并发挥听觉与其他感觉的联合作用，共同参与到音乐欣赏活动中。一段声音很低沉笨重、速度又较缓慢的音乐，不一定能吸引幼儿，但让他们同时观察乌龟走路的形态或让他们随着音乐模仿乌龟走路的动作时，他们就来劲了，并且很快就记住了这段音乐。如果有多种感官参与认识和欣赏音乐的话，就能使幼儿对音乐感知更全面、更深刻。例如欣赏乐曲《龟兔欢庆》的时候，教师将这段音乐作品编成一个关于龟兔的故事，配合播放背景图。于是在故事的引入下，幼儿很自然地带着他们关心的问题去仔细听赏音乐，寻找音乐中的变化，整个教学过程中幼儿始终在感受的基础上辅以动作来表现音乐，把幼儿完全从座位上解放出来。这种开放他们的各种感官通道，引导他们在生活经验的基础上对音乐进行综合体验的方式，使得他们对乐曲的理解更深刻、更生动和更形象。在音乐欣赏过程中，幼儿能充分调动他们的感知、想象、理解、情感等心理因素，对音乐作品的形式及其意味进行充分体验和认识。一节音乐欣赏活动是不够的，需要进行延伸，要给幼儿欣赏、感受和积累的时间，然后再去表达。

3. 以音乐为基础出发点，不能漫无目的脱离主题

音乐欣赏，最终的目的是让幼儿在理解的基础上获得一定的愉悦，以此创设情境。如《秋日私语》的欣赏活动中，最好是让幼儿充分感受音乐情境，而不是脱离音乐内容进行没有界限的想象。建议在欣赏的过程中展示一些相关的图片，从听觉、视觉等多种方面进行切入。在前期，要有基础性的经验传达给幼儿，促进幼儿发散思维能力的发展。如在《龟兔欢庆》中，教师可以采取图片、故事等多种形式，将五大领域内容与兔子、乌龟的形象结合起来，有了前期经验的积累，更容易理解音乐内容。或者从兔子和乌龟做朋友

幼儿主题游戏活动指南

开始，引导幼儿了解与想象，从形象思维到抽象思维，教师帮助他们丰富经验，再过渡到音乐欣赏，会更容易理解音乐的内容。

4. 鼓励幼儿充分表达，在主题游戏中释放天性

幼儿在教师的引导下，运用各种形式表现对音乐的感悟和想象。有时幼儿可以用语言来表达对音乐的感受和理解，不仅可以使幼儿对音乐的理解更清晰，还培养了幼儿的创造性思维和口语表达能力；有时幼儿可以用身体动作来表现音乐，在这个过程中幼儿根据个人的想象大胆地设计各种肢体语言，他们的表现欲望得到充分的满足，这种行为方式是合乎儿童天性的。此外，在音乐欣赏的过程中教师可以引导幼儿用图谱、线条来表现他们所听到的音乐，还可以用图画、打击乐等多种形式表达对音乐的感受。

5. 音乐环境浸润，充分调动幼儿参与游戏的积极性

环境创设与音乐主题活动息息相关，将环境与音乐主题游戏紧密联系在一起，能有效调动幼儿参与音乐主题游戏的积极性。早来园、进餐、午睡等各个环节的过渡，都是难得的教育空间。教师选取适宜的乐曲穿插其中，创造音乐氛围，无形中提升了幼儿的音乐感知力。班级环境中有幼儿听音乐、说音乐、画音乐的作品，公共环境中更有艺术的世界等着他们探索。乐美艺术馆和艺术长廊中，幼儿在音乐氛围中创造了独特的艺术作品，有线描画、水墨画、创意画……在乐器世界，幼儿和教师对乐器有了更多的认识。在艺术小舞台上，幼儿敲击着自制乐器，感受着演奏的快乐。艺术天地里，幼儿能从艺术家的故事里学到很多艺术知识，以及他们努力奋斗的品质。艺术科技墙上，幼儿感受钢琴声音的美妙；敲击电子打击键盘，闪电盘跟随声音变出不同的光波，体验艺术与科学结合的魅力。作为主题活动的重要组成部分，多元的音乐环境为幼儿提供了艺术的熏陶。

6. 音乐主题为桥梁，开展幼小衔接工作

2021 年 3 月，教育部出台《关于大力推进幼儿园与小学科学衔接的指导意见》（教基〔2021〕4 号），让我们更加明确地认识到幼小衔接工作不是单一课程，不是独立课程。幼小衔接工作的核心在于以幼儿为本，促进幼儿全面发展、健康成长，而这也是《3—6 岁儿童学习与发展指南》精神所在。在

《3—6岁儿童学习与发展指南》精神的引领下，我们试着将幼儿喜欢的音乐主题游戏活动与幼小衔接工作结合在一起，以幼儿感兴趣的音乐主题游戏活动为切入点，逐步渗透幼小衔接工作的内涵，让我们意想不到的是，幼儿自然而然地就融入到音乐游戏中。在音乐的感染下，幼儿积极地感知，大胆地探索，使得幼儿对小学充满了向往和好奇，从而促进了幼小衔接工作的开展。一方面是选择适宜的音乐，在音乐中感悟幼小衔接的内涵。音乐无处不在，幼小衔接无时不在进行。结合音乐主题游戏活动的形式，选取幼儿喜欢的《时间列车》《钟表店》《友谊地久天长》等乐曲进行游戏活动，让幼儿在音乐的感染下对时间、钟表和同伴之间的友谊有了更深的理解和认识；在丰富多彩的活动中，让幼儿对小学充满了好奇和憧憬，让幼儿在心理、身体、社会适应等方面奠定了入学的基础。另一方面是理解音乐，在音乐游戏活动中渗透幼小衔接工作。在音乐主题游戏活动中，幼儿通过多种活动，在多种感官的帮助下感知音乐、理解音乐，并用自己喜欢的方式来表达和表现。在大一班进行《时间列车》的音乐主题游戏活动中，幼儿在一节一节时间列车的引导下，逐渐说出自己对小学的向往，并对小学校和幼儿园的异同、课间十分钟可以做什么等问题进行了探讨，让幼儿在解决问题的过程中，逐渐提高了思维能力、交往能力、解决问题的能力等，促进了幼儿的全面发展，也促进了幼小衔接工作的开展。

示例：

海淀区七一小学附属实验幼儿园开展"幼儿园音乐主题游戏活动"的主要举措

一、挖掘音乐教育价值，明确主题发展方向

音乐活动是幼儿艺术教育的重要形式之一。儿童学习音乐的过程，不仅是儿童逐步学会认识音乐、把握音乐、养成对音乐的积极态度的过程，更是儿童在

身体、智力、情感、个性、社会性等方面获得全面、和谐发展的过程。因此，从这个意义上而言，音乐教育是实施全面发展教育的手段。主题活动以主题作为课程内容的主线来组织活动，能够打破学科和领域的界限。主题活动强调幼儿的自主探究，能促进幼儿的主动探索和学习，引导幼儿在愉快的体验中获得成功与发展。基于音乐活动具备的综合教育价值和主题活动的优势，我园课程建设团队以音乐为切入，以主题活动为形式，开展音乐主题活动的实践探究。

二、渗透园所特色文化，顶层设计课程理念

"乐美教育"是我园的核心理念，"乐教育"是指以音乐为特色，让每个幼儿得到艺术的熏陶和培养，同时充分激发幼儿兴趣，满足幼儿好奇心，让幼儿开心探索、自主生活、勇敢展示、敢于创造。"美教育"是引导幼儿有意识地认知、理解、体验、感受生命之美。结合"乐美教育"的深刻内涵，我园课程建设团队综合分析幼儿园课程建设方面的现状，立足得天独厚的音乐教育资源基础，提出"自主、多元、融合、创新"的课程建设思路，以音乐主题教育为切入点，在主题活动的探索中实现课程内容的整合、课程形式的多样，创造丰富多彩的幼儿园一日生活，促进幼儿自主全面地发展。结合"乐美教育"的办园理念及育人目标，我园将课程目标定位为"让幼儿在感受音乐、体验音乐的过程中发展音乐素养，在主题项目活动中探索与构建经验，敢于表达与创造，实现全面的发展"。

三、探索主题游戏研究思路，构建课程体系网络

为了全面拓展和推进主题游戏构建思路，课程建设团队采用多管齐下的研究，构建了音乐主题游戏研究体系。

一是提升教师艺术素养。教师是音乐主题游戏的参与者和实践者，只有提升自身艺术素养，才能发挥音乐主题游戏的引导力。结合教师专业发展和课程建设需要，园所提供艺术之旅主题培训、课程专题讲座等活动，让教师逐步具备课程实践与反思能力。

二是以教研活动为抓手。区域活动尤其是音乐表演区，是音乐主题活动的重要组成部分。在音乐主题游戏研究的过程中，教师的困惑集中在了音乐表演区材

料投放上。教研组聚焦教师的音乐主题游戏困惑，定位主题方向，在实践中寻找答案。如开展了音乐表演区材料投放的原则与方法，探讨不同年龄班表演区材料的奥秘，一方面提升了音乐表演区材料的层次、丰富性和动态性，另一方面为音乐主题游戏研究的深入拓展提供了有效支撑。

三是开展课题研究。音乐教育活动是音乐主题活动中重要的集体活动形式之一，依托北京市教育学会"十三五"课题，课题组引领教师从不同类型的音乐教育活动入手，总结音乐教育活动实践经验，提升了教师指导音乐教育教学活动的水平，为音乐主题活动课程奠定了研究基础。

二、怎么做美术主题游戏活动

儿童心理学家黄翼在《儿童绘画之心理》一书中说："儿童的绘画和美术家的绘画不同，并不是狭义的美术，而是一种游戏。在儿童自己，并无意要所画的东西美观，也不大着意要他准确，只是自由地发表他的意念而已。"北京师范大学教授庞丽娟在《幼儿园美术教学法》中提出："幼儿美术是指3—6岁学龄前儿童从事的造型艺术活动，反映了幼儿对周围现实生活的认识、情感、思想和体验，它包括绘画、手工等内容。对幼儿进行美术观察的目的，是让幼儿表达自己对周围现实生活的认识、情感和体验，发展自身的观察力、想象力和美术鉴赏力。"幼儿美术教育是幼儿教育体系中重要的组成部分，对幼儿的发展起着重要且独特的作用，在强调素质教育的今天，幼儿园美术教育是促进儿童身心全面发展的重要教育活动。

开展美术主题游戏活动，能够引领教师转变观念，注重发挥幼儿游戏的主体性，在尊重理解幼儿学习与发展的特点和规律上共同总结和梳理出教学活动内容游戏化的方法，提升幼儿对美术主题活动的兴趣。通过美术教学活动过程游戏化，让幼儿在游戏化教学过程中喜欢美术主题活动；通过美术教学评价游戏化，提升教师提高注重发挥游戏评价的鼓励作用，通过评价创设一个轻松、愉快的环境，为幼儿提供交流经验、展示作品的机会，让幼儿体验游戏的成功和快乐。

（一）幼儿园美术教学

幼儿美术指的是2—7岁的幼儿所进行的美术创作活动和美术欣赏活动，反映了幼儿对身边世界的认知与情感表达。主要作品是再现的，直接表达情绪、情感，是认识和把握世界的一种方式。美术教学是指幼儿园小朋友参与的关于美术课的活动。幼儿园美术活动按组织形式分有组织的比较规范的美术教学活动、分散的班级"美术区角"活动等，按活动形式分主要包括绘画、欣赏、手工活动等。

（二）美术主题游戏活动

美术主题游戏活动是教师为了达到一定的教学目的，将美术教学以游戏化的方式来呈现，将枯燥的美术技能知识教学转变为幼儿乐于接受的、生动有趣的游戏形式，为幼儿营造和谐、丰富、有趣的美术学习氛围，从而使幼儿在快乐的游戏活动中运用各种艺术形式来表达自己的经验、感受和体验。

（三）幼儿美术教育活动的价值是什么

《学前儿童美术教育与活动指导》中指出，美术是一种基本的人类行为，是人类用于获得想象形式，美化环境的基本方法。人类活动的早的证据是用视觉形式记录的。人们创造和运用美术来表达感情、交流观念。儿童阶段具有对美的欣赏的需求，因此让儿童从小懂得倾听自然，用心去感受周围生活中美的事物对于培养儿童的美术欣赏能力来说是很有必要的，通过美术欣赏的途径，可以让幼儿拥有一双会发现美的眼睛。

当前幼儿园美术教育已经将绘画、手工和美术欣赏进行了有机的整合，同时也渗透到其他领域的教育活动中，如语言教育、社会教育、科学教育、健康教育等，通过综合的、渗透的美术活动，让儿童自主学习、充分表达，从而不断获得美的体验。

赫伯·里德指出："教育的目的在于启发培养人的个性，顺应儿童自然本性的发展。"美术教育是表现内心的艺术，幼儿通过视觉艺术这一方式来表达个人的感受，从中体验到快乐、成功，美术活动为幼儿提供了自我表现的最佳形式。

陈鹤琴先生也曾指出："从前的艺术是注重技能，现在的艺术是注重儿童的个性，儿童的天真，儿童的创作。"

每个幼儿都具有创造的潜能和天赋。幼儿们喜欢涂涂画画、敲敲打打、搓挖泥巴、堆砌沙堆，对各种各样的形与色有着浓厚的兴趣，他们是忘我地投入。所以美术教育具有使幼儿个性得到自然发展，挖掘幼儿的创造潜能，培养创造能力的价值。

美术活动为幼儿人格的发展提供了一个得天独厚的条件。对于男孩子来说画画是一种游戏，是一种轻松、愉快、易行的活动，在画的过程中体验到绘画的快感，孩子的心理感受和心理变化（生气、高兴、自卑、喜爱等）能够很自然地通过绘画抒发、发泄出来。绘画对孩子心理有一定的调整作用。

（四）幼儿美术教育活动中存在的问题

《幼儿园教育指导纲要（试行）》中提出："教师的作用应主要在于激发幼儿感受美、表现美的情趣，丰富他们的审美经验，使之体验自我表达和创造的快乐。"美术教育活动是幼儿认识世界、感知世界的一种方式，这种艺术活动不仅能够有效激发幼儿的智力及创造力，而且是幼儿健康成长的基础。那么在美术教育活动中，教师应注重过程，而不是注重结果；美术教育活动的形式应丰富多样，而不是单一的绘画；美术作品评价应面向全体幼儿，进行具体翔实的评价。但在实践中，幼儿美术教育活动存在着一定的问题或误区。

1. 美术教育活动形式单一，偏重于绘画方面

美术教育活动比较单一，没有新意，多以绘画为主。从幼儿的操作材料上看，提供最多的是图画纸、蜡笔、勾线笔。仅仅提供这些材料的话，幼儿的想象力得不到启发，只能采用绘画的形式来表现美术作品。另外，从绘画形式上看，幼儿进行最多的就是在轮廓里涂上颜色，在平面的事物上绘画。

2. 美术教育活动轻过程，重结果

在美术教育活动中，大部分教师认为美术作品是检验幼儿美术能力的唯

一标准。教师重视技能技巧的培养，从而对幼儿的想象力、情感方面的培养欠缺。

3. 美术教育活动的评价较单一

在美术教育活动中，评价是不可缺少的环节。很多教师在评价美术作品时往往不尽如人意，常常听到"好不好""你喜欢哪一幅"等单调的评价词语。评价笼统，目标不明确，形式比较单一，评价重点也常集中在少数美术能力较强的孩子身上，很难面向全体。

（五）如何开展美术主题游戏活动

1. 选择游戏化的美术内容，激发幼儿的"玩美"兴趣

幼儿美育的主要目标是培养幼儿初步感受美和表现美的情趣和能力，美术活动是幼儿美育的重要手段，是逐步发展幼儿美感和想象能力的有效载体。在幼儿美术教育活动中，注重以训练美术技能技巧为主的范画教学，把美术教育变成一个单向的技能传授与灌输过程，限制了幼儿的想象力，难以激发幼儿的美术兴趣，使幼儿逐渐失去了主动表现自我的信心。为了能够让更多的幼儿积极参与其中，激发幼儿的美术兴趣，在幼儿园美术活动中，教师要巧妙通过绘画、欣赏、手工活动，充分挖掘美术素材的内在潜力和深层价值，让严肃的美术教学行为转换成一种内涵丰富的美术游戏。

2. 创设游戏化的活动过程，让幼儿体验"玩美"的乐趣

教师通过营造富有趣味性的学习环境，将游戏与美术活动结合，让幼儿在游戏化的环境中学习美术并体验美术活动的乐趣。教师通过开展充分尊重幼儿意愿的游戏化的活动，有意识、有步骤地把幼儿美术教育渗透其中，充分发挥幼儿想象力，逐步培养、鼓励幼儿享受美术创造过程的快乐，体验"玩美"的乐趣。

3. 开展游戏化的美术评价，提升幼儿"玩美"的经验

德国教育家第斯多惠说："教学的艺术不在于传授的本领，而在于激励，唤醒和鼓舞。"在美术创作过程中，幼儿会将自己的想法、情感、故事以及他们对事物的感受和理解充分表达，而美术评价作为美术活动不可或缺的一部

分，在活动中起到展示交流、点拨引导、反思提升的功能。注重结果和效果的单一评价方式，容易忽略幼儿内心感受和内在需求，使幼儿产生挫败感。因此，教师对幼儿进行评价时，要走进幼儿内心世界，顺应幼儿思维，尊重幼儿的想法。在活动中让幼儿自己讲述作品的设计思路，与同伴分享经验；通过同伴和教师的建议、点拨、启发，拓展幼儿的思维和想象。通过符合幼儿的年龄特点和内心需求的多种评价形式相结合，在赏识和鼓励中激励唤醒孩子对美术活动的向往，获得更加丰富的"玩美"经验。

（六）美术主题游戏活动有什么作用

1. 以游戏化的活动激发幼儿的兴趣

玩是孩子的天性。因此，他们很容易对美术活动表现出自发的热情与兴趣，但是这种兴趣往往是停留于表面，容易受到情绪、注意力等的影响发生转移。所以，教师充分利用这一特点，在日常的教学活动中，采用游戏形式，如一个小儿歌、一个谜语、一段音乐、一个故事等吸引他们的注意，让幼儿在娱乐、玩耍中学习美术知识与技能。这些有目的，有任务又带有游戏性的活动，幼儿极感兴趣，教学效果也很好。例如：利用娃娃家的门，教师在互动开始前，就播放《粉刷匠》的音乐，活动正式开始时，教师指出门给幼儿看的时候，不用教师过多的言语，幼儿自然就承担了粉刷匠的工作，当教师出示"油漆"和"油漆刷"的时候，幼儿的期待和跃跃欲试心理达到了顶点，这时教师再把平涂的技能导入，让幼儿在轻松愉快的氛围中学习美术的相关知识和技能。

2. 带有游戏性的主题贴近幼儿生活

幼儿受其认知水平的限制，生活经验较少，他们往往只对日常生活中经常接触到的熟悉的和感兴趣的物体有绘画的兴趣。因此教师在选择绘画活动题材时选择了幼儿熟悉或感兴趣的题材。比如针对小班幼儿喜欢小动物的特点，教师设计了"让小兔走在草地上"——画小草、"小熊吹泡泡"——画圆圈、"小蜗牛的家"——画螺旋线等绘画内容；还选择了他们熟悉的人、玩具或食物为题材，如"我帮妈妈绕毛线""小圆糖""冰糖葫芦"等。同时活动的过程也具有游戏性。如在涂色练习中，为了让幼儿掌握涂色的技法，教师让幼儿来拖地："一定要每一点都拖到，这样才能露出漂亮的地板来。"对于幼儿在涂色中的空隙，教师会提醒："这儿还有灰尘，快拖干净。"……幼儿操作之后非常兴奋地说："我看到美丽的地板了！"这时，幼儿感受到的是一种游戏的快乐，而丝毫没有感觉到涂色练习的枯燥感。

3. 丰富有趣的材料，促进幼儿绘画能力的提升

当教师为幼儿提供丰富有趣的材料时，幼儿会被材料吸引，从而主动地操作材料，参与到教育活动中去。幼儿动作协调性、操作能力较弱，因此教师只有为幼儿提供丰富有趣且能使画面产生较好效果的材料，才能使幼儿既对美术活动产生兴趣，又能轻松获得成功，而且还能使画面产生很好的效果。例如：小一班孙老师为幼儿提供各种印章让幼儿进行印章画，提供纸团让幼儿压印，提供棉签让幼儿点画等。小二班于老师在喷画活动"放烟火"中，为幼儿提供了装有水粉颜料的喷壶，幼儿只需轻轻一喷，纸上便会散开一朵朵美丽的烟花。小三班教师为幼儿提供了切成各种图形的蔬菜（胡萝卜，藕等），幼儿用这些材料蘸上颜料印在衣服形状的纸上，一件漂亮的新衣就这样完成了。活动结束时，有的幼儿仍乐此不疲地为小兔做新衣，有的幼儿还为自己的杰作而欢呼雀跃。丰富有趣的活动材料让小班幼儿觉得绘画原来就是"玩"游戏，绘画是件快乐的事情。

4. 评价游戏化，培养幼儿美术创造的情感

德国教育家第斯多惠说："教学的艺术不在于传授的本领，而在于激励、唤醒和鼓舞。"幼儿美术创作表达的是幼儿自我的思想情绪，属于最原始的思维，这种思维是幼儿独有的。因此教师对幼儿创作进行评价，要顺应幼儿的思维，尊重幼儿的想法。例如：大班的顺顺老师针对大班幼儿的特点，采取富有童趣的评价方法，收到了意想不到的效果。如在"拯救小动物"活动后，顺顺老师让"大灰狼"来检查，"笼子"哪边的"栏杆"没接好，可以跳进来，从而指导幼儿补差"栏杆"。这样的评价既有趣，互动性又强，幼儿充满了期待，提升了创作的兴趣。

5.进行一课多研，探寻美术活动游戏化后怎样提高教与学的有效性

我们对已有的教学模式去粗取精、去伪存真，探索一条适宜的新途径、新模式。并按《幼儿园教育指导纲要（试行）》的指示，对幼儿绘画教学中教师示范法进行灵活运用，提倡运用以幼儿为主体，教师为引导的多种新颖的教学方法，并把幼儿美术教育融入并贯穿于游戏中，让幼儿在主动参与"发现美、感受美、表现美"的活动中，提高绘画水平。同时也对教师提出了更高的要求，教师应不断学习、提高，转变、更新自己的教育观念，修订教学方案，大胆尝试将新教学方案予以实施，在实践中不断完善、修正，以引导幼儿放心、放胆、放手去进行绘画创作。

6.开展课题研究展示活动，给教师们带来美术主题游戏活动中的新理念和好方法，促进园所美术教学的发展

美术主题游戏活动是以美术教育为特色，以主题活动为形式实现美术主题游戏目标。基于适宜于不同年龄班的美术资源，美术教育主题活动从基本美术活动类型入手，带领幼儿从感知欣赏到理解体验，再到表现创造，提升幼儿的艺术素养。艺术是没有止境的，美术主题游戏发展的脚步也不会停滞，我们会继续依托美术主题游戏建设经验，探索更多的可能性，为幼儿和教师的发展提供平台。

三、如何依托民族艺术开展主题游戏活动

（一）民族艺术

目前还没有对民族艺术进行严格的定义。一般认为民族艺术是在一个民族、国家内部产生、形成和发展起来的艺术形式和艺术传统，这些艺术形式和艺术传统是这个民族整体文化的一部分，具有民族的历史与文化特色。民族艺术通常包括"土生土长"的、本民族自己创造的艺术，也包括外来艺术被本民族消化、吸收后，变成本民族艺术成分的内容。

民族艺术通常指的是构成国家的单一民族或多个民族的艺术，例如中华

民族艺术，即指汉族和各个少数民族共同创造的拥有独特内涵与意义的艺术形式和艺术传统。综上所述，本研究将民族艺术的概念定义为在我国历史发展过程中，包括汉族和各少数民族在内的各个民族创造的具有民族历史与民族文化特色的艺术形式和艺术传统。

（二）幼儿园民族艺术教育

1. 民族艺术与幼儿教育

从严格意义上讲，中国的民族艺术研究是 20 世纪初期才开始的。时至今日，涌现出一大批著名的学者并呈现出许多研究成果。近年来，在全球化和现代化背景下，保护和传承民族艺术也越来越引起人们的关注，成为许多学者重视的课题。例如宋生贵教授在《传承与超越：当代民族艺术之路》一书中提出，要特别注意研究全球化背景下少数民族艺术的生存与发展问题。但目前更多的是就某一门类或品类，少数民族艺术的传承或某一种传承方式进行的个案研究。而对于我国民族教育的研究来说，我国学者在借鉴国外多元文化教育理论的基础上探讨了我国的民族教育之路。"中华民族多元一体格局"是费孝通先生于 1989 年夏在香港大学的一次学术讲演中提出来的，其间他发表了著名的论文《中华民族的多元一体格局》。而滕星教授在"多元一体格局"的理论背景下，又提出了"多元一体化教育理论"，他在与哈经雄教授合著的《民族教育学通论》一书中详细地讨论了这一理论。此后，多元一体化教育理论成为我国少数民族文化传承和民族教育的指导思想，许多学者都在这一方面做了相关的研究。教育作为民族艺术保护和传承的方式之一，历来为人们所重视。

关于民族艺术传承与教育的研究也有很多，如王军和董艳在《民族文化传承与教育》一书中对几种少数民族艺术的传承和教育现状进行了分析。其他的研究大多体现在高校和中小学教育领域内，而关于少数民族艺术传承与幼儿教育的研究，总体来说比较少，现有的研究可以概括为三种类型。第一类是在关于少数民族文化传承与幼儿园课程的研究内有所提及，例如，庞丽娟主编的论文集《文化传承与幼儿教育》第三编《多民族文化与幼儿教育》

就收录了相关论文。西南大学桂诗章的硕士论文《少数民族地区幼儿园多元文化课程实施研究——以黔东南苗族侗族自治州幼儿园为个案》①，从理论上探讨了少数民族地区幼儿园多元文化课程的基本问题，描述并分析了黔东南苗族侗族自治州幼儿园多元文化课程实施的现状，从而对少数民族地区幼儿园多元文化课程的实施做出思考、提出建议并进行展望，其中介绍的幼儿园少数民族文化课程涉及少数民族艺术的内容。内蒙古师范大学王慧东的硕士论文《鄂温克族传统文化传承的幼儿教育策略研究——以鄂温克旗民族幼儿园为案例》②选定内蒙古呼伦贝尔市鄂温克旗民族幼儿园为个案，介绍了鄂温克族优秀的传统文化，讨论了传统文化与鄂温克族幼儿教育发展的关系，强调了优秀的传统文化需要幼儿教育的继承和发扬，并从个人的角度提出了传承的策略。其中，在介绍鄂温克族优秀的传统文化时涵盖了文学、音乐和民间艺术的内容。其他还有如内蒙古师范大学郭玮（2008）的硕士论文《基于蒙古族文化的幼儿园课程资源开发与利用研究》③以及梁运佳的《从多元文化视角审视学前教育课程内容》④，这一类的研究都肯定了包括民族艺术在内的民族文化是幼儿园课程内容的重要资源。

第二类是探讨少数民族艺术及艺术教育在幼儿发展方面的价值。例如，李奕的《浅析侗族幼儿艺术教育在促进幼儿综合素质发展中的作用》⑤，介绍了侗族幼儿艺术教育的内容及其对幼儿综合素质的发展。李奕的另一篇文章《挖掘侗族文化艺术，促进幼儿智力发展》⑥，又提出侗族文化艺术通过培养幼

---

① 桂诗章.少数民族地区幼儿园多元文化课程实施研究——以黔东南苗族侗族自治州幼儿园为个案 [D]. 重庆：西南大学，2008.

② 王慧东.鄂温克族传统文化传承的幼儿教育策略研究——以鄂温克旗民族幼儿园为案例 [D]. 呼和浩特：内蒙古师范大学，2009.

③ 郭玮.基于蒙古族文化的幼儿园课程资源开发与利用研究 [D]. 呼和浩特：内蒙古师范大学，2008.

④ 梁运佳.从多元文化视角审视学前教育课程内容 [J]. 重庆职业技术学院学报，2004（3）：26-27.

⑤ 李奕.浅析侗族幼儿艺术教育在促进幼儿综合素质发展中的作用 [J]. 当代教育论坛.校长教育研究，2007（9）.

⑥ 李奕.挖掘侗族文化艺术，促进幼儿智力发展 [J]. 湖南教育（教育综合），2007（6）.

幼儿主题游戏活动指南

儿的观察力、动手操作能力和创造力能促进幼儿的智力发展。朱晓红的《蒙古族民间艺术的特征及其幼儿教育价值》[①]，论述了蒙古族民间艺术的特征，并从有利于幼儿社会认知的发展、亲社会行为的形成、积极情感和良好个性的形成三方面论述了蒙古族民间艺术对幼儿教育的价值。这些研究为其他民族在幼儿教育领域挖掘本民族的传统艺术价值提供了借鉴。

第三类是对民族幼儿艺术教育体系和艺术课程的建构进行的研究。在这一方面，许多地方做过相关的课题，如湖南省社会科学一般立项资助课题"湖南省湘西民族儿童艺术教育研究"，云南省省级立项课题"少数民族民间幼儿音乐舞蹈教材的开发与利用"等，都对少数民族的幼儿艺术教育和民族艺术资源的利用做出了研究。此外，广西师范大学吴慧源的硕士论文《多元文化背景下广西幼儿园艺术教育课程研究》[②]也对多元文化背景下幼儿艺术课程的建构进行了探索。内蒙古师范大学张秀丽的硕士论文《基于蒙古族文化精神传承的幼儿园课程资源开发——以蒙古族民间美术为例》[③]介绍了蒙古族民间美术的概况，分析了蒙古族民间美术资源开发的现状和存在的问题，并探讨了有效开发的策略。张卫民的《湘西土家族幼儿民族艺术教育体系探析》[④]，论述了湘西土家族幼儿民族艺术教育的目标、内容、原则和方法。这些研究及其成果极大地丰富了少数民族幼儿民族艺术教育的理论和实践。

民族艺术在教育发展的过程中逐渐引起重视。20世纪90年代，我国开始加大对艺术教育的关注，对艺术课程资源的问题也更加重视。1992年，我国教育部公布了《九年制义务教育全日制小学音乐教学大纲（试行）》以及《九年制义务教育全日制小学美术教学大纲》，强调要注重课外活动中艺术课程资源的开发与利用问题，要根据学校实际情况组织各种兴趣小组、开展讲座等群众性活动；2001年制定的《全日制义务教育音乐课程标准（实验稿）》

① 朱晓红. 蒙古族民间艺术的特征及其幼儿教育价值 [J]. 前沿，2005（1）：115–117.
② 吴慧源. 多元文化背景下广西幼儿园艺术教育课程研究 [D]. 桂林：广西师范大学，2008.
③ 张秀丽. 基于蒙古族文化精神传承的幼儿园课程资源开发——以蒙古族民间美术为例 [D]. 呼和浩特：内蒙古师范大学，2009.
④ 张卫民. 湘西土家族幼儿民族艺术教育体系探析 [J]. 学前教育研究，1999（3）：27–29.

中指出，应该结合当地人文地理环境和民族文化传统，开发具有地区、民族和学校特色的音乐课程资源，重视家庭和社会音乐环境对学生音乐爱好、审美情趣的影响，并给予积极的引导；同年，在《全日制义务教育美术课程标准（实验稿）》中也指出要广泛利用校外的美术馆、图书馆、公共博物馆、私人博物馆、艺术家工作室和艺术作坊等，学校与美术馆、博物馆以及社区携手，开展多种形式的美术教育活动；最新颁布的《全日制义务教育音乐课程标准（2011年版）》和《全日制义务教育美术课程标准（2011年版）》中，更是强调了要充分利用学校资源、自然资源、社会资源和网络资源，学校要准备充足的学习音乐和美术的书籍和影像资料，并且对自然景观和自然材料等加以开发和利用，同时充分利用社会著名的节庆、纪念日、重大历史事件等。

狄智奋在《地域素材美术课程资源的开发和利用》[①]中指出，要努力地更新课程资源观，因地制宜地筛选、开发、利用包括自然资源、文化资源和社会生活资源在内的各种地域美术课程资源；常存文在《美术课程资源的开发与利用》[②]中指出，美术课程资源种类繁多且丰富，要从学生的经验、兴趣和能力出发，从校内美术资源、校外美术资源和信息化美术资源三个角度科学合理地开发和利用课程资源；印小青在《学前儿童艺术课程资源的开发与利用》[③]中指出，学前儿童艺术课程资源包括幼儿园资源、家庭资源、社区资源等，幼儿园、家庭和社区要加强沟通合作，实现三种资源的综合利用；王丹玲、田卫戈在《区域艺术资源的开发及应用——西北民族高校艺术教育课程资源的拓展》[④]中指出，西北民族高校艺术教育应该应用地区丰富的民族音乐舞蹈、民间美术和民间工艺等区域艺术资源，不仅可以让学生认识到民族艺术的价值，拓展艺术教育的领域，也能促进西北地区文化的传承与发展。

众多学者在不同的民族艺术领域进行了探索。刘旭东在《论民族地区地

① 狄智奋. 地域素材美术课程资源的开发和利用 [J]. 宁波大学学报（教育科学版），2004（5）.
② 常存文. 美术课程资源的开发与利用 [J]. 内蒙古师范大学学报（教育科学版），2006（2）：97-99.
③ 印小青. 学前儿童艺术课程资源的开发与利用 [J]. 中华女子学院学报，2006（4）：67-70.
④ 王丹玲，田卫戈. 区域艺术资源的开发及应用——西北民族高校艺术教育课程资源的拓展 [J]. 艺术百家，2006（5）：152-154.

方课程资源的开发与利用》①中提出，多个少数民族群居地的民族地区有着丰富的、具有当地民族特色的课程资源，要充分开发利用包括民族艺术在内的各种课程资源，有利于继承和弘扬优秀的民族文化传统，增强民族自尊心和自信心；杨桂香、李慧君在《民族艺术课程资源的开发与利用》②中指出民族艺术是艺术的组成部分，要因地制宜地对其进行课程资源的开发与利用，充分重视民族装饰图案、民族建筑、民族服饰以及民族装饰艺术等；徐浩艇、冉煜华在《浅谈民间美术与美术教育资源地方课程开发》③以庆阳面塑这一民间美术形式为例，阐述了民间美术教育资源对于民族艺术教育的重大意义以及民间美术作为美术教育地方课程的适切性；李晓燕在《民族民间音乐课程资源》④中指出，民族民间音乐可以作为音乐课程资源的补充，要充分挖掘民间歌曲、戏曲资源以及戏曲、曲艺资源，同时建立民族民间音乐社会实践基地，使民族民间音乐课程资源的开发与利用符合课程改革的要求。

朱晓红在《浅析蒙古族民间艺术在幼儿教育中的渗透》⑤中认为，蒙古族民间艺术内容丰富，包括民间美术、民间音乐和民间文学等，提出为了更好地把蒙古族民间艺术渗透到幼儿教育中，要采用一种新的视角呈现原有的课程内容，并同其他课程内容的学习结合起来，成为一个综合化的过程；张卫民、陶红莉、吴金英、田庆珠在《湘西少数民族地区幼儿园本土艺术课程资源开发研究》⑥一文中指出，应充分开发湘西少数民族地区丰富的民间文学、民间音乐、民间戏曲和曲艺、民间手工技艺、民族服饰以及民族建筑等艺术课程资源，构建贴近少数民族幼儿生活的、容易被幼儿理解和接受的本土艺

---

① 刘旭东．论民族地区地方课程资源的开发与利用 [J].青海民族学院学报，2003.

② 杨桂香，李慧君．民族艺术课程资源的开发与利用 [J].青海师专学报（教育科学版），2004（4）：76-79.

③ 徐浩艇，冉煜华．浅谈民间美术与美术教育资源地方课程开发 [J].陇东学院学报（社会科学版），2004（3）：87-89.

④ 李晓燕．民族民间音乐课程资源 [J].中国音乐教育，2004（8）：39.

⑤ 朱晓红．浅析蒙古族民间艺术在幼儿教育中的渗透 [J].内蒙古师范大学学报（教育科学版），2004（8）：79-82.

⑥ 张卫民，陶红莉，吴金英，田庆珠．湘西少数民族地区幼儿园本土艺术课程资源开发研究 [J].学前教育研究，2006（12）：24-26.

术课程体系；张卫民、彭芝兰、杨素琴、吴金英在《湘西土家族幼儿园本土艺术教育资源的开发与利用》[①]中也提出了湘西土家族幼儿园本土艺术教育资源开发的筛选机制和筛选时应遵循的原则，同时也指出艺术教育资源的利用可以使用主题单元活动和主题网络要素发散两大方式；仇晓红在《在幼儿园教育教学中渗透民间艺术文化的策略》[②]中以满族民间艺术文化的挖掘和开发为例，提出可以在幼儿园课程中渗透民间艺术文化，并且课程内容的选择要遵循一定的原则，应认真挖掘、筛选。内蒙古师范大学张秀丽的硕士论文《基于蒙古族文化精神传承的幼儿园课程资源开发——以蒙古族民间美术为例》[③]中指出，蒙古族民间美术内容丰富，包括民间刺绣、民间剪纸和民间雕刻等，阐述了蒙古族民间课程资源开发与利用过程中取得的成绩和存在的问题，并提出了有效开发蒙古族民间美术课程资源的策略；内蒙古师范大学曾漪在硕士论文《蒙古族幼儿音乐课程资源开发研究》[④]中指出，蒙古族音乐课程资源可开发的内容丰富，包括蒙古族民歌、蒙古族曲艺、蒙古族舞蹈和蒙古族乐器等，并根据这些丰富的音乐课程资源提出了其开发途径以及在资源开发的过程中应该遵循的原则和应该注意的问题。

2. 幼儿园主题活动与民族资源的研究

关于幼儿园主题活动中利用资源的研究有很多，例如利用社区资源、家庭资源、主题活动与民族文化资源的结合的研究等。广西师范大学武文斯在其硕士论文《幼儿园主题活动中社区资源的选择与利用研究》[⑤]中提出，幼儿园所在社区拥有丰富的社区资源，不同的社区资源与幼儿园主题活动的相关度不同，不同类型活动利用到的社区资源的频次不同，并对在选择利用社区

---

① 张卫民，彭芝兰，杨素琴，吴金英. 湘西土家族幼儿园本土艺术教育资源的开发与利用 [J]. 学前教育研究，2007（11）：37-39.

② 仇晓红. 在幼儿园教育教学中渗透民间艺术文化的策略 [J]. 学前教育研究，2010（1）：63-65.

③ 张秀丽. 基于蒙古族文化精神传承的幼儿园课程资源开发——以蒙古族民间美术为例 [D]. 呼和浩特：内蒙古师范大学，2009.

④ 曾漪. 蒙古族幼儿音乐课程资源开发研究 [D]. 呼和浩特：内蒙古师范大学，2009.

⑤ 武文斯. 幼儿园主题活动中社区资源的选择与利用研究 [D]. 桂林：广西师范大学，2015.

资源过程中存在的问题提出了相关对策。而鞍山师范学院的赵小岳等人是从家庭资源出发，阐述家庭资源在幼儿园主题活动中的利用。赵小岳等提出，幼儿园利用家庭资源开展主题教育活动，能提高活动成效，有利于在园幼儿在家园和谐共育的环境下健康成长[①]。苏雅莉从本土资源的角度出发，认为利用本土资源对孩子们进行教育可以更好地完成幼儿阶段的教育活动，并且通过各种丰富多彩的活动，能够让孩子们更好地学习文化知识，了解家乡文化，培养强烈的家乡归属感和自豪感，有利于幼儿人格的健全和健康成长[②]。陈微、吴佳慧从具体主题活动案例中阐述了地方文化与主题活动的结合，认为主题活动的意义在于使幼儿受到乡土文化的熏陶、浸润和塑造，逐渐产生文化认同感，进而能真正成为这个民族和地域的一员。这种情感和影响是深入骨髓的，获得了对某一民族和地域的文化认同感，也就获得了健康成长的文化根基，使其在与其他文化的交流中能保持自身特色，使以成人文化为基调的乡土文化自然地转化为幼儿视角的乡土文化，并获得传承、创新与发展[③]。陈丽红从经典文化传承的视角出发，结合"中国年"民俗主题活动进行阐述，提出以情感为主线的主题脉络、以感恩为核心的实践活动、以体验为基础的活动安排等观点[④]。潘虹提出，有效挖掘和整合乡土教育资源、开展主题活动是帮助幼儿了解家乡、增强家乡情的重要途径。结合幼儿园实际情况，利用多种方式对乡土教育资源进行筛选，利用生活化、本土化、原生态化、多样化的材料创设具有乡土气息的主题环境，构建出具有自主性、乡土化、园本化的幼儿园特色主题活动方案，真正让幼儿感受乡土、体验乡土、回归乡土[⑤]。居海燕建议将民间资源融入主题活动中，并对于怎样选择民间资源，如何在主题活动中合理运用民间资源，教师在开展民间资源主题活动时应用什么组

---

① 赵小岳，李海雁. 幼儿园利用家庭资源开展主题教育活动的现状调查——以东营市城区公立幼儿园为例 [J]. 学园，2015（9）：18-19.

② 苏雅莉. 本土资源在幼儿园主题活动中的运用和探究 [J]. 吉林教育，2016（2）.

③ 陈微，吴佳慧. 大班融合主题活动：走进四川 [J]. 家教世界，2015（12）：24-30.

④ 陈丽红. 经典文化传承与幼儿园主题教学的融合——"中国年"民俗主题活动的思考与实践 [J]. 山东教育，2012（36）：19-21.

⑤ 潘虹. 挖掘乡土资源构建特色主题活动 [J]. 早期教育·教科研，2015（12）.

织策略，民间资源在主题活动中的有效性的问题，在实践中进行了探索①。罗任渝将爨文化资源运用到单元主题活动中，从幼儿教育角度对爨文化进行分析并促其幼儿化。从选择原则、选择领域等方面阐述爨文化园本课程的开发问题，以期为利用爨文化资源开展幼儿教育提供借鉴②。李盛楠在论文中从建立主题概念网到利用主题网络来策划生成课程再到强化主题活动评价，对蒙古族民间艺术主题活动的构建提出了自己的想法③。王卓、刘艳萍认为，幼儿园应提升师资队伍的多元文化教育能力，强化和落实社会教育和家庭教育功能，创设可操作、能互动的民族教育环境，通过多种手段开展多民族文化主题教育活动④。

通过对以上文献的整理与分析发现，目前国内关于民族艺术的研究大多集中在高等教育、中等教育和初等教育领域，从幼儿教育角度开展民族艺术的研究还非常薄弱。从理论研究上来看，现有的研究有的只是在论述幼儿教育传承民族文化这一问题里略有提及，没有单独成一体系，有的又局限于只论述民族艺术教育的价值，并且只关注少数民族艺术及其教育对幼儿发展的价值，而对民族艺术如何在幼儿园中真正开展与实施只是一笔带过，还有的只探讨民族艺术教育体系和课程的建构，其重点仍然是促进民族幼儿教育和课程的发展，而对促进民族艺术主题游戏活动的设计与实施并没有专门论述。

（三）民族艺术主题游戏活动的价值是什么

1. 传承和发扬民族文化

通过民族艺术主题游戏活动可以实现民族文化的传承。开展不同的民族艺术主题游戏活动是针对民族文化进行选择并且传播的过程。民族艺术是我国人

---

① 居海燕. 幼儿园主题活动中民间资源的有效利用 [J]. 幼儿教育导读. 教师版，2009（6）：34-35.

② 罗任渝. 运用爨文化资源开展幼儿园单元主题活动 [J]. 曲靖师范学院学报，2014（S1）：86-88.

③ 李盛楠. 蒙古族民间艺术在幼儿艺术教育中的应用研究 [D]. 西安：陕西师范大学，2012.

④ 王卓，刘艳萍. 蒙汉杂居地区幼儿民族文化教育面临问题及对策——以巴彦淖尔市蒙古族幼儿园为例 [J]. 河套大学学报，2013（3）：38-41.

民智慧的结晶，作品的创造受创造者思想、情感和文化的影响，而创造者的思想、情感和文化又是以整个民族文化为背景的，所以不同的民族艺术主题游戏活动都在不同程度上反映了民族文化的内容。例如在实践中，班级中有来自侗族的小朋友，并且在一次偶然的机会中幼儿分享民族银饰和乐器引发了同伴的极大兴趣，在此契机下教师开展了"走近侗族"民族艺术主题游戏活动，把适合幼儿年龄特征和身心发展水平、符合幼儿兴趣和需求的民族艺术资源融入教学活动中，丰富幼儿园民族艺术课程资源的同时，通过课程的文化传承功能，实现民族文化的传承和发扬；在民族艺术"庆年节"主题游戏活动中，幼儿对彝族瓷器、花纹产生了浓厚的兴趣，由此引发了幼儿对民族图案、花纹进行线条画的兴趣，在绘画中不仅深入感受该民族的文化，并且将其发扬并创新，获得了新的经验；在民族音乐《嘎达梅林》中，通过对古琴音乐的接触和领会，感知到民族文化中追求中庸、宁静的内心需求。幼儿的这种通过对民族艺术的感知而接受民族文化的过程，是民族文化习得的过程，也是幼儿个体文化发展的过程，实际上就是民族文化得以传承和发展的过程。

2. 注重情绪情感发展，感受民族艺术之美

《幼儿园教育指导纲要（试行）》在幼儿教育五大领域中的艺术领域的目标中指出："引导幼儿欣赏艺术作品""能初步感受环境、生活和艺术中的美"。艺术教育是实施美育的主要途径，在对幼儿进行艺术教育过程中，要格外注重幼儿在活动中的情感体验和态度的倾向，在幼儿良好的情感态度下，让幼儿感受艺术的美，并热爱艺术的美。幼儿园民族艺术主题游戏活动的开展注重幼儿的情感体验以及情感发展，把引导幼儿感受民族艺术的美、培养幼儿对民族艺术的热爱作为目标。如以傣族舞蹈《孔雀舞》来开展艺术活动，不仅是幼儿对这支舞蹈的模仿和再创造，并且使幼儿在舞蹈的领会和接受过程中，欣赏到《孔雀舞》轻盈灵秀的表演风格、婀娜优美细腻的舞姿和超然灵动的艺术形象，在欣赏感受的过程中，产生对《孔雀舞》的热爱，进而产生对傣族舞蹈的热情；在对幼儿介绍戏剧艺术形式皮影戏的时候，使幼儿在欣赏皮影戏表演的同时，感受到皮影戏独特的人物、景物的造型与制作，生动形象的脸谱与服饰配以流畅的雕工和艳丽的颜色，也领略皮影戏艺人独特

的唱腔唱调和丰富的打击乐器、管弦乐器的渲染，让幼儿在感受欣赏的基础上逐渐喜爱上皮影戏里精美的人物形象、美妙的唱腔和配乐，产生对皮影戏的热爱。总之，幼儿园民族艺术主题游戏活动把幼儿的情感态度作为目标之一，旨在确定幼儿的情感态度在艺术教育中的重要性，没有幼儿的喜爱，任何的艺术教育都是没有意义的，也是无法进行下去的。

3.鼓励表达和创造民族艺术之美

幼儿的想象力和创造力是没有限制的，其成长过程就是艺术创造的过程。在开展民族艺术主题游戏活动的过程中，在民族音乐的感染下，幼儿不自觉地或无意识地唱着只有他们自己才能理解的歌曲；根据古诗词的意境，画上一幅按他们的想象来进行的画；以及在欢快节拍下，用在成人看来毫无规律的手舞足蹈表达他们的感受，这些都是幼儿进行的创造。《幼儿园教育指导纲要（试行）》中也强调了对幼儿艺术表现和艺术创造的重视，指出，"能用自己喜欢的方式进行艺术表现活动""提供自由表现的机会，鼓励幼儿用不同艺术形式大胆地表达自己的理解和想象，尊重每个幼儿的想法和创造，肯定和接纳他们独特的审美感受和表现方式，分享他们创造的快乐"。

在幼儿园民族艺术主题游戏活动中，我们注重幼儿的民族艺术表现和创造的能力，在引导幼儿感受和热爱民族艺术的美的基础上，进一步引导幼儿用自己喜欢的方式大胆地表现和创造民族艺术的美。并为幼儿提供自己表现民族艺术和创造民族艺术之美的宽松环境，鼓励幼儿大胆尝试和积极表现，对幼儿的任何表现和创造都予以肯定和支持，使幼儿的创造潜力得到发挥。如在以民族绘画中的水墨画——竹来开展艺术活动时，在让幼儿欣赏各种竹子的水墨画，了解竹子水墨画的作画方法和作画特点之后，幼儿可以根据自己的理解和自己喜欢的方式用笔墨和纸重新塑造竹子的形象。我们为每一个幼儿提供自己动手表现和创造竹子的机会，在幼儿的创造过程中不断地予以鼓励和肯定以提高幼儿的创作兴趣和积极性，同时不用苛刻的审美去评判幼儿的作画结果，注重的是幼儿在创造过程中以自己的想象为基础，并以自己喜欢的方式进行创作，以及幼儿富有创造性和个性的表达。

（四）民族艺术主题游戏活动的特点

民族艺术主题游戏活动的开展具有预设性和生成性的特点，根据幼儿园中幼儿来自不同民族的情况、民族艺术主题游戏活动的特点、民族艺术教育资源等因素，从幼儿园的教学实践和民族艺术课程资源的特点出发，我们运用主题式和区域式两种方式开展了民族艺术主题游戏活动。在该活动开展的过程中，民族艺术主题游戏活动体现出其独有的特点。

1. 民族性

我国的民族艺术都是植根于我国独特的文化艺术传统及审美意识的，主要表现的是本民族人民群众的生活、思想感情、愿望和艺术审美情趣，五十六个民族在长期的历史发展过程中形成了各具特色、风格迥异的艺术形式，共同造就了民族艺术异彩纷呈、绚丽多彩的局面。[①] 各种艺术形式在创作背景、表达思想、表现形式、创作手法等方面都表现出了浓烈的"中国印"。例如民族绘画中的水墨画，是具有中国特色的传统艺术形式，不同于西方绘画对于"形似"的追求，水墨画更讲究神韵和意境，在实践中，幼儿通过大胆的想象和创作，用水墨的风格装饰班级整体环境，突出民族特色；又如剪纸这一艺术形式，也是在中国独特的文化背景和历史背景中发展起来的，剪纸的多种手法和作品形象丰富的内涵和寓意等都彰显着独特的中国味儿。这就使得我们在开展不同民族的活动时，要充分了解该民族文化特点，从而对该民族的艺术有更充分的认知。

2. 地域性

俗话说"一方水土养一方人"，民族艺术也是如此，"一方水土养一方艺术"。民族艺术因不同地域范围的自然环境、生活方式、风俗习惯等的不同也表现出了地域上的差异。不同地区的艺术也折射出了各地不同的地理、历史、习俗等人文气息。比如在民族艺术主题游戏活动中，《嘎达梅林》旋律宽广豪迈、稳健有力地表现出内蒙古大草原特有的韵味；而《瑶族舞曲》轻快、活

---

① 庞丽娟 . 文化传承与幼儿教育 [M]. 杭州：浙江教育出版社，2005.

泼，展现出瑶族人民热情好客的待人之道。民族舞蹈也是因地域不同而各有风格，蒙古族生活地区以草原为主，地域开阔，所以蒙古族舞蹈节奏明快，热情奔放，风格独特，如《筷子舞》；而傣族生活地常年湿润温暖，森林茂密，植物繁多，所以傣族舞蹈大多婀娜多姿，节奏较为平缓柔和，充满力量，如《孔雀舞》。随着民族艺术主题游戏活动的开展，幼儿在不同的民族艺术元素中感受来自不同民族的美。

3. 生活性

生活和艺术相互依存、相互促进，艺术来源于生活，又高于生活。任何的艺术表现形式都带有浓重的生活的烙印。我国的民族艺术是千百年来国人在各自的土地上对生产生活和人文情感的表达，是在生活中不断形成和发展，在生活中汲取素材，以生活为基础并直接反映生活的，也是在生活中不断地被发扬和传承。民族艺术的许多表现内容和表现手法也都是直接来源于生活，比如皮影戏是以当地的曲调讲述故事，同时配以打击乐器和弦乐，反映着当地的文化信息。在民族艺术主题游戏活动"好玩的皮影戏"中，幼儿大胆想象，用说唱、朗诵等形式表现故事内容以及班级趣味活动，使幼儿在参与游戏活动的同时感受到皮影戏的快乐；又如"最美重阳节"主题游戏活动中，幼儿知道了重阳节的来历，了解了重阳节故事，在体会长辈对自己的爱之后，学习去表达对长辈的爱；同时黄香为父暖席的故事，也告诉了小朋友们要从小懂得孝敬父母，为父母做力所能及的事情，懂得感恩，这些故事都是为指导人的行为举止而创作的，与人的日常行为处世密切相关，贴近人的生活，具有生活教育意义。

4. 审美性

在民族艺术丰富的内涵中，绘画、书法、音乐、舞蹈、建筑、雕塑等都包含着绚丽多彩、丰富多样的美。在民族艺术主题游戏活动中，绚烂多姿的民族舞蹈，更是展现出了风格迥异、特色鲜明的美，在《骑马舞》中感受节奏明快、热情奔放、矫健挺拔的蒙古族舞蹈之美，在《金孔雀轻轻跳》中感受轻盈秀丽、婀娜多姿的傣族舞蹈之美。在民族建筑主题游戏活动中，带领幼儿欣赏我国不同的建筑风格，使幼儿积极感受气势恢宏、富丽堂皇的宫殿建筑之美和恬静淡雅、雅致脱俗的江南园林建筑之美。在神话故事中感受人类勇于和自然作斗争，不怕困难、战胜艰难险阻的勇敢、睿智之美。使幼儿在深入感受不同民族的美的同时，逐步培养自己独特的审美。

5. 综合性

民族艺术的各种艺术形式并不是单一存在的，各种艺术形式之间是相互融合、高度综合的，许多种艺术形式融合了音乐、美术、文学等多种艺术要素。例如，皮影戏这一艺术形式就是综合了器乐、舞蹈、服饰、绘画、表演等艺术，音乐的不同演奏方法、不同民族服饰的搭配等多方位、多角度的探索，发展了幼儿的综合能力。在"一起庆祝庆年节"的主题游戏活动中，幼儿不仅要了解彝族人民的风俗习惯，并且要自己组织欢庆庆年节，在该过程中幼儿不仅培养搜集信息、自主探索的能力，并且发展了乐于学习、敢于创新的学习品质。

（五）民族艺术主题游戏活动的原则 [①]

1. 适宜性原则

幼儿园民族艺术主题游戏活动的开展需要选择合适的民族艺术资源。应选择民族艺术中积极健康向上的、符合教育宗旨的、体现时代特色的精华部分加以开展。同时所选择的内容应该是能够被幼儿所接受的，符合幼儿的年龄特点和认知、能力发展水平的。更为重要的是要符合幼儿的需求，是幼儿的兴趣之所在，并能唤起幼儿新经验生成。

（1）适应时代的发展。

在"双减"政策以及其他教育政策背景下，应积极弘扬中国民族艺术中的精华和精髓，挖掘民族艺术中有传承价值、蕴含时代教育意义的内容，摒弃民族艺术中封建的、落后的、有悖于科学与真理以及有悖于当代教育理论和教育宗旨的内容。民族艺术资源浩瀚广博，在历史的传承与发展过程中融合了历朝历代以及各个民族的智慧和思想，同时经过漫长的封建统治时期和

---

① 贾慧娟. 民族艺术主题游戏活动开展的实施原则 [J]. 海淀教育，2023（5）：77.

在科学技术相对落后的条件下，民族艺术中也包含了愚昧的封建落后思想和各种非科学的神鬼怪之说，所以我们在开展民族艺术主题游戏活动前进行了仔细选择，根据教育宗旨、《幼儿园教育指导纲要（试行）》指导思想的要求以及幼儿园培养目标，对民族艺术进行去糟粕、取精华，选择那些符合时代特色、有利于幼儿心理和生理健康发展的内容，抛弃那些沾染愚昧的封建落后思想的内容。由此我们以民族节日为抓手，选择了重阳节、庆年节、新年、插花节等符合幼儿发展需求的内容；以民族特色为抓手，我们在不同的年龄班进行了民族建筑、民族绘画、民族泥塑、民族音乐等主题游戏活动。

（2）符合幼儿的兴趣和审美需要。

要使幼儿园的民族艺术启蒙教育能够顺利进行，使幼儿能够真正感受和体验民族艺术的美，热爱并能够用自己的方式表达和创造民族艺术的美，最重要的就是创设符合幼儿兴趣需求的民族艺术主题游戏活动。民族艺术资源中那些远离幼儿生活的、生僻的、繁杂的艺术形式是唤不起幼儿的兴趣的，也是不能使幼儿主动地去理解和接受的，对幼儿而言是没有任何教育意义的。应该发现幼儿对民族艺术真正的兴趣和需求所在，选取迎合幼儿兴趣和需求的，并且能够促进幼儿成长和发展的民族艺术活动来开展，只有这样才能保证幼儿在民族艺术启蒙教育中处于主动的地位，促进幼儿对民族艺术的主动吸收、自觉接受。例如：以彝族赛装节为主题开展游戏活动，使幼儿在了解彝族风俗文化的基础上，进行服装设计和表演，感受不同服装的美；以布朗族的插花节为主题开展游戏活动，使幼儿在节日氛围中了解不用的花，并且感受植物带来的美。

（3）符合幼儿认知发展水平。

在考虑上述两个因素的同时，民族艺术主题游戏活动还应该是能够被幼儿所接受的，符合幼儿的年龄特点和认知、能力发展水平的。"不能让幼儿认识的文化再优秀也没法产生塑造作用，幼儿园活动作为一个特定的文化文本对幼儿的适应不只是其内容本身，还包括它对幼儿起作用的方式和进程"[1]。

---

① 朱家雄. 幼儿园课程 [M]. 上海：华东师范大学出版社，2003.

幼儿主题游戏活动指南

超出幼儿的认知和能力发展水平、不能被幼儿所理解和接受的民族艺术形式即便再优秀，对幼儿来说也是没有价值的，对幼儿审美的培养以及艺术教育也是起不到任何促进作用的。此外，民族艺术资源也要根据小班、中班、大班幼儿的不同年龄特点进行分类，选择不同的内容组织教育活动。例如：春节主题游戏活动，使幼儿在了解民族习俗的过程中感受中国传统节日带来的快乐；傣族的泼水节，符合幼儿游戏兴趣的需求，幼儿在游戏中获得新经验；庆年节的主题游戏活动在大班开展，使幼儿在了解彝族文化的基础上，能够自发地组织活动，策划庆年节庆祝活动，获得新的经验。

2. 融合性原则

融合性原则是指在民族艺术主题游戏活动开展过程中，应注重各民族艺术形式之间的相互融合和渗透。这一原则的提出是由幼儿所处年龄段的学习和认知特点以及民族艺术主题游戏活动自身具有综合性决定的。

（1）幼儿认知和学习具有整体性。

处于学前阶段的幼儿认识事物和获取经验的过程具有整体性的特点，对事物的感知和认识不是割裂分化的，而是有整体的把握，并且年龄越小的幼儿其认知的整体性表现得越明显。幼儿的这一认知特点启发我们在进行幼儿园民族艺术主题游戏活动设计时，不应把各种活动分割开来，而应注重活动的相互融合、相互渗透，使幼儿能够在民族艺术主题游戏活动中获得综合的、整体的体验和感受。

（2）民族艺术资源具有综合性特点。

没有任何一种艺术形式是单一存在的，任何一种艺术形式都内含其他艺术因素。美国新自然主义美学的重要人物、著名的美学家托马斯·门罗在其《走向科学的美学》中指出："许多艺术都是触类旁通的，因为所有艺术都表现了相同的人类本性和支持这一本性的伟大的宇宙精神，它们之间表面上的差别并不是主要的。"

民族艺术作为艺术的一个领域，本身就具有综合性这一大特点，艺术的这种相互渗透和相互融合性在民族艺术的各个涵盖方面表现得尤为明显。绘画艺术与书法艺术的融合、音乐艺术与舞蹈艺术的融合、建筑艺术与园林艺术的融合等，在民族艺术中都是普遍存在的。京剧艺术是器乐、舞蹈、文学、表演、美术的融合，而器乐又是胡琴、二胡、笛子、唢呐等乐器演奏的融合。在进行民族艺术主题游戏活动时一定要尊重这些资源之间的相互交融，不要对它们进行分割和孤立，应该把它们当作整体来开发利用，使幼儿真正感受到民族艺术之间的融会贯通，获得直观的经验感受。例如，我们在开展"多彩的民族服饰"主题游戏活动时，通过实践教师发现，在创作的过程中，需要先通过绘画进行服装设计，然后结合服饰用途（舞蹈、表演等）来进行创作；在民族音乐活动开展过程中，服饰的美感在特有的民族音乐下得到更好的展示。

3. 生活化原则

生活化原则是指我们开展的民族艺术主题游戏活动应是贴近幼儿生活的、能够被幼儿感知的，而不应该选择那些远离幼儿生活和幼儿在周围环境中感受不到的内容。

美国实用主义教育思想的代表人物杜威在其教育著作中强调教育应该关注儿童的经验和生活，他认为"儿童本能的生长是在生活过程中展开的，儿童不能脱离环境，学校也不能脱离生活，学校作为社会生活的一种形式，应该呈现儿童的社会生活"①。因此，我们在进行民族艺术主题游戏活动时，选择了紧贴幼儿生活的民族艺术活动形式，紧紧围绕幼儿的生活环境。例如，我们在开展民族建筑这一主题游戏活动时，利用生活周边的特色建筑清真寺，引发幼儿的关注和思考，从而开展活动。幼儿从生活环境中选取素材，利用搭建的方式反映和表现这种艺术，也是对民族建筑艺术的传承和发扬；又如我们在新年主题游戏活动中，把与春节相关的神话传说故事、剪纸、年画、龙舞等内容纳入其中，因为这些都是与幼儿的生活紧密相关的，幼儿可以感同身受。总之，我们开展的民族艺术主题游戏活动都应遵循能够进入幼儿生活范围和生活视野的原则，以进一步促进幼儿对民族艺术的理解和接受。

---

① 〔美〕杜威. 学校与社会明日之学校 [M]. 赵祥麟，任钟印，吴志宏，译. 北京：人民教育出版社，2005.

（六）怎么组织民族艺术主题游戏活动

1. 增强教师的民族艺术主题游戏活动的参与能力

（1）丰富教师理论知识。

随着教育教学的不断改革，教师的角色定位也发生了翻天覆地的变化，教师不再是照本宣科的搬运者，而是教学活动的自主探索者、实践者、研究者。英国课程理论家劳伦斯·斯滕豪斯主张"赋予教师以教授者和研究者的双重身份，对课程的研究必然少不了教师这一教学实践的主体，若没有教师的参与、研究、反思，任何教育改革都是难以成功的"。因此，我们在开展民族艺术主题游戏活动时，教师首先要提升自己的理论水平。作为一线人员，教师与幼儿有着最直接、最彻底的联系，是最了解幼儿民族艺术兴趣、需要以及经验基础的人群，因此，教师要在此基础上，结合实践，以自身的理论专业为基点，综合各种实际情况，将适宜的民族艺术主题游戏活动引入幼儿园，同时能在活动设计和实施上采用合理的方式。所以，教师可以在闲暇时间进行理论学习，多阅读民族艺术课程方面的文献及资料进行理论储备。同时，幼儿园也可以定期组织园本培训、理论讲座、集体学习等活动，为教师提供学习的机会，不断提升其参与能力。

（2）加深教师对民族艺术资源了解。

在民族艺术主题游戏活动开展的过程中，我们了解到民族艺术博大精深，内容繁多，有的内容幼儿能在日常生活和学习中接触和感受到，但是大多数内容幼儿在日常生活中很难接触到。所以如果教师对民族艺术的了解不彻底、不深入，仅仅处于对民族艺术的表层认识上，对民族艺术众多的领域及其分类、特点、内涵等都缺乏必要的认识，那么在开展民族艺术主题游戏活动的过程中就会出现偏差，导致活动内容枯燥无味，幼儿参与性较低。因此，教师可以通过多种途径来加深对民族艺术资源的了解。比如教师可以借助于阅读民族艺术的相关书籍、报刊，观看影像资料，查找网络资源等方式，快捷、便利地拓展民族艺术相关的内容。也可以深入到民族艺术保持较好的地域，与当地民族艺术的传承人面对面交流，虚心向他们请教、学习，进行直接的感受。例如，在贵州可以去黔南地区感受布依族、苗族人民的风俗习惯，也可以去山东高密向当地剪纸艺术传承人学习剪纸艺术。同时教师也可以通过和一些自发组织的民间团体交流来感受民族艺术，例如舞龙舞狮队、秧歌队、京剧合唱团、民族舞蹈团等。

2. 挖掘幼儿自身资源

（1）挖掘幼儿已有的民族艺术经验。

幼儿已有的民族艺术认知经验与技能，是开展民族艺术主题游戏活动的基础，也是教师设计活动、把握教学目标的前提。教师应提前了解幼儿在日常生活中通过各种途径接触到的多样的民族艺术内容，如逛庙会、赶大集时看到的各种特色的传统民间手工艺，如糖人、面人、脸谱；观看文艺演出时，欣赏到民族戏曲、民族舞蹈、民族音乐等的表演；和家人一起出游时看到的各具特色的建筑艺术，如故宫、颐和园、圆明园等；生活中听到长辈讲述的各种神话故事和名人故事，如哪吒闹海、愚公移山、精卫填海、孔融让梨等。此外，还有些幼儿来自少数民族，若对本民族的艺术和文化乐于分享，幼儿之间便能够潜移默化地接触到更多的丰富经验。

因此，在幼儿园民族艺术主题游戏活动过程中，教师应通过前期调查与观察发现幼儿已有经验，抓住教育契机，以幼儿喜欢的和感兴趣的内容为主，展开活动。同时，可以给已有经验幼儿提供展示与分享交流的机会，让其在同伴间分享和交流，促进幼儿之间的相互学习及经验提升。

（2）重视幼儿的情感态度。

在民族艺术主题游戏活动的开展过程中，不同的幼儿对美的理解不同，对事物的兴趣与需求会通过不同的情感态度来进行表达。幼儿的情感和态度能帮助教师了解和把握幼儿的理解和想法，同时也为教师选择和设计民族艺术活动提供参照标准。

民族艺术资源绚丽多彩，但并非所有的内容都为幼儿所喜欢。在民族艺术主题游戏活动的开展过程中一定要重视幼儿的情感态度，围绕幼儿所需和喜欢的内容来开展活动，如此，民族艺术游戏活动才能真正实现其价值。

3. 充分利用家长资源

在民族艺术主题游戏活动的开展过程中，家长也是教学活动的重要参与者。活动开展过程中我们了解到家长在民族艺术方面拥有大量的资源，充分挖掘和利用家长资源，能够使我们的民族艺术主题游戏活动发挥更大的价值。一方面，可以请家长积极参与活动过程中，对民族艺术主题游戏活动进行评价与补充，以及与幼儿互动，帮助幼儿更加全面地了解民族艺术资源。另一方面，可以请家长与幼儿在亲子活动中一起搜集民族艺术主题游戏活动的物质材料、信息资源。例如在以扎染为主题的游戏活动中，家长可以为幼儿提供扎染需要的染料、工具、布等；在以京剧脸谱为主题的游戏活动中，家长可以为幼儿园提供不同类型的脸谱进行区域装饰。

4. 正确利用社区资源

社区资源包括社区可利用的人力、物力、人文环境等。充分利用社区资源可以更好地开展民族艺术主题游戏活动。首先，我们可以参观社区公共展览馆，比如在民族艺术主题游戏活动中开展民族建筑、民族泥塑的活动，幼儿经常性地观察民族艺术博物馆、展览馆，通过实地观察获得直接经验。其次，可以向社区居民请教，向他们学习相关的民族艺术知识，或者邀请他们参与到幼儿园组织的民族艺术主题游戏活动中。最后，我们也可以走出去，积极参与社区举办的各种节庆活动以及特色民族艺术展览、演出、比赛等活动，使幼儿在活动中获得真实的体验。总之，社区的民族艺术资源内容丰富、形式多样，幼儿园要与社区协同共育，共同助力幼儿发展。

（七）民族艺术主题游戏活动有什么作用

在多民族地区的幼儿教育中传承民族艺术，能较大地增强幼儿的文化认同感和文化自信心，培养其民族艺术传承意识，这在一定程度上对民族艺术的传承有一定作用。同时，少数民族的艺术传承也面临着许多新的挑战。一是传承的主体发生变化，面对来自外来文化和主流文化的冲击，年轻一代更愿意选择牛仔裤、恤衫、西服，流行歌曲、街舞等，少数民族艺术面临着后继无人的尴尬境地；二是传承的环境发生变化，随着全球化进程的加快，全球一体化和民族文化多元化冲突，国家一体化与民族文化多元化冲突，使不同民族的幼儿接触、欣赏并逐渐理解其他民族的文化，对促进文化传承与发展有一定意义。

同时，我国的民族艺术是五十六个民族在历史发展进程中不断地创生、融合、演变而来的，反映了民族的发展史，具有历史的传承性，也反映了民族文化，体现了民族精神。通过对民族艺术主题游戏活动的开展来对幼儿进行艺术教育，能够增强幼儿对民族艺术的认知和掌握，培养幼儿对民族艺术的热爱，进而增强幼儿的文化认同感和民族自豪感，实现民族精神和民族文化的传承。

示例：

"颜色蹦蹦跳"绘本主题游戏活动整体方案设计 [1]

一、实施范围

中班。

二、设计缘由

日常生活中，孩子喜欢色彩丰富的物品，也喜欢五彩斑斓的颜色。在缤纷的色彩世界中，他们充满了好奇，且具有强烈的探索欲望，经常在绘画中表现出来。在一次颜料涂色活动中，孩子们发现两种不同颜色的颜料混合在一起能够变成一种新颜色，于是班级便开展了科学探究混色的游戏，孩子们玩得不亦乐乎。

《3—6岁儿童学习与发展指南》中指出，4—5岁幼儿在欣赏自然界和生活环境中美的事物时，关注其色彩、形态等特征。因此我们预设了"颜色蹦蹦跳"这个主题，引导幼儿运用自己的感官观察大自然和生活中的颜色，感受颜色的

---

① 王悦，北京市海淀区唐家岭新城幼儿园。

美。在玩颜色的过程中认识不同的颜色，使用各种颜色表现美、创造美，帮助幼儿建构自己的色彩世界。

三、活动目标

（一）通过实验、观察和探索等活动，引导幼儿感知多种颜色，感受到颜色的变化和趣味性。

（二）激发幼儿的探究欲望，能用语言表达自己的探索发现，增强自信心。

（三）乐意用自己喜欢的方式创造性地表现色彩。

（四）鼓励幼儿大胆探索发现生活中的色彩，有初步的观察问题、发现问题的能力。

（五）初步了解三原色的配色方法。

四、主题维度

（一）以幼儿发展目标为导向——五大领域。

（二）以幼儿经验发展（认知发展）为导向——初步认识，进一步探究、体验。

（三）以活动形式为导向——集体教育活动、区域活动（含户外活动）、生活活动。

五、主题网络图

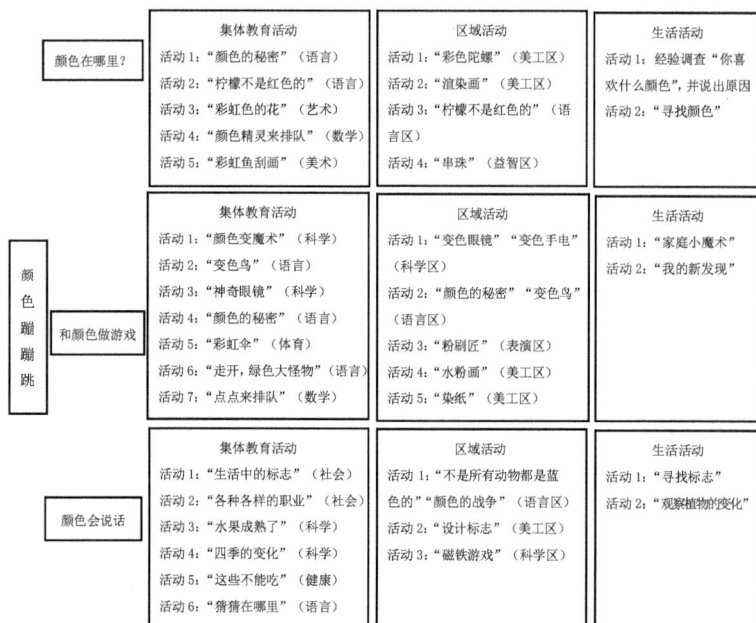

<table>
<tr><td></td><td></td><td colspan="3"></td></tr>
</table>

		集体教育活动	区域活动	生活活动
	颜色在哪里？	活动1："颜色的秘密"（语言） 活动2："柠檬不是红色的"（语言） 活动3："彩虹色的花"（艺术） 活动4："颜色精灵来排队"（数学） 活动5："彩虹鱼刮画"（美术）	活动1："彩色陀螺"（美工区） 活动2："渲染画"（美工区） 活动3："柠檬不是红色的"（语言区） 活动4："串珠"（益智区）	活动1：经验调查"你喜欢什么颜色"，并说出原因 活动2："寻找颜色"
颜色蹦蹦跳	和颜色做游戏	集体教育活动 活动1："颜色变魔术"（科学） 活动2："变色鸟"（语言） 活动3："神奇眼镜"（科学） 活动4："颜色的秘密"（语言） 活动5："彩虹伞"（体育） 活动6："走开，绿色大怪物"（语言） 活动7："点点来排队"（数学）	区域活动 活动1："变色眼镜""变色手电"（科学区） 活动2："颜色的秘密""变色鸟"（语言区） 活动3："粉刷匠"（表演区） 活动4："水粉画"（美工区） 活动5："染纸"（美工区）	生活活动 活动1："家庭小魔术" 活动2："我的新发现"
	颜色会说话	集体教育活动 活动1："生活中的标志"（社会） 活动2："各种各样的职业"（社会） 活动3："水果成熟了"（科学） 活动4："四季的变化"（科学） 活动5："这些不能吃"（健康） 活动6："猜猜在哪里"（语言）	区域活动 活动1："不是所有动物都是蓝色的""颜色的战争"（语言区） 活动2："设计标志"（美工区） 活动3："磁铁游戏"（科学区）	生活活动 活动1："寻找标志" 活动2："观察植物的变化"

六、活动计划表

计划时间段	本周目标	活动形式	活动名称	活动重点
11月第一周	1.愿意与同伴交流生活中对色彩的发现。 2.认识常见颜色，感受色彩的美。 3.能运用色彩进行记录，并能大胆表达自己的喜好与感受	集体教育活动	"颜色的秘密"（语言）	认识7种颜色，并愿意表达自己的喜好
			"柠檬不是红色的"（语言）	学习否定句与肯定句的使用
			"彩虹色的花"（艺术）	运用水彩颜料进行涂色
			"颜色精灵来排队"（数学）	学习用几个模式排序
			"彩虹鱼刮画"（美术）	尝试运用刮画的方法表现彩色小鱼
		区域活动	"彩色陀螺"（艺术）	能用色彩设计陀螺
			"串珠"（益智区）	按一定的颜色模式进行串珠
			"渲染画"（美工区）	感受渲染的色彩美
			"柠檬不是红色的"（语言区）	学习使用否定句和肯定句来表达
		生活活动	经验调查"你喜欢什么颜色"并说出原因	能说出自己喜欢的颜色
			"寻找颜色"	认识生活中常见的颜色

幼儿主题游戏活动指南

计划时间段	本周目标	活动形式	活动名称	活动重点
第二周、第三周	1.通过游戏的方式感知颜色相加变化带来的乐趣。2.感知光的传播方式及光具有穿透性。3.在玩游戏中认识颜色、感知颜色变化带来的乐趣	集体教育活动	"颜色变魔术"（科学）	感知颜色两两相加变成另一种颜色的现象
			"变色鸟"（语言）	观察、预测并感受颜色变化的美妙与神奇
			"神奇眼镜"（科学）	感受不同颜色的叠加效果
			"走开，绿色大怪物"（语言）	能用书中语言大胆表达
			"彩虹伞"（体育）	能听教师口令找到相应颜色
			"有趣的染纸"（艺术）	了解纸具有吸水性，同时对染纸游戏感兴趣
			"点点点"（语言）	能大胆表演绘本内容
		区域活动	"变色眼镜""变色手电"（科学区）	感受颜色的叠加变化、光的穿透性
			"颜色的秘密""变色鸟"（语言区）	能边看书边讲述故事的内容
			"水粉画"（美工区）	感受用颜料绘画的乐趣
			"染纸"（美工区）	能用渲染的方法进行绘画
		生活活动	"家庭小魔术"	幼儿运用色彩叠加法给家长展示
			"我的新发现"	能大胆交流并分享自己的心得体会
第四周、第五周	1.感受色彩变化所代表的含义。2.了解周边工作人员的工作服所代表的意义。3.感受四季明显的特征。4.感知事物色彩的变化给人们带来的影响	集体教育活动	"标志中的颜色"（社会）	认识不同标志的颜色所代表的含义不同
			"不同颜色的服装"（社会）	了解工作服的颜色与职业的关系
			"水果成熟了"（科学）	知道植物从种子到果实的过程，了解水果颜色的变化
			"四季的颜色"（科学）	通过树叶、植物的变化，感知四季的明显特征
			"脸谱的颜色"（艺术）	了解不同脸谱颜色所代表的人物性格不同
			"节日的颜色"（社会）	了解中国过新年的文化习俗
		区域活动	"不是所有动物都是蓝色的"（语言区）	通过描述找出相应动物在哪里，自制创编绘本
			"设计标志"（美工区）	绘画设计安全小标志
			"磁铁游戏"（科学区）	通过颜色辨认磁极，感知同极相斥异极相吸的科学现象
		生活活动	"寻找标志"	善于寻找生活中的标志及符号，感知不同颜色所代表的意义
			"观察植物的变化"	感知同一植物的成长与颜色的变化

第三章　艺术主题游戏活动

七、建议

（一）主题墙。

1."颜色蹦蹦跳""颜色在哪里？"。

（1）以绘本《颜色的秘密》作为主题情境，通过讲故事的方式让幼儿了解故事内容，一起来寻找生活中及大自然中的颜色并用绘画的方式记录。

（2）认识并收集整理各种各样的颜色。

2."颜色蹦蹦跳""和颜色做游戏"。

（1）颜色对对碰（分类）。

（2）颜色来画画（染纸）。

（3）颜色小实验（混色）。

（4）《点点点》（绘本表演）。

3."颜色蹦蹦跳""颜色会说话"。

（1）服装的颜色。

（2）季节的颜色。

（3）脸谱的颜色。

（4）节日的颜色。

（二）家园共育。

1.与幼儿一同寻找颜色在哪里，记录下自己最喜欢的颜色，说说原因并完成前期经验调查表。

2.在家庭进行颜色（混色）变化魔术，了解三原色叠加变色的秘密，通过实验变出更多颜色，并分享自己的新发现。

3.亲子共读关于颜色的绘本，如《颜色的秘密》《小黄和小蓝》《变色鸟》等。

4.在生活中寻找标志，并发现标志颜色所代表的意义。

5.收集幼儿春夏秋冬在户外的照片，帮助幼儿感知了解四季植物颜色的变化。

6.请家长带幼儿到大自然中捡落叶，感知不同叶子的形状与颜色的不同，并进行亲子游戏"树叶粘贴画"。

（三）区域材料投放。

区域名称	投放材料及指导要点
美工区	1. 提供色素、滴管、宣纸、提示图册，幼儿初步体验染纸画。 2. 提供面具、平面脸谱纸、颜料、《脸谱》欣赏图，引导幼儿模仿或创作京剧脸谱。 3. 尝试运用刮画的方法进行创作与表达
阅读区	提供绘本《颜色的秘密》《彩虹色的花》《变色鸟》《小黄和小蓝》《柠檬不是红色的》《点点点》《不是所有动物都是蓝色的》《走开，绿色大怪物》，鼓励幼儿大胆讲述、续编表演故事、模仿故事情节
自然角	投放不同品种的绿植，观察对比叶片颜色的相同与不同，了解植物的多样性
科学区	1. 投放变色眼镜、变色手电，感受颜色相加变化带来的乐趣。 2. 投放色素、滴管、水粉纸记录单。记录颜色叠加的结果，探究颜色的深浅与量的关系。 3. 投放磁铁，感知磁铁相斥相吸的科学现象，通过颜色辨认磁极，并用涂色的方式记录自己的发现
益智区	投放三原色的圆点纸片、三原色串珠、绳子。引导幼儿按 abc、aab、abb 模式进行规律排序，用串珠做项链
表演区	提供有关颜色的歌曲或儿歌、伴奏以及相关头饰，鼓励幼儿进行表演创作
建构区	投放不同颜色的标志图，在搭建完成后，能准确摆放标志

"颜色蹦蹦跳"主题游戏活动设计（教案）之"走开！绿色大怪物！"[1]

一、实施范围

中班。

二、设计意图

《幼儿园教育指导纲要（试行）》指出，发展幼儿语言的关键是创设一个能使他们想说、敢说、喜欢说、有机会说，并能得到积极应答的环境。因此结合幼儿最近的兴趣点——颜色，以及以开展的"颜色在哪里"教育活动为基础，开展本次活动来加深幼儿对颜色的感知，使幼儿通过观察图卡大声表达出大怪物

---

[1] 白若潼，北京市海淀区唐家岭新城幼儿园。

的身体部位以及相应颜色的神奇变化,在与图书互动的过程中激发幼儿的表达兴趣。

三、活动目标

(一)尝试使用咒语让大怪物走开。

(二)观察大怪物不同部位的颜色及形状并大胆表达。

(三)能够画出自己心中的大怪物。

四、活动准备

(一)经验准备:有感知物体形状、颜色等特征的前期经验。

(二)物质准备:《走开!绿色大怪物》绘本、绿色大怪物消失图片每组一份、图画纸、笔。

五、活动重点、难点

(一)活动重点:观察大怪物并说出大怪物的部位特征及颜色。

(二)活动难点:颜色与部位特征结合进行表达。

六、活动过程

(一)开始部分:通过《走开!绿色大怪物》绘本图片导入,激发幼儿兴趣。

师:中二班来了一位客人,请你来说一说你看到了什么?

小结:有的小朋友看到了黄黄的大眼睛,有的小朋友觉得非常害怕。那客人到底是谁呢?我们一起来看一看吧!

(二)基本部分:欣赏绘本故事,大胆表达。

1.出示大怪物出现的绘本图片,了解大怪物各个部位颜色及特征。

师:大怪物的出场有一些特别,请你看一看大怪物的什么部位出来了?请你摸一摸自己身体上对应的部位。这是一双什么样的眼睛?什么颜色的?

小结:有小朋友看到大怪物一步一步出现非常害怕,那我们现在看一看怎么能够把大怪物赶跑!

2.出示大怪物消失的绘本图片，师幼尝试使用语言赶跑大怪物。

师：我们现在一起来学一句咒语赶跑大怪物，"走开！乱蓬蓬的紫色头发"，接下来什么消失了？我们一起来试一试赶跑大怪物。

小结：我们赶跑大怪物的时候需要说"走开！×××的×××"，具体描述这个部位的颜色和形状，这样才能一点一点赶跑大怪物！

3.分发绿色大怪物消失的图片，小组合作赶跑大怪物。

师：我们成功将大怪物赶跑了！但是大怪物随时可能会再次出现，我们要好好练习咒语，下一次大怪物出现我们才可以再把它赶跑！请你和旁边小朋友一起来合作赶跑大怪物！

小结：有小朋友发现大怪物消失的顺序，首先被赶跑的是乱蓬蓬的紫色头发，然后是两只扭曲的小耳朵，接下来依次是蓝绿色的长鼻子、绿色的大脸、红色的大嘴巴、白色的尖牙、黄色的大眼睛。

4.分发图画纸，制作自己心中的大怪物。

师：这是绘本作者心中的大怪物，小朋友们心中的大怪物是什么样子的？眼睛是什么颜色的？请你把它画出来和大家一起交流。

小结：每一个小朋友们心中的大怪物都不一样，小朋友们可以尝试用刚才的咒语来赶跑自己画的大怪物。

（三）结束部分：欣赏展评。

师：今天我们看到了绿色大怪物，也一起成功将大怪物赶跑，请小朋友们和大家分享你画的大怪物。说一说你的大怪物头发是什么颜色的？是什么形状的？

七、活动延伸

（一）美工区制作《赶跑我心中的大怪物》小册子。

（二）图书区制作赶跑大怪物互动墙面。

八、总结与提升

在本次活动中，通过翻看绘本观看大怪物出现和消失，极大地吸引了幼儿的注意力，激发了参与活动的兴趣，提升了幼儿相关的生活经验，幼儿能积极地参与说咒语赶跑大怪物活动，在活动中大胆表达，达到了很好的效果。幼儿对活动很感兴趣，但个别幼儿在进行活动时比较兴奋，没有按照怪物消失的顺序说咒语，所以还需要加强幼儿的观察能力。表达事物的特征，对于幼儿来说是一个难点，教师可以为幼儿多寻找一些不同的五官特征图片，让幼儿在欣赏图片的过程中增加相关经验。

九、游戏活动策略

（一）以"赶跑大怪物"为线索开展活动，让幼儿念出咒语逐步赶跑大怪物，在与图画书互动——大怪物消失的过程中，激发幼儿表达的兴趣。

（二）分组合作游戏，同组幼儿一起练习咒语赶跑大怪物。

（三）以绘画的形式调动幼儿的已有经验，结合绘本中的大怪物画一画自己心中的怪物，并向同伴介绍自己画的大怪物，尝试介绍大怪物的部位特征及颜色。

示例：

"好看的颜色"主题游戏活动整体方案设计 [①]

一、实施范围

小班。

二、设计缘由

《3—6岁儿童学习与发展指南》中指出，"每个幼儿心里都有一颗美的种子"。幼儿天生就对鲜艳的颜色表现出偏好。五彩的颜色能够给幼儿最直接的视觉刺激，幼儿的衣食住行都与颜色有着直接的关系，喜欢穿鲜艳的衣物，喜欢使用各种颜色画画，喜欢选择五颜六色的玩具，喜欢吃各种颜色的蔬果，等等。近

[①] 关威、王浩宇、于婕，北京市海淀区唐家岭新城幼儿园。

期本班幼儿对颜色有了一定的认知，常常讨论生活中的各种颜色，喜欢玩有关颜色的游戏。

基于此，我们预设了"好看的颜色"这个主题，引导幼儿观察大自然和生活中的颜色，感受颜色的美。在玩颜色的过程中认识不同的颜色，使用各种颜色表现美、创造美。

三、活动目标

（一）欣赏五彩缤纷的颜色，对常见的色彩鲜艳的事物感兴趣。体验颜色带来的审美感受，提高审美情趣。

（二）喜欢参加美术活动，尝试选用自己喜爱的颜色进行艺术创作，发展观察力和绘画能力。

（三）认识红、黄、蓝等常见颜色，并愿意拓展对更多常见颜色的认知。

（四）通过探索、尝试混色，感知颜色的变化，体验变色游戏的快乐。

（五）用语言表达自己对颜色的认识和感受，以及自己的发现。

（六）对周围的颜色感兴趣，了解颜色在生活中的作用。

四、主题维度

（一）以幼儿发展目标为导向——五大领域。

（二）以幼儿经验发展（认知发展）为导向——初步认识，进一步探究、体验。

（三）以活动形式为导向——集体教育活动、区域活动（含户外活动）、生活活动。

五、主题网络图

主题	子主题	集体活动	区域活动	生活活动
好看的颜色	我喜欢的颜色	科学活动："好看的颜色" 健康活动："颜色蹲" 科学活动："巴巴爸爸一家" 美工活动："漂亮的手帕" 健康活动："赶小猪回家" 科学活动："美丽的花朵"	科学区："彩色螺旋" 益智区："漂亮的项链" 美工区："美丽的彩虹" 图书区："柠檬不是红色的"	生活活动："我喜欢的颜色" "漂亮的服装"
	和颜色做游戏	健康活动："好玩的彩虹伞" 科学活动："美丽的花朵" 科学活动："颜色变变变" 语言活动："小蓝和小黄" 美工活动："神奇的星球"	美工区："漂亮的水果" 益智区："小耳朵" 益智区："小糖果" 图书区："点点点" 图书区："小蓝和小黄" 美工区："大章鱼"	生活活动："神奇的颜色"
	颜色会说话	社会活动："自己的颜色" 科学活动："颜色会说话" 科学活动："小动物的保护色" 语言活动："藏在哪里了"	图书区："自己的颜色" 益智区："藏在哪里" 图书区："彩虹色的花" 图书区："变色龙" 图书区："颜色的秘密"	生活活动："颜色作用大"

六、活动计划表

计划时间段	本周目标	活动形式	活动名称	活动重点
第一周	1. 感知生活中常见的颜色。 2. 认识红、黄、蓝、白、黑等基本颜色。 3. 能对常见的颜色进行一一对应	集体教育活动	"美丽的花朵"（科学区）	通过游戏认识紫色、橙色、绿色并进行配对
			"颜色蹲"（体育区）	锻炼对颜色的快速反应和表达能力
			"巴巴爸爸一家"（科学区）	颜色一一对应
			"漂亮的手帕"（美工区）	了解弹珠滚画的方法
			"赶小猪回家"（体育区）	颜色一一对应
			"好看的颜色"（科学区）	认识常见色
		区域活动	"彩色螺旋"（科学区）	观察颜料在水中的变化
			"美丽的彩虹"（美工区）	用各种颜料调色画彩虹
			"毛毛虫"（美工区）	在蛋托上涂色
			"柠檬不是红色的"（图书区）	认识各种常见物品颜色
		生活活动	"我喜欢的颜色""漂亮的服装"	寻找生活中喜欢的颜色

计划时间段	本周目标	活动形式	活动名称	活动重点
第二周	1.通过各种游戏巩固对颜色的认识。 2.通过美术作品感知颜色的美丽。 3.通过游戏发现颜色混合会变色	集体教育活动	"小蓝和小黄"（语言区）	了解颜色的变化
			"好玩的彩虹伞"（健康区）	通过游戏认识各种颜色并能根据教师的指令找到相应的颜色
			"美丽的花朵"（科学区）	对颜色进行配对、命名
			"神奇的星球"（美工区）	用彩泥做星球
			"颜色变变变"（科学区）	探究不同颜料发生的混色变化
		区域活动	"小耳朵"（益智区）	颜色配对
			"漂亮的水果"（美工区）	用混合的颜色为水果涂色
			"毛毛虫"（美工区）	手指点画
			"小糖果"（益智区）	对两种颜色一一对应
			"大章鱼"（美工区）	利用气泡膜涂色
			"点点点"（图书区）	认识颜色的特点
			"小蓝和小黄"（图书区）	发现颜色的变化
		生活活动	"神奇的颜色"	了解颜料与水的混合
第三周	1.了解动物的保护色。 2.了解颜色对人们生活的影响	集体教育活动	"自己的颜色"（社会区）	了解不同颜色代表不同的作用
			"颜色会说话"（科学区）	能够用语言表达自己
			"藏在哪里了"（语言区）	观察动物的位置并表达
			"小动物的保护色"（科学区）	了解动物是如何利用保护色保护自己的
		区域活动	"自己的颜色"（图书区）	认识常见动物的颜色
			"藏在哪里"（益智区）	了解小动物的保护色
			"变色龙"（图书区）	了解变色龙的颜色特点
			"彩虹色的花"（图书区）	通过故事情节认识颜色
		生活活动	"颜色作用大"	寻找生活中颜色对人的作用（外观，情绪）及在生活中的作用

七、建议（包含环境创设、材料投放、家园共育等方面）

（一）环境创设——主题墙。

1.我喜欢的颜色。

以常见的红色、黄色、蓝色、绿色为分区背景，将幼儿在生活中（幼儿园、家里、户外）寻找到的喜欢颜色的物品，按照这四种颜色进行归类。如太阳、香蕉、玩具是黄色的等。

2.和颜色做游戏。

将幼儿在幼儿园参与的各项与颜色相关的游戏按照美术活动、益智活动、体育活动、科学活动分类展示。展示的内容分为图片和作品、过程和结果两种形式。如美工作品、幼儿混色实验的过程性照片和结果展示，体育游戏的照片等。将混色的实验过程和结果以实物的形式进行展示。

3.颜色会说话。

图片分为两列，一列是要说明的事物的图片，一列是幼儿对颜色在该事物中的作用的理解。如绿色的香蕉——不能吃，黑色的云朵——不能出去玩等。

（二）材料投放。

1.益智区：我们比一比（颜色配对）、美丽的糖果（两种颜色同时配对）、我是小医生（颜色归类）、妈妈的手链（按颜色模式排序串珠）。

2.科学区：美丽的影子（颜色光影）、小蓝和小黄（混色）。

3.美工区：毛毛虫（手指点画）、美丽的彩虹（水彩、毛笔）、小怪物（颜料吹画）、漂亮的手帕（弹珠滚画）等。

（三）家园共育。

1.亲子在家收集关于颜色的作品。鼓励家长创造机会和幼儿共同欣赏各类美术作品，开阔幼儿视野、感受色彩的冲击。

2.家长鼓励幼儿在家里和户外寻找自己喜欢的颜色（玩具、物品、衣服、大自然等）。

3.向家长推荐关于颜色的绘本和书籍，亲子共读。

4.和家人一起玩关于颜色的游戏，如"颜色蹲""彩虹泡泡"等。

"好看的颜色"主题游戏活动设计（教案）"颜色变变变" [①]

一、实施范围

小班。

二、设计意图

前期我们一起阅读了《小蓝和小黄》绘本故事。幼儿对故事里的情节非常感兴趣，尤其是小蓝和小黄抱在一起会变成小绿。本月本班主题是"好看的颜色"，幼儿在认识常见色以后，可以用各种材料和各种方式探索颜色变化的秘密。因此我们设计了本次活动。目的是通过幼儿动手操作和亲身体验来了解两种颜色混合在一起会变成另一种颜色，从而拓展经验，对颜色产生更大的兴趣。

三、活动目标

（一）愿意参加科学活动，能够积极大胆地进行探索。

（二）在探索中初步了解将两种颜色混在一起可以变成另外一种颜色。

（三）在游戏中愿意用语言表达自己的发现。

四、活动准备

（一）物质准备：红、黄、蓝颜料，棉签若干，颜料盒若干，透明玻璃板，画有蔬菜和水果简笔画的绘画纸。

（二）经验准备：认识三原色，看过绘本《小蓝和小黄》。

五、活动重点、难点

（一）活动重点：探索将两种颜色进行混合变出不同的颜色的过程。

（二）活动难点：发现混色的结果不同，通过实验分析原因。

---

① 关威、王浩宇、于婕，北京市海淀区唐家岭新城幼儿园。

六、活动过程

（一）开始部分：回顾绘本《小蓝和小黄》，调动幼儿原有经验。

师：小黄和小蓝相遇，发生了什么事情？

师：今天来了更多的颜色宝宝，看看他们相遇会发生什么变化。

（二）基本部分：开展颜色实验，感受混色的乐趣。

1.出示材料，自由开展实验，体验实验的过程。

师：我们今天也请来了小蓝和小黄，让我们试一试他们抱在一起会发生什么样的变化吧。

师：说一说你是怎么做的？结果怎么样了？

小结：把黄色和蓝色的颜料混在一起搅拌均匀，就变成了绿色。

2.鼓励幼儿继续操作，并用语言表达自己的发现。

师：现在我们请出小红，看看小红和小蓝、小红和小黄抱在一起分别会发生什么样的变化吧！

师：跟你的同伴们讨论一下你发现了什么。

小结：我们发现，红色和蓝色混合可以变成紫色，黄色和蓝色混合可以变成绿色，红色和黄色可以变成橙色。

3.对比和讨论实验结果，进一步操作，拓展经验。

师：刚刚我们发现小蓝和小黄抱在一起变成了小绿，仔细看看，你的小绿和其他小朋友的小绿一样吗？

小结：小黄和小蓝抱在一起后变成的小绿是不一样的。有的绿色像草地的颜色，有的绿色像鸭梨的颜色。我们可以多放黄色或多放蓝色，让小绿发生变化。

（三）结束部分：利用混出的颜色，给水果和蔬菜宝宝涂色。

1.出示黄瓜（绿色）、橘子（橙色）、茄子（紫色）图片，铺垫经验。

师：这是什么？它是什么颜色的？

2.引导幼儿用调好的颜色涂色。

师：让我们为蔬菜宝宝、水果宝宝穿上好看的衣服吧！

七、活动延伸

（一）将各种颜料和材料投放在区域中，鼓励幼儿大胆尝试混色，发现更多颜色变化。

（二）投放蔬果简笔画，引导幼儿混色后涂上自己的颜色。

（三）在科学区投放光影材料，引导幼儿观察带颜色的塑料片叠放在一起后颜色的变化。

（四）回家和爸爸妈妈分享自己实验的过程和结果，锻炼表达能力，巩固经验。

八、总结与提升

本次活动引导幼儿通过亲身体验、实际操作的方式发现颜色混合后的变化，并能将自己实验的结果用语言表达出来。本班幼儿对于活动非常感兴趣，积极大胆地进行操作，发现了混色的秘密，并能和同伴一起讨论和分享自己的发现。在最后一个环节，需要老师稍作提示才能知道颜色混合后产生不同结果的原因。下一次活动可以为幼儿提供更多的颜色，引导幼儿在操作中感受探索的乐趣。

九、游戏活动策略

（一）活动的开始部分我们采用了故事情境导入的方式，利用幼儿近期最喜欢的绘本激发幼儿参与的兴趣。

（二）活动过程中我们引导幼儿利用观察和实验的方式，通过操作和讨论发现颜色混合的秘密。

（三）结束部分采用绘画游戏的方式帮助幼儿巩固对实验结果的认识，进一步提升经验。

"小草的春天" 主题游戏活动整体方案设计 [①]

一、实施范围

小班。

二、设计缘由

春夏秋冬四季轮回，每一季都有着其独特的魅力。春天是万物复苏的季节，一切都将有新的开始，树枝发新芽、小草开始变绿、鸟儿们从南方飞了回来，等等。通过此次以音乐欣赏为主旋律的"小草的春天"主题游戏活动，引导幼儿关注并感受春天大自然的变化与美好，感知小草慢慢长大的过程，并且在内心有所感时，能够用语言、图画和表演等形式进行表达。

三、活动目标

（一）喜欢观察春天，感受春季大自然的美好。

（二）能够通过多种方式发现春季大自然中的变化。

（三）在各种活动中能用自己的方式表达喜欢春天的情感。

四、主题维度

（一）以艺术领域学习的特点为导向——从初步感受和体验到初步表现和创造、从进一步感受和体验到进一步表现和创造。

（二）以活动形式为导向——集体教育活动、区域活动、家园共育。

（三）以表现形式为导向——欣赏音乐、画音乐、讲音乐、表现音乐。

---

① 王凡，北京市海淀区七一小学附属实验幼儿园。

五、主题网络图

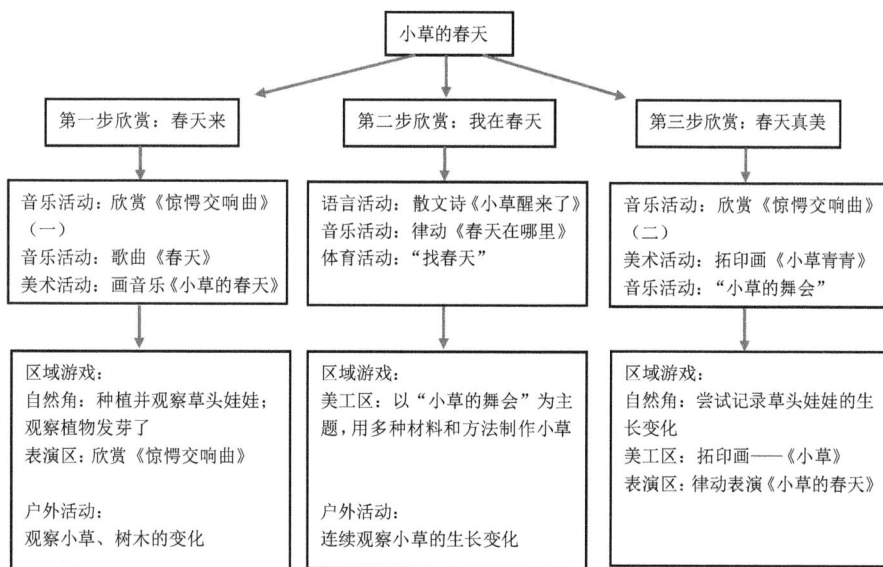

```
                        小草的春天
           ┌───────────────┼───────────────┐
           ↓               ↓               ↓
  ┌─────────────┐  ┌─────────────┐  ┌─────────────┐
  │第一步欣赏：春天来│  │第二步欣赏：我在春天│  │第三步欣赏：春天真美│
  └─────────────┘  └─────────────┘  └─────────────┘
           ↓               ↓               ↓
```

音乐活动：欣赏《惊愕交响曲》（一） 音乐活动：歌曲《春天》 美术活动：画音乐《小草的春天》	语言活动：散文诗《小草醒来了》 音乐活动：律动《春天在哪里》 体育活动："找春天"	音乐活动：欣赏《惊愕交响曲》（二） 美术活动：拓印画《小草青青》 音乐活动："小草的舞会"
区域游戏： 自然角：种植并观察草头娃娃；观察植物发芽了 表演区：欣赏《惊愕交响曲》 户外活动： 观察小草、树木的变化	区域游戏： 美工区：以"小草的舞会"为主题，用多种材料和方法制作小草 户外活动： 连续观察小草的生长变化	区域游戏： 自然角：尝试记录草头娃娃的生长变化 美工区：拓印画——《小草》 表演区：律动表演《小草的春天》

六、活动计划表

计划 时间段	活动名称	活动重点	重点活动场地
4月 第一周	欣赏《惊愕交响曲》（一）	能感受春天的变化；利用道具进行角色扮演游戏	集体活动
	歌曲《春天》	通过歌曲演唱感受春天大自然的美好	集体活动
	画音乐《小草的春天》	画出自己对乐曲的感受	集体活动
	"种植草头娃娃"	种植草头娃娃，直观感知小草的成长变化	自然角
	欣赏《惊愕交响曲》	通过欣赏乐曲，感知乐曲的情绪变化，感受小草长大的喜悦之情	表演区
	散文诗《小草醒来了》	在诗歌中感受小草长大的喜悦	集体活动

计划时间段	活动名称	活动重点	重点活动场地
	"小草的春天"（二）	喜欢角色扮演游戏，并尝试音乐剧表演活动	集体活动、表演区
	"春天在哪里"	喜欢参加角色扮演游戏，能用肢体动作表现歌词的意思	集体活动、表演区
4月第二周	"找春天"	在户外体育活动中感知春天的到来，寻找春天在哪里	集体活动
	准备"小草的舞会"	用多种材料和方法制作小草	自然角
	欣赏"惊愕交响曲"（一）	有角色扮演的意识，感受音乐表演的乐趣	集体活动
	拓印画《小草青青》	用美术工具进行绘画游戏	美工区
	"小草的舞会"	喜欢参加音乐剧表演，感受音乐表演的乐趣	表演区

七、建议

（一）环境创设。

1.制作迎春花、柳条、小燕子等有关春天的作品，幼儿的作品可以布置在区域环境中，供幼儿欣赏。

2.鼓励幼儿参与主题环境创设活动，将自己的作品展示在主题环境中。

3.请家长拍摄幼儿与自己找到的春天的合影，布置在班级环境中，鼓励幼儿说说在哪里有春天，春天来了你发现了什么变化？

（二）家园共育。

1.请家长带幼儿在社区、公园等自然环境，找一找春天有哪些变化，并拍摄幼儿和春天景色的合影，感受春天大自然的美好。

2.春游、踏青时，鼓励家长带领幼儿进行一些亲子活动，如一起放风筝、野餐等增进亲子情感。

3.请家长配合，在家中跟幼儿一起欣赏音乐《惊愕交响曲》；在幼儿园集体活动后，鼓励幼儿为家人表演音乐剧《惊愕交响曲》，请家长一起参与表演。

4.亲子阅读推荐书目：故事书《小蝌蚪找妈妈》。

（三）区域材料投放。

区域名称	投放材料及指导要点
美工区	1.提供彩笔、绘画纸、皱纹纸，引导幼儿用粘贴、绘画等方式制作柳树姑娘的头发、迎春花、桃花。 2.用点印、粘贴等方式制作春天里好看的花朵
阅读区	阅读绘本故事《小蝌蚪找妈妈》，能理解故事意思，鼓励幼儿复述故事情节
科学区	请幼儿尝试种植绿豆、大蒜，并观察绿豆、大蒜的生长过程，鼓励幼儿用画画的方式记录下来
表演区	提供有关春天的歌曲、伴奏以及相关道具，鼓励幼儿进行表演创作；将集体活动"小草的春天""春天在哪里"延伸到表演区继续表演游戏
娃娃家	将美工区幼儿制作的迎春花、桃花作品投放在娃娃家，请幼儿尝试布置娃娃的新家，尝试插花等
自然角	种植草头娃娃，观察和记录小草成长的过程

第四章　语言主题游戏活动

《3—6岁儿童学习与发展指南》指出，"语言是交流和思维的工具，幼儿期是语言发展，特别是口语发展的重要时期"。学前阶段的幼儿正处在语言发展的敏感期，促进幼儿语言能力的发展是幼儿园课程的一项重要内容。游戏是促进幼儿全面发展的重要活动，也是幼儿喜闻乐见的活动方式，游戏对于幼儿身心发展的作用具有不可替代性，能够促进幼儿德智体美劳等各方面全面发展。幼儿园开展游戏有利于幼儿更好地学习和生活。

一、什么是语言主题游戏活动

（一）幼儿园语言教育

1.语言教育

《教育辞典》定义幼儿园语言教育是以培养幼儿正确、清楚的发音，提高理解语义能力，丰富词汇，学说普通话，初步培养对文学作品兴趣为任务，着重在自然状态下发展幼儿的口语表达能力。即教育者根据幼儿语言发展的年龄特征、身心发展特点，有目的、有计划、有组织地采取措施对幼儿施加影响，促进其语言能力获得发展的活动。语言教育主要包括四个方面的内容：正确发音、词汇增加、句法结构、交流运用。

2.幼儿园语言教育的理论基础

行为主义心理学派代表约翰·华生在《行为主义观点心理学》中指出，思维是内隐的语言习惯。1924年心理学家奥尔波特提出语言学习的机制是循环反射机制，即：第一，固定反应是由循环的随意声音刺激引起；第二，幼儿模仿发音成为中间刺激；第三，人和动物的行为都是S与R之间的联结，语言习惯在一系列的刺激S和反应R中获得。20世纪50年代之前语言研究都是在行为主义的主导下进行，语言是心理现象的一种衡量指标。心理学家斯金纳1957年发表《语言行为》，用强化的系列概念解释语言学习。

认知主义学派代表皮亚杰提出与行为主义不同的观点，皮亚杰认为语言属于认知，是人类特有的行为，幼儿语言学习是内外因素相互作用的结果。认知学派认为幼儿先天具有语言的潜在能力，具有语言认知结构，与成年人在语言质量上存在差距，因此出现语言错误是正常现象，这只是说明幼儿有自己的一套语言处理系统。斯洛宾认为幼儿受语言相关遗传倾向影响，能够捕捉周围环境中的语言要素，获得对语言的认知。

美国哈佛医学院心理学家勒纳伯格在其著作《语言的生物学基础》中提出，语言既然是大脑功能成熟的产物，其获得必然有个关键期。所谓关键期，指的是儿童发展最快速的时期，在关键期，儿童对外界的刺激特别敏感，容易接收外界的资讯，此时给予儿童适当的语言刺激，儿童的语言将会得到发展。语言并非与生俱来，儿童的每一个语言发展阶段与其发声器官、神经系统、生活经验与表达动机都有密切关系，虽然每个儿童语言发展的过程不尽相同，但一般都会随着发展阶段成长。儿童掌握语言是一个连续发展的从量变到质变的过程，了解儿童语言发展过程及其特点，抓住儿童语言发展关键期，是制定语言教育目标的依据，也是探讨语言教育规律的依据。

3. 幼儿园语言教育的实践

（1）幼儿园语言教育的目标。

教育部在2001年9月颁布的《幼儿园教育指导纲要（试行）》中提出的幼儿园语言教育目标是：乐意与人交谈，讲话礼貌；注意倾听对方讲话，能理解日常用语；能清楚地说出自己想说的事；喜欢听故事、看图书；能听懂和会说普通话。教育部2012年10月颁布的《3—6岁儿童学习与发展指南（试行）》中明确规定幼儿园语言领域的目标为倾听与表达、阅读与书写准备，并指出不同年龄阶段语言教育的不同目标。朱家雄提出，幼儿园语言教育的目标分别为：让幼儿学会倾听别人讲话，使他们能听懂日常用语；使幼儿乐于与别人交谈，自由表述自己的想法和感受；使幼儿聆听和阅读文学作品；使幼儿喜欢学认常见的字[1]。周兢在《指南》背景下，从口头语言和书面语言学习两个方面对语言教育活动目标进行了解读。一方面，他认为口头语言学习目标应关注：幼儿语言运用的不同机会；幼儿语言运用的不同方式，强调幼儿语言运用能力的培养，不同语言经验的获得；幼儿语言运用的不同情境，强调语言习惯的培养。另一方面，他认为书面语言学习目标应该关注阅读习惯、兴趣的目标，书写行为的目标；具有初步阅读能力的目标[2]。

（2）幼儿园语言教育的内容。

幼儿园语言教育活动的内容分为两大类，这也是目前广大研究者普遍认可的语言教育活动内容。分别为：专门的语言教育活动内容和渗透的语言教育活动内容，专门的语言教育活动内容主要是指对幼儿日常语言交际中获得的语言素材进行提炼和深化，达到对语言规则的理解及有意识的运用，它主要包括学说普通话、谈话、讲述、早期阅读、欣赏文学作品等，这是我国目前幼儿语言教育中经常采用的、最基本的内容。渗透的语言教育主要是根据学前儿童生活经验，为其提供广泛的语言学习机会。渗透的语言教育遍布于儿童生活的方方面面，如儿童的日常生活中、人际交往、游戏活动和学习活动等。[3]

语言教育理论专家斯特恩认为，在语言教育内容的选择这个问题上，可以将语言教育内容划分为六大部分：语音、语法、实用性语言分析、语言交流活动、语言文化、概括性语言教育[4]。

英、美等国家将文学熏陶与语言文字的实际应用放在同等重要的位置。一方面，对文学作品的阅读、欣赏、评价提出了详细要求；另一方面，注重

---

[1] 朱家雄. 幼儿园课程（第2版）[M]. 上海：华东师范大学出版社，2011.

[2] 周兢. 关注《指南》背景下的幼儿园语言教育 [J]. 幼儿教育，2013（13）：20-22.

[3] 朱敏. 1996—2017年幼儿园语言集体教学活动设计内容分析 [D]. 成都：四川师范大学，2020.

[4] 〔加〕H.H. 斯特恩. 语言教学的问题与可选策略 [M]. 上海：上海外语教育出版社，1992.

语言文字的实际应用，强调"在任何领域的学习中，语言都是重要工具"，强调"为提出、分析、解决问题而听、说、读、写"。李霞提出了流行于全美的全语言教学观念，她在《全语言教学思潮及其对我国幼儿语言教学的启示》一书中将这一教学概念引入我国的幼儿语言教学中，并指出全语言教学实践有运用完整的课文、以文学作品为基础、儿童为中心的合作活动、家长参与这四个基本特征。而全语言教学理念启示我们发展口头语言的合理途径并不仅仅是课堂，应该要重视在游戏中增加语言环境的创设[①]。英国幼儿语言教育领域主要包括以下几方面内容：语言交流、交流的方式方法、倾听、词汇、表达语词思维在字母和读音之间建立联系、阅读写作书写[②]。

（二）语言主题游戏活动

语言游戏活动，顾名思义，就是用游戏的方式开展的语言教育活动，是一种由教师设计组织，以发展儿童的语言为主要目的的，有规则的游戏活动。这种特殊形式的语言教育活动有明确的教育目标，包含了对儿童语言的具体要求，将具体的教学任务落实到儿童能理解和接受的教育过程中，能够产生事半功倍的效果。

1. 语言主题游戏活动的维度设置

幼儿园语言主题游戏活动的开展以促进幼儿身心发展以及语言与思维的发展为指导思想。儿童语言的发展在不同年龄段有不同的特征，这就要求我们在制定语言主题游戏活动目标时要充分考虑儿童语言发展的规律，以游戏为载体才能更有效地协助儿童习得语言。幼儿园语言主题游戏活动可以从以下内容进行选择：

（1）语音游戏：以发音听辨为主；

（2）词汇游戏：以说名词、动词为主，中大班以丰富词汇的运用为主；

（3）句式游戏：帮助幼儿掌握语法规则，描述性游戏可包含在句式游戏中；

---

① 李霞. 全语言教学思潮及其对我国幼儿语言教学的启示 [J]. 学前教育研究，2000（4）：10-12.

② 何梦燚. 英美早期语言学习标准化运动及其对我国的启示 [J]. 学前教育研究，2007（9）：5.

（4）语言节奏游戏：通过游戏，了解人物语言的语音高低、长短、轻重、强弱和间歇等因素形成的律动；

（5）故事表演游戏：帮助儿童通过对话、动作表情等再现绘本等文学作品，理解体验作品的内容。

2. 开展语言主题游戏活动的常见问题

（1）教师的教学方式传统。

在当下的幼儿教育教学工作中，教师开展语言游戏，旨在提高幼儿的语言表达能力与语言应用能力。但是，在当下的语言游戏开展过程中，由于教师不能够对幼儿展开合理高效的语言游戏，导致幼儿在游戏的过程中不能够充分掌握语言应用能力，不利于幼儿语言表达能力的提升。在开展教育教学工作的过程中，由于教师过于重视幼儿的学习兴趣，不断对幼儿开展游戏，而忽略进行能力的教学，导致幼儿的语言表达能力长期不能够得到有效提升。在开展幼儿教育教学工作的过程中，教师应该明确这一问题，在教学的过程中保证游戏与能力教学的均衡性，避免游戏教学失去最初的教学目标。

（2）幼儿兴趣低下。

在当下语言游戏的开展过程中，能够发现幼儿对于游戏有着浓厚的兴趣，能够有效地投入到游戏中，但是幼儿在参与游戏的过程中对语言的学习并没有足够的兴趣，更多的是对游戏的高投入，阻碍了幼儿语言能力的提升。在开展幼儿语言游戏的过程中，教师应该重视幼儿的学习兴趣，能够将游戏与教学进行合理的融入，使幼儿在游戏的过程中能够主动张口学习和练习，从而提高幼儿的语言表达能力，促进幼儿的成长发育。

二、语言主题游戏活动可以怎样开展

（一）开展语言游戏活动要注意的五项原则

1. 兴趣原则

兴趣是幼儿学习的内在驱动力。因此，在设计语言游戏时，应深入观察和了解每个孩子的兴趣点，如通过故事表演、角色扮演或将他们喜爱的动画角色融入语言学习中，以此激发他们的参与热情和持续学习的动力。同时，鼓励幼儿根据自己的兴趣提出游戏建议，使活动更加个性化和吸引人。

2. 群体参与原则

确保游戏活动的设计能够包容所有幼儿的能力和性格特点，避免任何幼儿感到被排除在外。可以通过分组合作、轮流担任不同角色等方式，让每个幼儿都有机会发言和表现，促进团队协作与社会交往能力的发展。此外，关注并鼓励害羞或表达能力较弱的孩子，给予他们更多展示自我的机会。

3. 贴近生活实际原则

游戏内容应紧密联系幼儿的实际生活经验，如模拟超市购物、家庭角色扮演等，这不仅能够加深他们对语言知识的理解和记忆，还能增强语言学习的实用性和趣味性。通过这些熟悉的情境，孩子们能更自然地运用新学的词汇和句型，提升语言表达能力。

4. 简单易行的原则

游戏规则应简明扼要，易于幼儿理解与执行。在介绍游戏前，教师可通过示范、图表或故事讲述等方式，清晰地解释规则，确保每位幼儿都能明白如何参与。此外，随着游戏的开展，适时调整难度，保持挑战性，同时，也要确保幼儿不会因为规则复杂而失去兴趣或信心。

5. 适度的原则

游戏活动的安排需适度，既不能过于频繁导致幼儿疲劳或失去新鲜感，也不能太少而无法达到预期的教学效果。合理规划游戏时间，保证游戏与其他教育活动的和谐融合。同时，游戏内容与难度需适度，应既能激发幼儿的学习潜能，又不超出他们的认知范围，确保游戏活动在轻松愉快的氛围中实现教育目标。

（二）开展语言游戏活动的四个策略

1. 贴近幼儿生活，激发幼儿兴趣

选择与语言相关的主题，如动物、食物、交通工具等，激发幼儿的兴趣和好奇心。通过有趣的故事、歌曲、图画等引入，吸引幼儿积极参与。教师首先要足够了解幼儿的现状，多与幼儿进行游戏与沟通。教师通过营造出轻松愉快的交流氛围，并且发挥游戏的本来作用，让幼儿尽情地投入游戏、享受游戏，通过趣味化、视觉化的游戏活动，激发幼儿的学习兴趣，化被动为主动，使幼儿想说、敢说和喜欢说。在游戏开始后，教师也需要注意，不能过度关注游戏中的对与错，幼儿的语言表达是否得当，或者是否偏离了预期，应顺应幼儿的发展，让幼儿在自主、快乐的游戏中获得语言方面的全面发展。

2. 创设生活化的教学情境

设计情境化的游戏活动，如商店购物、医生病人、家庭角色扮演等，让幼儿在真实或虚构的场景中运用语言进行交流和表达，不仅能增加口语练习的真实感，还能帮助幼儿理解不同场景下的语言运用规则。教师应善于发现生活中的语言教学素材，将生活引入到活动中来，使活动的开展更加贴近生活。将语言活动渗透到一日活动中，贯穿于各个领域，为幼儿创设一个想说、敢说、喜欢说的开放式环境。生活的多彩性与熟悉性能够增加情境教学的真实性与形象性，易于孩子们接受。教师要做到善于观察生活、创新地开展课程，将与生活贴近的教学素材适当包装，以突出游戏的趣味性，符合幼儿学习与发展的规律。

3. 提供良好的语言模型和多元化的口语练习

作为幼儿教育者，构建一个正面且丰富的语言环境至关重要。这不仅要求成人自身具备优秀的语言表达能力，还需要积极展示多样化的语言风格和恰当的情感表达，注意清晰、准确地表达，并注重语音语调的模仿与指导，让幼儿从小接触并模仿高质量的语言模型。

首先，教师应时刻意识到自己是幼儿模仿的对象，无论是日常对话还是特定的教育教学环节，都应注重语法的正确性、词汇的丰富性及语音语调的自然流畅，为幼儿树立正确的语言榜样。其次，教师可以定期组织故事时间，通过讲述经典童话、民间故事或自创小故事，激发幼儿的想象力和创造力。鼓励幼儿复述故事或自由发挥，改编故事情节，不仅能够锻炼他们的记忆力，也促进其语言组织和表达能力的发展。同时，利用提问和回答的形式，引导幼儿思考和表达，帮助幼儿在口语交流时逻辑清晰、条理分明。最后，教师可以抓住音乐和韵律对幼儿语言发展的作用，通过唱儿歌、吟诵童谣、表演手指游戏等，进一步提升幼儿的语音感知能力，促进幼儿在愉悦的氛围中增强语言节奏感和韵律感。

4. 加强鼓励和正面反馈引导

教师应鼓励幼儿积极互动和合作，鼓励幼儿之间相互倾听和评价，培养他们的倾听习惯和批判性思维能力。可以通过设计小组活动，让幼儿在合作中进行语言交流。例如，设置小组完成拼图、制作海报、解决问题等任务，鼓励他们相互合作、讨论和交流。同时，要为幼儿提供反馈和鼓励，对幼儿的每一次尝试都给予正面反馈，即使表达不完全准确，也应首先肯定其勇气和努力，再温和地纠正错误，关注幼儿在语言上的进步和努力。通过肯定和鼓励，激发幼儿的自信心，并促使他们更加积极地参与语言游戏活动。

同时，游戏的开展要注意与幼儿的年龄和发展水平相符，确保游戏活动的安全性和教育性。还可邀请家长参与，增强家园合作，共同促进幼儿语言能力的发展。

三、如何通过绘本故事开展语言主题游戏活动

图书是孩子成长中重要的"滋养品"。每一个期待孩子健康成长的父母一定会读书给孩子听，每一位负责任的教师一定会把优秀的图书带到孩子的生活中，让优秀的图书与孩子相伴而行。对于6岁之前的孩子来说，最适合的图书就是绘本。几乎每所幼儿园的图书室、班级图书区都有很多精美的绘本，孩子们也喜闻乐见。绘本，顾名思义就是"画出来的书"，是以图画为主，兼有少量文字的书籍。因为6岁以前的孩子识字量有限，并且以直觉行动思维和具体形象思维为主，所以，以图画为主的书正好适合他们阅读，他们可以通过阅读图画来理解故事内容。

绘本是幼儿园重要的教育资源①。幼儿园可以运用绘本故事开展幼儿主题游戏活动。通过绘本，能够使幼儿在游戏中的主动性、创造性、游戏的快乐体验获得更好的发展。绘本是幼儿主题游戏得以开展的素材、引子和框架，它以鲜活有趣的内容吸引孩子兴趣，并且涉及多个领域，有助于孩子多方面发展。

（一）绘本及绘本故事

1. 绘本

"绘本"一词源于日本，英文称作"Picture Book"，也译成"图画书"。它由图画和文字共同组成，图画为主，文字为辅，它们搭配着讲述一个又一个生动形象的小故事。对于幼儿来说，相较于密密麻麻的文字，绘本里五颜六色的图画具有更大的阐释意义。学龄前的幼儿更喜爱这些丰富有趣的图片，在绘本里，图画并非起辅助作用，而是担任着主要的角色。这是由于相较于成人，视觉是幼儿进行信息加工与处理的优势通道，年龄介于2—7岁的学龄前幼儿，思维正处于前运算阶段，因此相较于文字信息，他们对形象信息更加敏感。而绘本故事正是"通过图画和文字共同叙述一个完整的故事，是图文合奏的"②，而受到广大幼儿的喜爱。台湾学者郝广才提出，"绘本故事大概是一本书，运用一组图画，去表达一个故事，或者一个主题。③"学者康长运认为，绘本故事是以图画为主，配合较少文字或没有文字，讲述故事的一种幼儿文学。一般由几幅或者十几幅跳跃式或静态画面，配合简短、浅显的语言，来完成一个故事世界的塑造。海淀区"通过绘本故事开展幼儿主题游戏活动"的实践探索中，将绘本故事定义为："具有精美图画并伴有少量文字的、讲述完整故事的、符合幼儿心理发展水平和年龄特征的一种故事书籍。"

---

① 董旭花，张海豫. 从头到脚玩绘本——如何从绘本阅读到绘本游戏 [M]. 北京：中国轻工业出版社，2020.

② 彭懿. 世界图画书：阅读与经典 [M]. 北京：接力出版社，2011.

③ 郝广才. 好绘本如何好 [M]. 台北：格林文化事业股份有限公司，2006：12.

2. 作为教育资源的绘本

在幼儿园里，绘本除了作为阅读资料，作为语言教育的载体，用于阅读和欣赏之外，因为其蕴含着丰富的教育内容，是幼儿园重要的教育资源[①]，还可以作为幼儿主题游戏活动的载体。

绘本作为一种重要的教育资源，具有丰富的教育价值。绘本故事通过图文合奏，为幼儿提供了一种认识世界的新视角，是促进其社会、语言、认知、情感、艺术等能力相互整合的一种有效途径。

当前幼儿园绘本资源越来越丰富，幼儿在绘本故事当中能够获得愉快的游戏体验，教师需要最大化地挖掘绘本故事中的游戏要素，发挥其在主题游戏活动中的独特价值，使其不仅用于学习指导，还用于游戏指导；不仅限于语言教育，还能服务于主题游戏活动的设计与实施，达到各领域的融合，促进幼儿的全面发展。

3. 绘本故事的价值

绘本故事为幼儿认识事物开启了一扇新窗口，它不仅能够促进幼儿语言的发展，同时从健康、社会、科学、艺术等方面丰富着幼儿的认知，其形象的图片背后所蕴含的教育价值和游戏价值对幼儿全面发展起着不容小觑的推动作用。

（1）绘本故事的教育价值。

国内外很多幼儿教育工作者都认为阅读绘本故事对幼儿发展具有巨大的促进作用。有一些研究者对绘本故事对幼儿整体发展的作用做了全面的总结。如刘江艳指出，绘本的价值主要体现在六个方面：给予幼儿生活启迪、培养语言涵养、增加审美熏陶、给予生活启迪、滋养情感、激活思维以及开拓视野[②]。康长运认为绘本的表达系统与幼儿身心发展水平相契合，不仅能提升幼儿理解水平、丰富其词汇量，有效促进其语言能力发展；而且还有利于幼儿获得积极的情绪情感体验，促进社会化发展；此外，幼儿的想象、思维能力、审美等能

---

① 董旭花，张海豫．从头到脚玩绘本——如何从绘本阅读到绘本游戏 [M]．北京：中国轻工业出版社，2020.

② 刘江艳．幼儿园绘本教学的价值与实施策略 [J]．学前教育研究，2015（7）：70-72.

力都能在绘本阅读中得以发展[①]。而有一些研究者选择从某一个角度来剖析绘本对幼儿某一方面的发展价值。如李维就强调关注绘本本身的语言价值，他认为阅读能有效促进幼儿语言能力的发展。绘本图文的相互配合有助于幼儿对叙事顺序的把握，提升幼儿的叙事能力，促进其故事复述及生成的能力[②]。

有一些研究者十分看重绘本对幼儿社会性发展的价值，指出绘本通过形象的图画和简洁的文字密切结合，以一种趣味性的方式向幼儿展示了社会百态，是现实生活的缩影和写照。因此通过绘本故事，幼儿可以从一个新的视角来丰富其经验见闻，有助于幼儿形成自信、自强、独立等良好的社会性品质，深化对爱、尊重等社会情感的认知，增强对自理能力、规则意识等行为规范的认同。张萌通过实验研究发现，绘本能够增强幼儿社交的主动性，提高其语言及非语言的交往能力，有效增加同伴交往过程中积极策略、中性策略的使用频率，激发幼儿亲社会行为的发生[③]。还有一些研究者从幼儿认知发展的角度出发，指出绘本能够促进幼儿科学、数学、空间思维等方面的能力。马明采用质化研究的方法，发现绘本对幼儿科学学习有很显著的促进作用[④]。袁文芳则探究了绘本在数学情境教学中的作用[⑤]。

（2）绘本故事的游戏价值。

卢英对幼儿在绘本阅读中的身体体验研究发现，幼儿游戏与绘本阅读都具有佯信性（虚拟性）的特点。幼儿在阅读时，常常表现出角色自居的行为，他们将自己的身体投射到绘本角色身上，赋予角色以人格，幼儿阅读绘本的同时也获得一种游戏性体验[⑥]。因此，绘本故事阅读本身就是幼儿游戏的一种方式。华爱华也曾提出绘本是幼儿开展表演游戏最好的素材。幼儿依靠对图画形象的解读来理解绘本作品，这一过程使作品的故事情境、角色形象在其

① 康长运.图画故事书与学前儿童的发展 [J].北京师范大学学报，2002（4）：20-27.

② 李维.电子阅读与绘本阅读对 5—6 岁儿童叙事表现的影响 [D].徐州：江苏师范大学，2017.

③ 张萌.中班幼儿同伴交往策略和交往能力的绘本干预研究 [D].天津：天津师范大学，2017.

④ 马明.绘本阅读中的科学学习 [D].南京：南京师范大学，2015.

⑤ 袁文芳.绘本融入幼儿园中班数学集体教学活动的行动研究 [D].天津：天津师范大学，2015.

⑥ 卢英.幼儿在绘本阅读中的身体体验研究 [D].宁波：宁波大学，2015.

头脑中鲜活起来，并成为其游戏的台本、资源。反之，通过绘本讲解到故事角色扮演再到幼儿自发生成的表演游戏，这种反复和强化将帮助幼儿更深刻地理解绘本作品所传递的知识信息。一方面利用绘本作为脚本开展游戏，另一方面通过游戏加深对绘本作品的理解[1]。

综上所述，绘本故事在促进幼儿理解、表达能力提升的同时，还能够培养幼儿良好的生活习惯，增加幼儿对科学、数学认知，树立正确的价值观，并使其获得多种角色游戏体验，既有教育价值，又有游戏价值。因此，在教育活动中，应更加细致地去品读绘本故事，发掘其中隐藏的教育元素、游戏元素，将绘本故事与其他各类活动有机整合，多角度多方式地促进幼儿的各种能力。

（二）绘本故事在教育活动中的应用趋势

随着绘本故事越来越多地应用于幼儿园教育活动中，将绘本故事作为教育资源探究语言主题游戏活动，幼儿园绘本阅读逐步与其他各领域相互整合，将会成为发展趋势。

1. 将绘本故事作为教育资源探究语言主题游戏活动

从主题游戏设计与实施来看，绘本故事是一种教育资源，学前教育工作者需要不断从绘本故事中挖掘有价值的资源，将开发出来的资源合理利用到活动中，利用绘本故事体现主题活动中的游戏精神。

2. 幼儿园绘本阅读逐步与其他各领域相互整合

当前幼儿园绘本阅读已经朝着与其他各领域相互整合的趋势发展，语言主题游戏活动在适用范围上不仅可以涉及集体教学活动、区域活动，更可以涉及幼儿园一日活动中的户外活动、生活活动（含过渡环节）等。

如王芳婷通过观察和访谈发现，表演活动、音乐活动和美术活动是当前幼儿园绘本延伸活动最常见的几种[2]。柴林丽根据绘本的特点编制了多元式教

---

① 华爱华. 论动漫与幼儿游戏的关系 [J]. 幼儿教育·教育科学，2011（4）：1-5.
② 王芳婷. 幼儿园绘本延伸活动研究 [D]. 成都：四川师范大学，2015.

学活动，将绘本与美术、故事表演、音乐活动等形式结合，形成层层递进的活动链，表达对绘本故事的理解并延伸[1]。刘婷在情绪主题绘本促进幼儿情绪能力发展的行动研究中发现，将绘本与绘画、角色扮演、谈话活动等不同教学形式结合开展的教育活动对幼儿情绪的表达、理解以及调节能力均有积极的促进作用[2]。

徐建华在以绘本故事为载体进行幼儿园活动研发的研究中，提出借助绘本可以实现幼儿园五大领域的整合。教师可以通过分析绘本故事图画的构图或色彩、绘本故事的情节及人物心理特征、解读文字符号背后的含义等，充分挖掘出绘本中存在的美术创作、故事续编、社会交往、数学知识、科学素养、户外活动、区域游戏等多类别、多层次的教育价值，由此生成一系列幼儿喜欢且适宜的活动[3]。

绘本在教育活动中的应用研究取得了丰富的成果。其中，一些研究试图探索绘本故事与游戏活动的整合，从游戏的角度出发，绘本故事作为一种资源或脚本来帮助幼儿在游戏的过程中获得间接经验的发展，而且绘本故事本身就具有游戏性，因此它本身就是贴近游戏的最佳"外援"。

（三）运用绘本故事开展语言主题游戏活动的实践

绘本在幼儿园语言领域的教学中扮演着不可或缺的角色，它们不仅是色彩斑斓的故事书，更是语言发展与学习的桥梁。绘本以其独特的图文并茂的形式，为幼儿开启了一扇通往想象世界的窗户，不仅丰富了他们的词汇量，还促进了语言表达能力和理解力的提升。通过讲述绘本故事，孩子们能够接触到不同的句型结构，学习到如何构建连贯的情节，这对于他们语言能力的综合发展至关重要。

更重要的是，绘本故事中的角色对话、情节转折和情感表达，为孩子们

---

① 柴林丽.幼儿绘本在幼儿园艺术领域教学中的开发与应用研究 [D].成都：陕西师范大学，2010.

② 刘婷.情绪主题绘本促进幼儿情绪能力发展的行动研究 [D].重庆：西南大学，2010.

③ 徐建华.以绘本为载体的幼儿园主题活动的研发 [D].成都：四川师范大学，2016.

提供了模仿和实践语言运用的机会，有助于他们在日常交流中更加自信和流畅。海淀区在实践中积极探索如何深入挖掘绘本中的游戏元素，将阅读与游戏巧妙结合，让幼儿在轻松愉快的氛围中提升语言技能，同时享受学习的乐趣。这种游戏化的教学方式，充分发挥了绘本作为教育资源的独特魅力，使语言学习不再枯燥，而是成为孩子们乐于参与的活动，从而更好地促进其全面发展。

1. 对不同年龄段绘本选择做差异化和共性化分析

教师依据幼儿各年龄阶段特点，在开展主题游戏活动时对不同年龄段绘本选择做差异化和共性化分析，进一步促进对绘本资源的有效利用，给予幼儿充分的游戏体验。

（1）建立不同年龄段绘本选择依据的差异化分析思维。

绘本主题的选择更加结合年龄段特点以及绘本特点。小班幼儿适宜选择贴近生活、主题明确、内容简练的绘本，主题内容多与饮食、情绪情感、行为规范相关，例如：与饮食健康主题相关的《不吃糖，不许吃蔬菜》《好饿好饿的毛毛虫》，另外，小班幼儿会因为入园焦虑而情绪多变，还要逐步在入园适应的基础之上建立生活常规，《三只小猪上幼儿园》《猜猜我有多爱你》等情绪情感、行为规范相关主题的绘本再合适不过了。针对中班的幼儿，可以选择一些知识性、故事性的绘本开展绘本教学，同时还要注意词汇的拓展，增加互动提问的机会。中班的幼儿情绪较稳定，对事物的理解能力增强，《好饿的老狼和猪的小镇》《跟着线走》《鳄鱼怕怕　牙医怕怕》等绘本知识丰富、内容风趣，很能引起幼儿的好奇心，从而满足他们对知识的追求，对未知的探索心态。中班还会选择"社会化"主题，如"合作""交往"类，《蚂蚁和西瓜》故事传递了团结、勤劳、乐天、聪明的精神，深受孩子喜爱。大班侧重选择情节复杂、具有一定知识性和文学性的绘本，培养幼儿的阅读准备和独立阅读能力。品质养成、科普、奇幻类绘本可以选择《捡到一根魔法棍》等；满足幼小衔接段幼儿知识经验的主题绘本，可以选择《小阿力的大学校》《时间的故事》等，各类综合型的绘本就是大班教学的选择对象。

挖掘绘本情节的游戏价值。小班绘本内容简单、文字少，以直观、生动为主；中班可选择情节幽默，有反转的绘本，激发幼儿的好奇心；大班可选择故事逻辑性强、语言丰富的绘本。例如《地下100层房子》中，"地下除了有蚯蚓、化石，还有岩浆，可以泡温泉"，这些都是大班幼儿在好朋友会议及自主阅读活动中交谈的话题。随着年龄的增长，幼儿对绘本的要求不再只是有趣，他们更加关注可以提供新经验、满足其对未知好奇心的情节。

感知绘本中的人物角色的特点。小班幼儿更适宜拟人化的角色，如动物、植物，人物关系简单；中班幼儿偏重一些社会角色的出现，例如医生、厨师、警察等；而大班多是同伴角色，存在较复杂的人际关系。

深入解读绘本画面的价值。小班幼儿适宜对比明显、鲜艳、贴近生活、写实、代入感强、细节（表情、动作）夸张、线索明显的画面。中班画面丰富、绘画细节需要"猜"；而大班偏抽象，具有超现实主义色彩，细节需要"想"。

结合语言特点开展绘本主题下的活动。小班选择的绘本偏重简短的语句且文字较少；中班则有一定的句式变化，还包括排比等句式；而大班绘本的语言文字、词汇和句式结构都较为丰富。

支持幼儿感知绘本材质的多样化。教师们还发现幼儿对教师自制的布类绘本表现出较大兴趣，如有幼儿说道："我喜欢这本《好饿的毛毛虫》，摸起来很舒服。"在小班，相比硬壳类的绘本，孩子更喜欢布类以及软皮封面的绘本。在中大班中，封皮的材质不再是影响孩子选择绘本的主要因素。

（2）建立不同年龄段绘本选择依据的共性化分析角度。

具有较强的开放性和整合性。幼儿园围绕五大领域开展综合性活动，促进孩子全面发展。作为教育资源的绘本需要有很大的开放性和整合性，一方面能够从绘本出发，以点带面地延伸更具价值性的主题游戏内容，另一方面，绘本资源包含各领域元素，从而获得最大程度的有效利用。

充满童趣，吸引幼儿。无论什么年龄段的幼儿，乐趣都是引发其绘本阅读的内驱力。幼儿绘本的选择和阅读多半是从好玩出发，优秀的绘本无不欢乐明朗，充满童趣，洋溢着浓郁的游戏精神，符合幼儿的心理特点和需要，绘本给予幼儿的启蒙正是在不经意的乐趣中自然显现的。绘本以其生动的形象、多姿的画面，使幼儿获得愉悦的感受，在充满想象的世界里完成人生早期的启蒙任务。例如："《肚子里有个火车站》好有意思，火车怎么进肚子里了？"这些出乎幼儿意料的有趣内容往往会激发幼儿的好奇心，产生阅读的欲望。还有《鸭子骑车记》这本绘本情境生动，里面各种小动物可爱形象，能够很好地吸引幼儿。教师可抓住幼儿喜欢角色扮演的教育契机，支持幼儿尝试扮演不同的角色，并为幼儿提供形象可爱的头饰来构建农场情境，幼儿被各种各样的道具和教师生动的情境创设所吸引，很容易投入到游戏中。

贴近幼儿生活和实际需求。绘本故事往往以现实生活中的幼儿为主要角色，或者是以幼儿熟悉的日常生活和活动为题材，使得幼儿有较强的代入感，读起来感觉熟悉而温暖。比如小班幼儿最初面临入园适应的现实问题，围绕《三只小猪上幼儿园》开展主题活动，以及选择满足幼小衔接阶段幼儿知识经验的《小阿力的大学校》《大头鱼上学记》开展大班绘本主题活动，让孩子在熟悉的生活化情境中走进主题。

2. 以绘本为载体的语言主题游戏活动的基本路径

以绘本为载体的园本课程是有一定程序的。园本课程以主题活动的方式进行，园本课程的教学内容是由一个个绘本主题构成的，而每一个绘本主题的设计又可以概括为以下基本流程：

建构主题活动网络图与主题下游戏活动思维导图 —— 预设游戏活动方案 —— 主题游戏活动的实施 —— 调整与提升。

（1）建构主题活动网络图与主题下游戏活动思维导图。

主题活动网络图实质上就是主题活动开展所预设的思维图示，可以明确主游戏活动探索的范围，有效地进行幼儿园一日生活，教师在选择绘本并进行绘本价值分析的基础上，确定主题活动目标，进行主题活动的网络设计，除此以外，为了更加明晰语言游戏活动，挖掘游戏价值，可以梳理"语言主题下游戏活动的思维导图"。以中班《蜘蛛先生要搬家》绘本主题游戏活动为例。

海淀区唐家岭新城幼儿园"通过绘本故事开展幼儿主题游戏活动" "蜘蛛先生要搬家"主题网络图预设

	教学活动	区域活动	生活活动
遇见蜘蛛先生	活动1：（语言）"我看到的蜘蛛先生" 活动2：（科学）"我认识的蜘蛛先生" 活动3：（健康）"小蜘蛛赛跑" 活动4：（艺术）"帅气的蜘蛛先生"	活动1："故事小舞台"（语言区） 活动2："水粉画——蜘蛛网"（美工区） 活动3："蜘蛛先生的家"（拼插区） 活动4："数一数小动物的腿"	活动1：寻找生活中的蜘蛛先生，并用自己的方式记录 活动2：与同伴分享发现的蜘蛛先生，包括颜色，蜘蛛网的形状
蜘蛛先生要搬家	活动1：（科学）"蜘蛛网怎么破了？" 活动2：（语言）"蜘蛛先生要搬家" 活动3：（健康）"蜘蛛先生要搬家"	活动1："蜘蛛先生要搬家"故事讲述（语言区） 活动2："蜘蛛先生的家"（建筑区） 活动3："手工制作蜘蛛先生"（美工区）	活动1：自主阅读绘本《蜘蛛不是昆虫》 活动2：观察蜘蛛标本
我们搬家啦	活动1：（科学）"小动物要搬家" 活动2：（科学）"小工具力量大" 活动3：（语言）"假如我是蜘蛛先生" 活动4：（科学）"数一数几只脚"	活动1："蜘蛛先生为什么要搬家"（语言区故事创编） 活动2：蜘蛛标本"各种各样的蜘蛛"（科学区） 活动3："找朋友"（数学区）	活动1：观察周围不同动物的脚的数量 活动2：观察蜘蛛网的形状
小小搬运工	活动1：（语言）"小工具立大功" 活动2：（社会）"大家一起来帮忙" 活动3：（健康）"小小搬运工"	活动1："各种各样的小工具"（拼插区） 活动2："小小修理工"（科学区）	活动1：找找班级的工具，说说我认识的工具名称 活动2：我们一起运被子

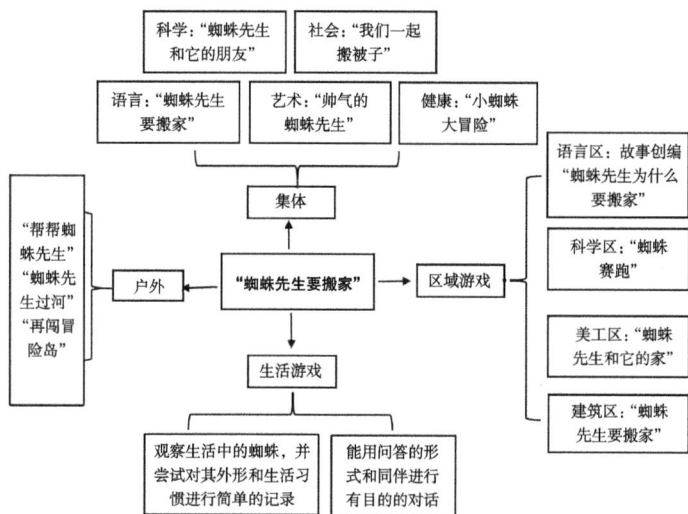

"蜘蛛先生要搬家"主题游戏活动的思维导图

（2）提高设计整体活动方案和单个游戏活动方案的能力。

通过在整体主题游戏活动方案中梳理游戏思维，凝练主要设计的游戏活动，进一步开展单个游戏活动设计，将游戏精神落实在活动目标、活动准备、活动重难点、活动过程、活动延伸、活动反思、活动的总结与提升上，贯穿于每个主题下的游戏活动之中。随着课题研究对于游戏精神的深入实践，在教育活动、体育游戏、区域游戏等环节分别设计对应的活动规划方案。

3. 绘本主题游戏活动的实施

（1）以绘本视角建构幼儿游戏实施路径。

绘本阅读是连接儿童与文化的桥梁，优秀的儿童绘本作者能够根据幼儿的身心发展特点与兴趣需要，将游戏精神融入绘本中，使绘本中的角色塑造、故事情节、文字与画面叙事的方式充满游戏元素，富有童趣。幼儿教师要善于发现绘本中传递的游戏元素，以游戏化的方式吸引幼儿，从而促进教育目标的有效达成，结合绘本封面、绘本情境、绘本内涵的价值，以游戏的形式，促进幼儿高阶思维能力的发展。

结合绘本封面"猜"的游戏形式。幼儿思维的具体形象性决定了幼儿喜爱用感官直接感知事物。在开始阅读绘本时，幼儿最先会关注到绘本的封面，教师可以用"猜一猜"的游戏与幼儿互动。比如，绘本《蚂蚁和西瓜》的封面中一块大大的西瓜上面有许多忙碌的小蚂蚁，教师可以通过提问引导幼儿观察封面中的场景和主人公角色，"你们能说说封面上有谁？在干什么呢？"并且要让幼儿大胆发挥想象来猜测可能会发生的故事情节，"请你们猜猜小蚂蚁会用什么办法来搬运这块大的西瓜？"为幼儿提供与同伴讨论交流的机会，在自由想象和积极交流的过程中激发幼儿的阅读欲望。除了观察封面外，教师还可以运用头饰、手指玩偶、角色声音模仿或是儿歌来引出故事角色。

依据绘本情境"动"的游戏形式。以绘本为载体开展主题游戏活动不仅需要在导入环节以游戏的形式激发幼儿的参与兴趣，更需要创设生动有趣的情境，将丰富多样的游戏贯穿于活动过程中，使幼儿在轻松、积极的情绪氛围下专注地投入。例如在语言游戏活动"藏在哪里了"中，教师创设"草丛""石头""大树"等自然情境，让幼儿在躲藏中动起来，帮助幼儿感知空间方位的同时能自主描述所在位置。在体育游戏活动"合作力量大"中，幼儿通过与同伴合作来完成任务和目标，在这个过程中，幼儿与绘本、同伴形成良好的互动，并且在轻松愉悦的游戏氛围下，幼儿感受到合作的重要性，也感受到绘本主题游戏活动的魅力。

了解故事内容基础上"演"的游戏形式。在熟悉绘本故事以后，为了让幼儿更深入理解故事的内在意蕴，体会角色的心理及其他方面的变化，我们可以组织幼儿进行游戏表演，为幼儿提供大胆想象和表现自己的机会。例如，游戏活动"彩虹色的花""捡到一根魔法棒"以戏剧表演的形式，让幼儿扮演故事当中的角色，发挥了幼儿的想象力与创造力。

围绕绘本主题"说"的游戏形式。在任何一个教育活动中教师都要给幼儿表达自己想法的机会，可以请幼儿分享自己的游戏体验、表演经验，也可以让幼儿说一说经过故事表演对故事角色、故事内涵的新感受。例如在语言活动"跟着线走"的游戏环节中，幼儿能够尝试用"跟着线走……走到了……看到了……"的语句讲述自己所看到的物体以及用线绳拼摆出的物体造型。区域游戏"你说我猜"则分角色进行"说"和"猜"，从而更好地帮助参与游戏的小朋友了解动物的基本特征，能够用较准确的语言描述动物明显的特征。

（2）绘本主题游戏活动中区域游戏的有效利用和实施。

在通过绘本开展主题游戏活动的过程中，区域活动是对主题活动的补充，更是幼儿游戏的重要阵地，幼儿在区域活动中通过直接感知、实际操作、亲身体验深化对主题活动的学习。

小班幼儿总是对周围的事物充满着好奇，喜欢接触很多不同的事物，用小鼻子闻一闻，用大眼睛瞧一瞧，用小小手摸一摸……"感官宝典"打开了他们探索世界的大门，在小班绘本主题游戏活动"感官宝典"中，通过区域触摸游戏"神奇的摸箱"、嗅觉游戏"小鼻子的秘密"，让幼儿通过触觉感官，体验感知多种物品的属性，通过嗅觉体验，感知不同物品的味道。幼儿在游戏过程中边游戏边表达："这个物品硬硬的""它是软软的""鼻子被堵住可真糟糕"等，在区域游戏中获得丰富的感官体验。

（3）环境创设。

环境是幼儿园课程重要的组成部分，《幼儿园教育指导纲要（试行）》里提出，"环境是重要的教育资源，应通过环境的创设和利用，有效地促进幼儿的发展"。在通过绘本开展主题游戏活动的实践中，教师创设与主题紧密联结的环境内容，包括主题墙、区域环境、生活过渡互动墙面等，利用幼儿感兴趣的绘本角色、情境、画面等多样化的内容，支持和帮助幼儿理解绘本，走进主题，记录幼儿学习发展的动态过程，呈现幼儿主题游戏活动中的新收获，支持幼儿自主游戏、自主发现和思考，使绘本真正走进幼儿的生活，从而更好地促进幼儿发展。

以绘本主题游戏活动"好饿好饿的毛毛虫"为例，教师创设"可爱的毛毛虫""毛毛虫爱吃的""毛毛虫长大了"和"漂亮花蝴蝶"主题环境，结合

《可爱的毛毛虫》绘本故事，前期进行家园共育。"可爱的毛毛虫"，幼儿收集喜爱的毛毛虫，通过绘画等方式展示自己喜爱的毛毛虫。"毛毛虫爱吃的"是幼儿通过绘本阅读的方式，从趣味横生的画面中感受毛毛虫吃东西的变化，从而发现毛毛虫爱吃的食物，同时，联系到自己的生活实际，联动区域游戏，围绕"我爱吃的水果"，用涂色、粘贴等美术形式对自己喜欢吃的水果进行展示。"毛毛虫长大了"结合绘本中生动有趣的毛毛虫蠕动身体的样子，创设"毛毛虫舞会"活动，幼儿模仿毛毛虫扭一扭等动作。还可以通过户外游戏，创设"毛毛虫觅食"的游戏，增强幼儿体能锻炼的同时，促进幼儿四肢协调能力的发展。结合毛毛虫长大后变成花蝴蝶的绘本画面，通过数学活动，引导幼儿按物体颜色特征等进行分类，体验数学游戏的乐趣。最后，"漂亮花蝴蝶"是结合《毛毛虫变形记》故事情节，以情境表演的形式，师幼共同展现出毛毛虫变成花蝴蝶的过程。同时通过音乐活动"蝴蝶舞会"，支持幼儿大胆尝试"蝴蝶舞"，体验自主表演的快乐。

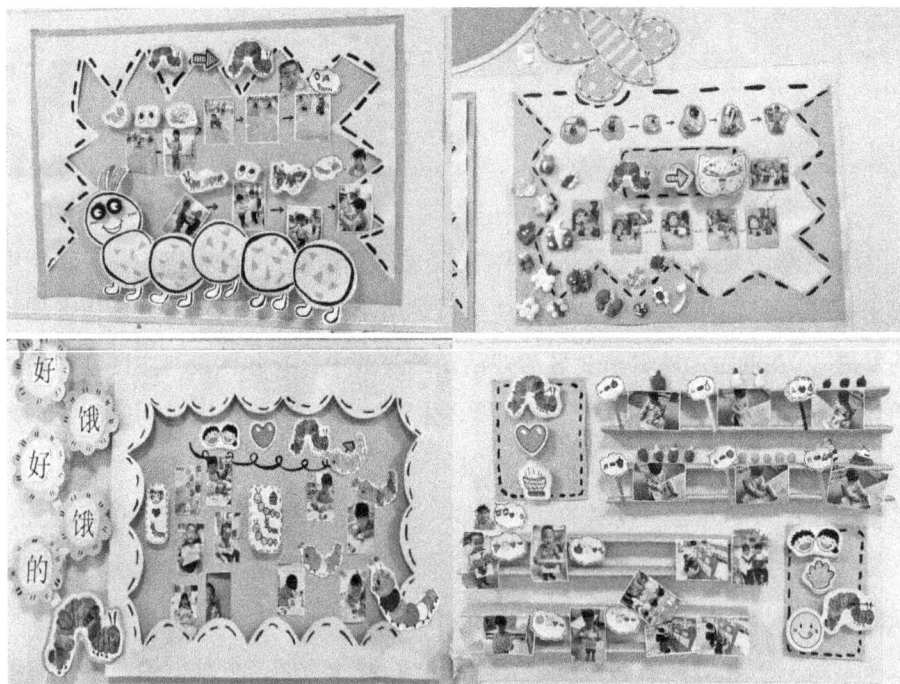

"好饿好饿的毛毛虫"区域环境

幼儿主题游戏活动指南

"好饿好饿的毛毛虫"主题墙环境创设

（4）绘本主题游戏活动中家园合作多方位联结与实施。

家园合作是开辟以绘本为载体的幼儿园主题活动的又一阵地，不仅加深了家长对绘本价值、功能的认识，让家长看到幼儿在绘本主题游戏活动影响下的健康成长，同时还能争取家长的认同和支持，为幼儿成长发展助力。以绘本为载体开展语言主题游戏活动，需要家长的参与和支持。例如，在"小阿力上学记"主题游戏活动中发放《入学问题小调查》，请家长和幼儿一起完成，了解幼儿对上小学的担忧；小班"藏在哪里了"主题游戏活动除了将游戏融入幼儿园生活中，班级教师还和家长交流、沟通，将游戏延伸至家庭里；中班主题游戏活动"跑跑镇"通过亲子自制绘本小书，利用碰撞游戏，既增强了幼儿与家长间的情感交流，又加深了幼儿对绘本内容的理解；小班主题游戏活动"彩虹色的花"邀请家长进课堂，请家里有花的家长分享照顾花朵的经验，并进行"花朵寓意猜猜看"游戏活动，加深幼儿对花朵的了解，带给幼儿不一样的参与体验。

（5）绘本主题游戏活动实施过程中的评价、反思与调整。

主题游戏活动预设和实施的全过程，主要以教师为评价主体，以质性描述的方式进行形成性评价，从而优化主题活动，促进儿童全面发展。

例如，在小班"给水果宝宝排排队"主题游戏活动中，教师评价道："本节活动中，通过情境引入的形式，引发幼儿参与活动的兴趣，幼儿能够细致观察画面中水果的外形特征，个别幼儿能够说出水果颜色、大小的不同。结合幼儿的观察与兴趣点，通过观看PPT'水果排队'，师幼共同了解水果的规律排序形式，如：ABAB规律排序。为进一步支持幼儿在感知与操作中体验规律排序的游戏乐趣，教师提供不同颜色的水果图片，幼儿以分组形式，自主选择游戏颜色卡，自主尝试按照水果的大小、颜色进行有规律的排序。部分幼儿能够按照大小、颜色进行ABAB规律模式排序，但由于维度过多，导致部分幼儿不能够以ABAB模式进行排序。教师应考虑个体差异，分层次支持幼儿开展游戏，如先按照大小进行规律排序，再按照颜色进行规律排序。满足不同层次幼儿的发展需求。本次活动中，幼儿在音乐气氛的烘托下，感受与水果宝宝去旅行的快乐，能够简单理解ABAB规律排序模式，还可进一步延伸至益智区，投放毛毛虫ABAB规律排序的提示图、空白毛毛虫、不同颜色的圆片，支持幼儿尝试感知与操作规律排序游戏。"

上述教师的评价对采取的游戏策略、目标的达成、幼儿的学习过程、不足之处与改进方向都进行了描述，这有利于教师进一步明确主题游戏活动的实施方向与调整策略。

在主题游戏活动实施的过程中往往伴随实际情境中生成性的内容，要依据幼儿的兴趣，需要做出进一步的调整。例如，在"第一次和朋友去野餐"绘本主题游戏活动实施的过程中，教师最初发现幼儿对野餐的话题较为感兴趣，在日常生活中会自主地展开讨论，但在孩子自发阅读绘本，展开"什么是野餐"的调查与收集时，教师又发现幼儿已有经验有限且较为零散，对野餐没有形成系统性和正确性的认识。此时绘本主题游戏并没有止步于此，而是利用家园合作，以亲子共读、亲身体验的方式和孩子一起整理信息，在角色区、自然角、美工区展开"为野餐做准备"系列活动，拓展幼儿已有经验，最终幼儿形成对野餐活动的认知，并在主题游戏活动中连续学习。同时，在生成性的反思与调整过程中，也认识到教师预设的内容往往不具有唯一性，在绘本主题游戏的实施中要关注幼儿的实际经验和需求，促进幼儿全面发展的方式是多种多样的，绘本只是其中的载体或资源。绘本主题游戏的实施是一个不断反思、灵活调整的循环往复式的过程。

　　　　　　　　　　　　　　　　幼儿主题游戏活动指南

4.运用绘本故事开展语言主题游戏活动的作用及效果

绘本阅读是幼儿喜爱的，同时能够引起幼儿学习兴趣的良好的教育材料，其在促进儿童语言能力发展、审美能力提高、情绪发展、社会性发展、心理健康和治疗、想象力提升、创造性思维发展等方面都起到了很好的教育效果。因此教师在使用绘本进行教育教学活动的时候，可以根据教育目标选择适合的绘本，同时教师应当开阔对于绘本教学的思路以及对于绘本内容的解读，深刻挖掘绘本的故事内涵，而不是停留于对简单的语言和图画的解读。只有教师能够深刻挖掘绘本的内涵，丰富绘本内容的选取，才可以拓宽幼儿的眼界，充实他们的阅读材料，培养和促进幼儿多方面能力。

从教师们通过绘本开展主题游戏活动的实践中能够知道，在绘本主题游戏活动设计与实施的过程中，教师可以根据各绘本主题活动教育中的活动目的制定出相应的教育教学策略，将自己对绘本的解读通过教学过程一步一步传递给幼儿，使幼儿能够充分融入绘本世界，领悟其中更加深刻有意义的内涵。

5.运用绘本故事开展语言主题游戏活动的策略

通过系列化的实践活动，不断加深对绘本价值的分析，能更多地挖掘绘本的游戏要素，并在开发利用的过程中发现幼儿园一日生活中都可以渗透绘本游戏。但在实践中发现，集体教育活动对于游戏要素的开放和利用并不充分，园所尝试带着教师们着重研究集体教育中游戏开放与利用的策略，并期望能为实践工作提供更多的思路和启发。集体教育活动一般分为开始部分、基本部分、结束部分和延伸活动，本文将结合实践经验分部分进行介绍。

（1）以谜语等形式激发兴趣。

开始部分的主要目的是激发幼儿的参与兴趣与参与积极性，那么，在以绘本为载体的集体教育活动中，可以采取哪些方法呢？——以谜语、魔术、手指律动、手偶、小视频等形式，调动幼儿积极情绪。

开始部分的时间较短，在短暂的时间内需要抓住幼儿的注意力，使其乐于参与接下来的活动，因此游戏形式的选择要考虑充分调动幼儿的感官经验，使幼儿在参与中体验到活动的有趣。结合绘本的内容可以利用绘本中的角色人物形象，创设猜谜语、变魔术、律动等小游戏，实现开始部分的目标。

（2）利用情境游戏等形式促进目标达成。

基本部分的主要目的是实现本次教育活动的目标，这也是集体教育活动中最为重要的部分，因此，需要教师深入思考各个环节的设计、突破重难点、需达到的目标，那在实践中可以有哪些思考呢？

①以绘本中的故事内容和角色关系为依据设计情境游戏，在真实的情境中培养幼儿解决问题的能力。

真实的情境更能吸引幼儿参与，实现幼儿高阶思维的发展，以及发现、解决问题的能力，因此，需要教师深入分析绘本的价值，把握好绘本与幼儿生活的关系，有准备有设计地选择情境。

②以戏剧表演为媒介，在游戏中满足幼儿大胆表达与表现的欲望。

教育戏剧是一种手段，也是园所"十三五"期间参与并完成的国家级课题。绘本主题游戏课题将已有经验固化并延伸，充分发掘课题的资源，迁移至实践活动之中。教育戏剧的手段能给予幼儿更多表达表现的机会，在基本部分中能更好地关注个别幼儿的参与度，结合教育活动的内容可以有选择地尝试以及运用。

③以符合年龄特点的游戏形式，例如竞赛、合作、闯关等，将发展目标融入适宜的活动。

每个年龄段的幼儿都有各自的学习方式以及学习轨迹，小班幼儿的活动需要更多的游戏要素以及对游戏进行全程的组织；中大班幼儿相对更加喜欢有些难度、有挑战任务的游戏，因此，在基本部分中，可以挖掘绘本中的场景要素，创设闯关、竞赛等形式，促进幼儿的学习与发展。

（3）借助音乐游戏等途径拓展视野，提升经验。

结束部分相对注重经验的提升，更多地关注幼儿输出的过程，因此可以思考利用音乐游戏以及扮演游戏等自然地结束活动。此外，延伸活动主要采用亲子游戏、家园合作的方式并与一日生活联动，在满足幼儿兴趣的基础上巩固经验，从而生成更多的教育内容。

6. 运用绘本故事开展语言主题游戏活动的建议

（1）为教师提供更多物质和专业支持。

为了推动绘本主题游戏活动的有效实施，建议幼儿园依据幼儿发展需求和年龄特点，选择国内国外优秀经典绘本，给予活动物质支持，始终积极鼓励教师利用绘本开展主题游戏活动。与此同时，建议幼儿园邀请绘本方面的专家和学者，围绕绘本的教育价值、绘本游戏化分析、主题游戏活动设计与实施等开展相关的培训。通过培训，专家学者们可以向教师传达绘本主题游戏活动的相关知识及最新研究成果，通过分享优秀案例，让教师进行观摩和学习。同时向教师传授系统的绘本理论知识，帮助教师学会深入分析和解读绘本，促进绘本与幼儿教育的有机融合。

（2）努力实现领域整合与主题活动的游戏化。

在实践探索之初，教师们对绘本价值的认识并不统一，还是习惯性地将绘本与语言活动联系起来。在反复的讨论与实践中，教师观念在转变，逐渐了解、理解、认同，最终在思想上达成共识，认识到绘本是具有多元价值的，其创意的思维、趣味性的故事、蕴含的哲理情思和精美的图画为读者提供了无限的空间，可以借助绘本实现五大领域的整合，实现主题活动的游戏化。

（3）更多关注幼儿发展需要。

幼儿是绘本教学的主角。教师必须关注幼儿，以幼儿的兴趣和需求为活动设计的出发点，以幼儿的发展为活动实施的落脚点，始终以幼儿为本。比如大班绘本主题游戏活动"时间的故事"，教师想让幼儿明白时间的重要性，学会珍惜时间。可是时间是一个抽象的概念，对幼儿来说并不容易理解。如何解决这道难题？教师根据幼儿的年龄特点，设计了活动——"体验一分钟"，通过"关于时间的问题""计时工具""体验的一分钟""快乐的十分钟""我们的时间手册"等游戏环节，让幼儿在参与中体验，真正感受到时间的宝贵，初步理解时间的重要性。

（4）绘本共读提升阅读量。

教师是幼儿学习的支持者和引导者，如何能更好地支持并引导幼儿呢？

需要教师前期做好充足的准备。在开展绘本游戏主题活动时，园所教师充分阅读国内外大量的绘本，进行深入的绘本分析，挖掘绘本中的游戏价值。绘本主题游戏的开展要建立在拓展教师视角的基础上，丰富的绘本阅读量以及固定和灵活的共读时间非常重要。

（5）把握预设和生成之间的关系。

教师在了解幼儿兴趣以及发展需求的基础上，进行初步的绘本主题预设，预设的内容包括各领域发展的目标等。在实施的过程中，教师往往会发现幼儿的兴趣持续和教师的预设是不同的，因此教师要具有教育敏感度，敏锐地发现幼儿的兴趣转移以及新兴趣的产生，善于捕捉教育价值，解决好预设与生成的关系，一切以幼儿的发展需求为重点。

（6）综合运用多类型的绘本资源。

绘本的类型有很多，包括知识类绘本、科普类绘本、欣赏类绘本等，教师要挖掘不同类型绘本给幼儿带来的不同体验及价值，通过多个绘本帮助幼儿建构经验、解决问题，使幼儿感受到绘本的力量，喜欢阅读、热爱阅读，从而为幼儿的长远发展打好基础，也为幼儿入小学做好准备。

示例：

"我的动物朋友"绘本主题游戏活动整体方案设计[①]

一、实施范围

小班。

二、设计缘由

在幼儿心中动物世界有趣又神秘，幼儿对动物充满好奇与兴趣，有的幼儿

---

① 林洋露媛，北京市海淀区唐家岭新城幼儿园。

说："我去过动物园。"紧接着幼儿议论纷纷，都说去过动物园，围绕动物园话题，有的幼儿说喜欢大老虎，有的说喜欢长颈鹿……幼儿对活泼可爱的动物表现出了极高的兴趣。在生活中，幼儿与幼儿园的小白兔建立了一定的情感，他们喜欢观察并提出与小白兔有关的系列问题，如："小白兔吃什么呢？""小兔子住哪呢？"并积极表达出自己对小白兔的喜爱。因此，结合幼儿生活中对小白兔的喜爱与好奇，引出话题"我喜欢的小白兔"，结合绘本故事《动物园》和《兔子的家》开展"我的动物朋友"相关主题活动，不仅满足幼儿好奇心，还进一步帮助幼儿了解小兔子的外形特征、生活习性，使幼儿更加喜爱小动物，并知道动物是人类的朋友，萌发幼儿保护动物的情感等。

幼儿思维具体、形象性的特点更加凸显了直接感知和亲身体验。绘本故事《动物园》《兔子的家》，画面形象生动有趣，故事中出现了不同的小动物，它们不同的外形特征、生活习性、动作形态等吸引了小班幼儿，激发了他们的模仿与表现欲望。此外，在实际生活中，激发幼儿直接感知、亲身体验、实际操作去照顾身边的小兔子，萌发幼儿对小动物的关爱之情。

三、活动目标

（一）理解故事后，愿意尝试用手偶，看图讲述故事内容。

（二）对动物生活习性了解后，进行简单的动物分类。

（三）能够运用线条画和折纸的美术形式装饰小动物。

（四）了解常见的图形特征，能感知物体基本的空间位置与方位。

（五）认识常见的动植物，能注意到周围的动植物是多种多样的。

（六）能够关心身边的动植物，有初步的责任意识。

四、主题维度

（一）以幼儿发展目标为导向——五大领域。

（二）以幼儿经验发展（认知发展）为导向——初步认识，进一步感知、体验。

（三）以幼儿活动方式为导向——看、听、说、唱、画、跑、表演等。

（四）以活动形式为导向——集体教育活动、区域活动（含户外活动）、生活活动、家园共育。

五、主题网络图

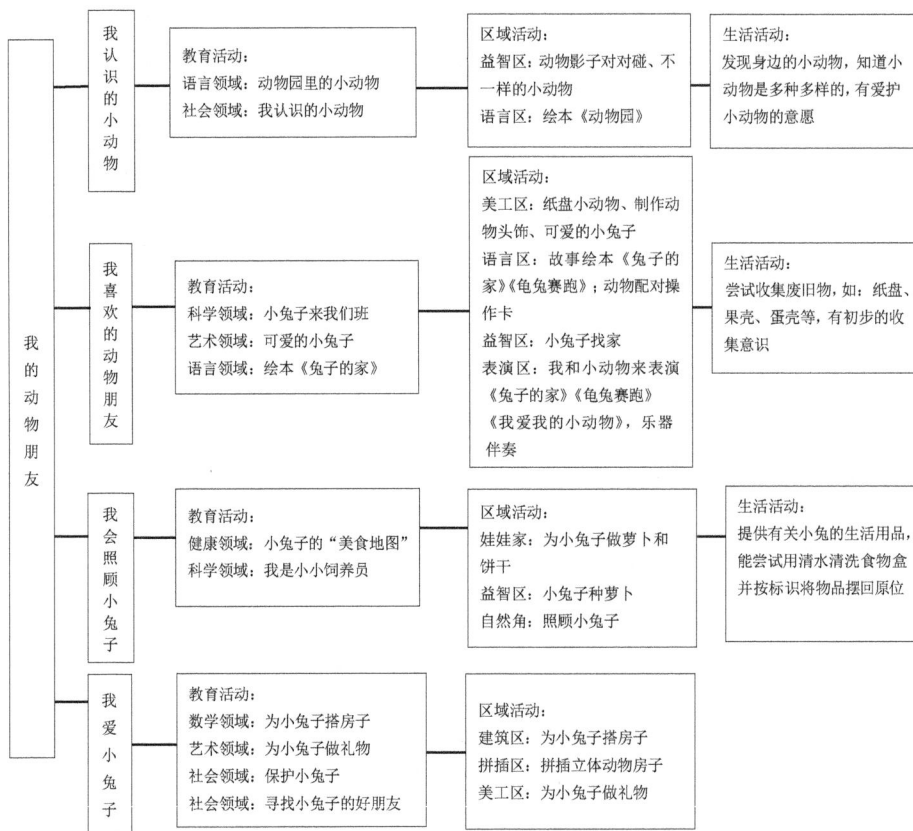

六、活动计划表

计划时间段	本周目标	活动形式	活动名称	活动重点
第一周	1.愿意用语言向他人介绍自己的动物朋友，尝试用语言说出动物的名称及外形特征。 2.鼓励幼儿尝试用动作来表现小动物的形态。体验与同伴共同游戏的快乐	教育活动	"动物园里的小动物"（语言区）	能够用动作表现出小动物的不同形态，感受与同伴游戏的快乐
			"我认识的小动物"（社会区）	愿意向他人介绍自己喜欢的小动物
		区域活动	"动物影子对对碰"（益智区）	通过对动物外形特征的观察、对比、拼摆，能根据小动物外形特征进行配对。提供几种常见小动物的身体结构卡片
			"动物园"（语言区）	提供有关动物园的绘本故事，使幼儿了解保护动物的方法
		生活活动	"我身边的动物朋友"	发现身边的小动物，知道小动物是多种多样的，有爱护小动物的意愿
第二周	1.通过观察，了解小兔子的外形特征，提高幼儿观察能力。 2.通过触摸，进一步感知小兔子的身体特征。 3.利用废旧光盘、纸筒，进行简单的装饰，做出可爱的小兔子，体验创作的快乐	教育活动	"小兔子来我班"（科学区）	通过触摸，进一步感知小兔子的身体特征，如：毛茸茸、软软的
			"可爱的小兔子"（艺术区）	能够根据小兔子的特征进行创作
			绘本《兔子的家》（语言区）	理解故事内容，尝试扮演角色，用自己的语言讲述简短故事内容
		区域活动	"我喜欢的小动物"（美工区）	尝试利用废旧物制作纸盘小动物、制作动物头饰以及可爱的小兔子
			"为小动物配对"（语言区）	尝试根据对动物外形特征进行了解，开展小动物配对游戏
			"小兔子找家"（益智区）	通过感知与操作，能够根据不同的线路为小兔找家
			"我和小动物来表演"（表演区）	学唱歌曲"我爱我的小动物"，根据2/4节奏歌曲进行律动表演
		生活活动	"收集废旧物"	尝试收集废旧物，如：纸盘、果壳、蛋壳等，有初步的收集意识

计划时间段	本周目标	活动形式	活动名称	活动重点
第三周	1.了解、掌握一些小兔子的生活习性（如喜欢吃什么）。 2.尝试模仿小兔跳。 3.了解照顾小兔子的方法	教育活动	"小兔子的美食地图"（健康）	模仿小兔子做双脚连续跳活动过程
			"我是小小饲养员"（社会）	学习照顾小兔子的方法，了解小兔子的饮食习惯
		区域活动	"为小兔子做萝卜和饼干"（娃娃家）	提供粘扣类、按扣类、打绳结类工具，锻炼幼儿小肌肉能力的发展，并感知操作饼干模具的使用以及体验为小兔制作食物情感表达
			"小兔子种萝卜"（益智区）	能通过点数，帮小兔子种上相对应数字的萝卜，提供小兔子及萝卜图片
		生活活动	"为小兔清理物品"	提供有关小兔的生活用品，能尝试用清水清洗食物盒并按标识将物品摆回原位
第四周	1.了解常见的图形特征，能感知物体具体的空间位置。 2.尝试用围拢、链接、镶嵌的方式为小兔子搭房子	教育活动	"为小兔子搭房子"（数学）	了解小兔家的结构特征，知道是由房顶、围墙、门窗组成
		区域活动	"为小兔搭房子"（建筑区）	投放幼儿喜欢的动物，运用围拢、盖顶、搭高形式搭建小兔的家
			"拼插立体动物房子"（拼插区）	感知物体形状，尝试用对称的方式进行拼插
			"为小兔做礼物"（美工区）	尝试用揉圆、按扁等形式用橡皮泥捏出小兔子的外形

七、建议

（一）主题墙环境创设。

1.我认识的小动物。

幼儿对收集的小动物进行外形特征的了解，并进行简单分类，教师将幼儿用动作模仿小动物的过程拍照记录下来。同时将游戏的过程展示在主题墙上，师幼共同用橡皮泥等不同形式创作小动物。

2.我喜欢的小动物。

幼儿收集有关小动物的照片并进行分享，引导幼儿了解并简单说出小动物的饮食特征。

围绕"我喜欢的动物朋友"进一步开展"小兔子来我们班"集体活动，幼儿以手工制作的方式表达对小兔外形结构的认识，如用捏泥、绘画等方式展示小兔作品。

3.我会照顾小兔子。

通过观看图片以及师幼共同讨论的方式，进一步学习照顾小兔的方法，并实践体验照顾小兔子，教师以照片形式记录幼儿照顾小兔子的过程。

4.我爱小兔子。

结合美工区"有趣的动物园"，尝试运用废旧物，以折纸、涂色、捏泥等美术形式装饰小动物。将幼儿在建筑区"为小兔子搭房子"中收集的小兔房子的照片，以及搭建过程进行记录展示。

（二）家园共育。

1.亲子共读绘本故事《动物园》。

2.带领幼儿走进动物园了解动物的外形、饮食特征等，做经验铺垫。

3.幼儿以照片记录的形式收集喜欢的小动物。

4.亲子共读《龟兔赛跑》绘本故事，并推荐相关小动物绘本。

5.家长与幼儿共同收集生活中的一些废旧物，如：卫生纸筒、鸡蛋壳、干果壳等，带到班中尝试手工制作。

6.通过体育游戏，进一步锻炼幼儿腿部力量。

7.与幼儿共同了解小兔的身体结构特征，收集小兔身体结构图。

8.进一步带领幼儿了解小兔子的家都是什么样子的，以照片形式收集。

9.体验照顾小兔子，进一步寻找小兔子的朋友并保护小动物。

（三）区域材料投放。

区域名称	投放材料及指导要点
美工区	1.提供彩笔、油画棒，引导幼儿用各种鲜艳的色彩来画小兔子。 2.提供鸡蛋壳半成品，请幼儿装饰动物图案和花纹。 3.尝试用揉圆、按扁等形式用橡皮泥捏出小兔子的外形。 4.尝试用涂色、粘贴的形式制作小动物头饰
阅读区	1.提供关于动物的绘本故事，教导幼儿了解保护动物的方法。 2.提供《小马过河》故事盒，支持幼儿通过手偶，用自己语言简述故事内容
自然角	饲养小鱼或小兔子，并提供鱼食、兔粮、放大镜、记号笔、白纸等，供幼儿观察记录小鱼和小兔子的生长过程
益智区	1.能通过点数，帮小兔子种上相应数字的萝卜，提供小兔子及萝卜图片。 2.能根据小动物外形特征进行配对，提供几种常见小动物的身体结构卡片。 3.通过感知与操作，能够根据不同的线路为小兔找家

区域名称	投放材料及指导要点
表演区	1.提供《兔子的家》《龟兔赛跑》故事绘本里相关动物的头饰及服饰等，进行故事表演 2.学唱歌曲《我爱我的小动物》，根据2/4节奏歌曲进行律动表演
娃娃家	1.提供粘扣类、按扣类、打绳结工具，锻炼幼儿小肌肉能力的发展。 2.提供超轻黏土、萝卜模具、饼干模具，体验饼干模具的使用以及感知为小兔制作食物过程中的情感表达。 3.能够正确并熟练地使用勺子喂小动物吃饭，后期可根据幼儿情况适当提供小筷子
建构区	投放幼儿喜欢的动物，运用围拢、盖顶、搭高形式搭建小兔的家
拼插区	感知物体形状，尝试用对称的方式进行拼插

"我的动物朋友"主题游戏活动设计（教案）之 "小兔子的美食地图"[①]

一、实施范围

小班。

二、设计意图

班中幼儿对小兔子产生了浓厚的喜爱之情，通过对小兔子的观察，幼儿对小兔的外形特征有了一定的认识与了解，有的幼儿也对小兔子的饮食特征产生了好奇，并与老师讨论了有关小兔子饮食的话题，幼儿都积极地说出小兔子喜欢吃萝卜、喜欢吃白菜……一边说一边跳起来模仿小兔子吃萝卜的样子。随着话题的延续，幼儿开心地用肢体动作表达着对小兔子的认识，如：双脚跳跃，双手做出小兔子长耳朵的动作等。

我班幼儿喜欢模仿小动物的外形特征，尤其喜爱模仿小兔子跳的动作。但是在跳跃过程中发现，有些幼儿腿部力度不够，有些幼儿身体平稳度较弱一些，对

---

① 林洋露媛，北京市海淀区唐家岭新城幼儿园。

于腿部力量的练习以及身体平衡能力的训练需加强。因此，结合当下班级开展的"我的动物朋友"主题游戏系列活动，在充分尊重幼儿年龄特点、原有经验和兴趣需要的基础上，我采用生动、有趣、形式多样的体育游戏方式促进幼儿身体平衡能力以及腿部力量的发展。

三、活动目标

（一）游戏中，尝试模仿小兔双脚连续跳的动作，发展幼儿腿部力量。

（二）在跳跃游戏中，能够做出躲闪动作，培养幼儿身体平衡能力。

四、活动准备

（一）经验准备：简单了解小兔爱吃的食物，了解小兔的外形特征。

（二）物质准备：小白兔图片、青菜和胡萝卜若干、小白兔一只、胡萝卜玩具若干、呼啦圈若干、老鹰头饰一个、过河石若干、音乐《宝贝宝贝》。

五、活动重点、难点

（一）活动重点：模仿小兔子做双脚连续跳活动。

（二）活动难点：在跳跃游戏中，能够平稳地躲闪障碍物。

六、活动过程

（一）开始部分：介绍小兔子，吸引幼儿注意力，鼓励幼儿大胆说出对小兔的猜想。

师：小朋友们，今天我们认识一位"新朋友"，它长着一对长耳朵，尾巴短短的，长着三瓣嘴，猜猜它是谁呢？（幼儿猜想后教师出示小兔子图片。）

师：你们给它取一个好听的名字吧。

师：你们知道小兔子爱吃什么吗？老师这里准备了青菜、萝卜，我们一起来喂一喂它吧。（引导幼儿投喂小兔子，注意手不能伸进笼子里；引导幼儿观察小兔子吃东西的时候，嘴巴是怎样动的；看看小兔子是怎样去找食物的，学一学。）

师：小兔子去找食物的时候做了什么动作呢？请你们学一学。

师：原来小兔子在找食物的时候双脚是跳起来的，接下来小兔子要邀请我们和它一起做游戏。

（二）基本部分：游戏中模仿小兔子做双脚连续跳活动，发展腿部力量。

1. 热身游戏——跟随《宝贝宝贝》音乐律动做简单肢体动作。

师：做游戏之前我们先和小兔子一起活动活动身体。（根据音乐律动做简单肢体运动。）

2. 游戏——"小兔子的美食地图"。

游戏1："小兔拔萝卜"。教师扮演老鹰，小朋友模仿小兔子，地上撒满胡萝卜，小兔子需双腿连续跳地捡胡萝卜并送回自己的"家"（呼啦圈）中。

师：小兔子最爱吃青菜和胡萝卜了，今天兔妈妈带小兔子们去找萝卜吃，你们可要跟紧了妈妈，如果路上碰到了老鹰先生，你们就要和妈妈一起快速地跳回自己的家中。

游戏2："小兔吃青菜"。一名幼儿尝试和教师一起扮演老鹰，另一名教师带领幼儿扮演小白兔，边唱儿歌边双脚跳着从"菜园"取一棵青菜，并躲避障碍物双脚跳着将青菜送回"家"（呼啦圈）中。如果听到老鹰来了，应马上躲避障碍物跑回"家"中。

师：今天天气真正好，我们一起吃青草……刚才小兔子们拔了一些萝卜，但是被老鹰先生拿走了一些，我们的食物不够吃了怎么办呢？我们再去拔一些青菜回来吧！但是这一次我们要小心地上有一些障碍物，那是老鹰先生设置的陷阱，这时它在睡觉，我们在拔青菜的时候一定要躲避障碍物，如果碰到了障碍物就会把它吵醒，我们就要赶快跳回家中。

师：在游戏中，小朋友要双脚连续跳着去寻找食物，寻找食物的时候要躲避障碍物，被老鹰抓到的小朋友要将自己的食物送给老鹰先生。

（三）结束部分：放松安静活动——幼儿肢体放松活动。

师：小兔子们真是太棒了，和兔妈妈一起找了这么多的食物，相信你们的小身体也累了需要休息一下，我们一起拍拍自己的小肩膀、小腿，给其他小朋友捏一捏小肩膀。

七、活动延伸

1.幼儿体验照顾小兔子，进一步了解小兔的饮食习惯，萌发爱护小动物的情感。

2.通过"小兔子采蘑菇"体育游戏，增强幼儿身体平衡能力以及发展腿部力量。

八、总结与提升

本次活动中，我以情境形式引入主题，鼓励幼儿说出对小兔子的猜想，通过对小兔子外形特征的认识，幼儿能够根据教师引导语积极猜出小兔子。在音乐气氛的烘托下，幼儿尝试根据音乐节奏做出简单的肢体动作。同时，通过情境游戏"小兔拔萝卜"，鼓励幼儿尝试扮演小兔角色，用肢体动作模仿小兔跳，进一步锻炼幼儿双脚连续跳的能力。在"小兔吃青菜"游戏中，以躲避障碍物的游戏形式，锻炼幼儿身体平衡能力。游戏中，教师扮演老鹰，幼儿扮演小兔子，结合有趣的角色，幼儿积极主动地参与到游戏中。

这一游戏增加了难度，幼儿需要灵活改变身体的方向进行跳跃以躲避障碍物，部分幼儿在双脚连续跳跃过程中会出现碰到障碍物而身体不能够平稳站好的问题，可以将障碍物摆放的空间扩大一些，根据幼儿游戏情况，灵活改变障碍物的位置。

在活动中，我尊重了幼儿的年龄特点，为幼儿营造了宽松愉悦的游戏氛围，并运用多样的体育游戏形式激发幼儿参与游戏的热情。

九、游戏活动策略

（一）以谈话引入的形式激发幼儿大胆说出对小兔子的猜想。

（二）在音乐气氛的烘托下，幼儿根据音乐律动进行肢体动作的练习。

（三）以"小兔拔萝卜"为游戏情境，尝试在游戏中进行角色扮演，体验小兔角色并用肢体模仿小兔跳的动作，进一步锻炼幼儿双脚连续跳的能力。

（四）结合"小兔吃青菜"的游戏练习躲避障碍物，进行双脚连续跳练习，锻炼幼儿身体平衡能力。

第五章　科学主题游戏活动

2022 年教育部印发的《幼儿园保育教育质量评估指南》中指出要"注重过程评估，重点关注保育教育过程质量，关注幼儿园提升保教水平的努力程度和改进过程"。幼儿园科学教育注重教育过程，强调激发幼儿的探究兴趣，体验探究过程，引导幼儿研究真实的事物，养成主动探究、乐于发现、实事求是的科学态度。

一、科学主题游戏活动是什么

（一）幼儿园科学教育

1. 科学教育

科学教育有广义和狭义之分。广义上的科学教育指的是人类科学文化传承的一切活动，既包括学校科学教育，又涵盖校外科学教育（如科学传播、科学普及等），是培养全体国民科学知识、态度、方法与精神的过程或活动。狭义的科学教育指的是学校的科学教育，通常是指以课程的形式进行的科学教育，学校有关化学、物理、生物或地球科学等的教学，以及与这些教学有关的一切课程、教材、教辅、教具、师资和评估的研究与活动[1]。

我国幼儿园科学教育存在着一个发展变化历程。《学前教育百科全书》中

---

[1] 李建兴.明日科学教育 [M].台北：幼师文化事业出版社，1985.

对于"幼儿科学教育"的定义是，通过幼儿科学教育，引导幼儿广泛地接触和认识周围的环境，获取粗浅的科学知识和经验，开阔眼界，掌握科学的方法和技能，培养对科学的兴趣和求知欲望，发展智力、语言和动手动能，培养对周围世界的积极情感和正确态度。

2. 幼儿园科学教育的理论基础

建构主义（Constructivism）也译作结构主义，自 20 世纪 80 年代中期以来作为一种新的学习理论开始兴起，并对教育改革产生了非常深远的影响。皮亚杰认为，幼儿的发展在很大程度上依赖于幼儿对周围环境的操纵以及与周围环境积极有效的互动[①]。

建构主义视角下的幼儿园科学教育的教学模式以幼儿为中心，在整个教学过程中教师扮演着组织者、指导者、帮助者和促进者的角色，采用情境、协作、对话等学习要素，充分发挥幼儿的积极性、主动性和创造性，使幼儿对所学的知识能够进行更好的意义建构[②]。建构主义理论提倡支架式教学、抛锚式教学、随机进入教学三种教学模式。

支架式教学模式。建构主义在接受学习和发现学习基础上提出了支架式教学模式。"支架"是建构行业中所使用的脚手架，在这里则形象地将其描述为一种学习方式。学习者好比一座建筑，通过学习不断地建构自身，而教师的教则是一个必要的脚手架，支持和帮助学习者不断地建构自己获得新的能力。支架式教学以"支架"贯穿于整个教学过程中，充分调动学习者的积极性、主动性和创造性，在教师和同伴的帮助下，达到知识建构的目的[③]。其实施的基本环节主要有：搭建支架、创设情境、独立探索、协作学习。

抛锚式教学模式。抛锚式教学模式的核心是使学生在真实的情境中产生学习的需要，借助于镶嵌式教学以及学习共同体之间的合作学习，凭借着学

---

① 〔瑞士〕皮亚杰. 发生认识论原理 [M]. 王宪钿等，译. 北京：商务印书馆，1981.

② 侯飞飞. 建构主义视角下幼儿园科学教育活动研究 [D]. 锦州：渤海大学，2022.

③ 王艳丽. 建构主义理论在小学数学教学过程中的应用 [J]. 成功（教育），2009（10）.

习者主动、生成学习，达到教学目标的整个过程①。这种教学模式要求教学建立在真实的问题情境中，这种真实的问题情境被形象地称为"抛锚"，之所以称为"抛锚"，是因为真实的问题一旦被确定下来，整个教学的内容和进度也就被确定了（就好比用锚将船固定住了一样）。抛锚式教学模式由五个部分组成：创设情境、确定问题、自主学习、协作学习、效果评价②。

随机进入教学模式。随机进入式教学的理论源于"认知弹性理论"，或称作认知灵活理论（Cognitive Flexibility Theory）。该理论强调通过不同呈现知识的方式来强化学习者对复杂知识的理解和在多种情境中的迁移。随机进入教学是根据弹性认知理论的要求，将同一教学内容采用不同方式、不同情境、不同角度呈现出来，学生可以根据自己的兴趣和能力随机选择不同的切入点参与到对学习内容的探究中来，从而获得对同一事物的不同方面的理解和认识。事物的内在属性以及事物之间的联系就在多样化的呈现方式中为学习者所一步步地深入了解，从而使学习者更加有可能达到有效的意义建构。这种随机进入，不是像传统学习那样为了重复地记忆知识，而是从不同的角度进入学习，带着不同的学习目的和侧重点，从而使学习者获得对事物全面的理解，产生认识上的飞跃③。

（二）国内外幼儿园科学教育的实践

1. 幼儿园科学教育的价值

幼儿园科学教育活动是一种以科学探究为主的科学启蒙教育活动，对幼儿各个方面的成长都有不可忽视的作用。国内一些学者对幼儿园科学教育活动的价值取向进行了一些有意义的探索。刘占兰在《〈幼儿园教育指导纲要（试行）〉解读》中阐明，科学教育的价值取向不再是注重静态知识的传递，

---

① 何克抗. 建构主义的教学模式、教学方法与教学设计 [J]. 北京师范大学学报（社会科学版），1997（5）：74–81.

② 莫雷. 教育心理学 [M]. 广州：广东高等教育出版社，2012.

③ 杨明睿. 基于建构主义的教学模式在初中思想品德课的应用研究 [D]. 沈阳：沈阳师范大学，2018.

　　　　　　　　　　　　　　　幼儿主题游戏活动指南

而是注重幼儿的情感态度和幼儿探究解决问题的能力、与他人及环境的积极交流与和谐相处①。刘慧指出，在当前幼儿园科学教育中，唯科学知识至上的价值取向仍然十分明显，忽略了对幼儿求真的科学精神、求善的科学道德、求美的人文素养的培养，致使幼儿科学教育成为单纯科学知识的片面教育，无益于幼儿身心健康发展。我们要在幼儿科学教育中努力实现"求真""扬善""达美"者的和谐统一②。何健认为，幼儿园开展科学教育应遵循坚持幼儿主体地位，重视幼儿探究体验，注重教育渗透生活的价值取向③。许多琪认为，幼儿园科学教育活动的价值取向具体来说是：一、内容的生活化和生成性；二、过程要引导幼儿主动探索，使幼儿产生疑问或疑惑，鼓励幼儿用已有的经验猜想和解释，并且让幼儿大胆尝试、验证自己的想法；三、教育价值的可持续性和多面性；四、组织方式的多样性和灵活性。具体来说要使集体活动与小组活动相结合，让幼儿科学活动灵活地渗透于幼儿的日常活动中等④。

2. 幼儿园科学教育的目标

科学教育不仅是为了传授幼儿科学知识，更是为了激发幼儿对科学的兴趣和问题意识，发展幼儿动手操作能力、语言表达能力、创造力和想象力等。陈琳（1999）指出，要以培养幼儿具有开展科学活动的多种能力为目的，发展幼儿动手操作能力和语言表达能力、创造力以及想象力。周红（2000）认为，幼儿园科学教育活动的目标应为激发幼儿的学习兴趣、注重幼儿的探索过程、培养幼儿发现问题的能力，以及锻炼幼儿不畏困难的意志。洪秀敏认为，《幼儿园教育指导纲要（试行）》中幼儿园科学教育的五条目标中，除了第四条是关于数学教育的目标外，其他四条可以归纳为科学情感和态度、科学方法和技能、科学知识三个方面。具体来说科学情感和态度方面包括对周围的事物、现象感兴趣，有好奇心和求知欲。爱护动植物，关心周围环

---

① 教育部基础教育司.《幼儿园教育指导纲要（试行）》解读 [M]. 南京：江苏教育出版社，2002.

② 刘慧. 幼儿园科学教育的价值取向 [J]. 学前教育研究，2011（5）：64-66.

③ 何健. 幼儿教师实施科学教育的价值取向研究——幼儿园科学教学活动引发的思考与分析 [J]. 人才资源开发，2014（20）：176-177.

④ 许多琪. 浅谈幼儿园科学教育活动的价值取向 [J]. 现代阅读（教育版），2011（14）：15.

境，亲近大自然，珍惜自然资源，有初步的环保意识。科学方法和技能方面为：能运用各种感官，动手动脑，探究问题。能用适当的方式表达、交流探究的过程和结果。科学知识方面的目标虽在《幼儿园教育指导纲要（试行）》中并未明确地提出来，但是知识经验的获得已经蕴含在科学领域的其他目标中[①]。陈紫薇指出，幼儿园科学教育的目的不单是让幼儿学到科学知识，还要让幼儿感受科学的魅力，培养幼儿科学情感和能力等。幼儿园科学教育的目的在于激发幼儿的认识兴趣、探究欲望，其突出表现是幼儿是否具备一定的问题意识，是不是能通过一些司空见惯的现象发现其中所蕴含的科学道理。Larimore 提出，科学教育的目标不仅注重幼儿在特定科学领域的发展，也支持他们在其他领域的发展，感受科学为幼儿的整个世界和生活带来的价值[②]。美国国家科学教师协会围绕着幼儿目前的能力和对未来的影响——幼儿的个人发展和对社会的影响，提出科学教学的目标是培养幼儿探索周围世界的好奇心和乐趣，并为在 K-12 环境中及其一生中科学学习的进步奠定基础[③]。

3. 幼儿园科学教育的内容

幼儿园科学教育活动的内容是幼儿园科学教育目标的载体，也是幼儿园科学活动设计和实施的重要依据。《幼儿园教育指导纲要（试行）》首次将"科学"纳入了幼儿园教育体系中，但是并没有对科学教育的内容做出明确的规范，而是强调幼儿主动地学习和活动，提出了全新的知识观和教育观，体现了从注重表征性知识到注重行动性知识的转变，从注重掌握知识到注重建构知识的重大变革[④]。侯飞飞将幼儿园科学教育的内容分为情感方面：包括对身边现代化生活中科学技术的印象、科学技术给我们生活带来的影响、对身边的科学现象表示关心、观察周围生活中的自然现象并被周围的现象所吸引，

① 洪秀敏.学前幼儿科学教育 [M].北京：北京大学出版社，2015.

② Rachel A. Larimore. Preschool Science Education：A Vision for the Future[J].Early childhood Education Journal，2020（48）.

③ National Science Teacher Association. NSTA position statement：Early childhood science education. 2014. Retrieved from http://static.nsta.org/pdfs/Position Statement Early childhood. pdf.

④ 冯晓霞.《幼儿园教育指导纲要（试行）》解读 [M].南京：江苏教育出版社，2002：98.

积累和观察身边的科学现象等。科学知识内容方面：人体与健康、生物与环境、非生物与环境、自然科学现象、现代科学技术。科学技能方法方面：观察的方法与能力、比较的方法与能力、尝试探索的方法与能力等[1]。国外研究者认为，科学教学游戏化的活动内容首先要符合幼儿的兴趣，并研究出一些有效识别幼儿兴趣的工具，例如利用 Projective Techniques 揭示幼儿在九个科学领域的兴趣：动物、航空、能源、人体生长和发育、机器、植物、天气和宇宙，幼儿通过回答每个领域设定的相关问题来体现其兴趣程度[2]。DAP 指南为教育工作者提供了构建适合 3 至 5 岁幼儿的科学课程指导，内容包括来自不同学科的课程，如数学或者社会研究，通过主题、项目、游戏和其他学习体验进行整合，使幼儿理解完整的概念并建立跨学科联系，从而将他们过去的经历与目前正在学习的东西联系起来[3]。1990 年 4 月，日本开始实施新修订的《幼儿园教育要领》，明确地将"人际关系""环境""表现"列入幼儿园的教育内容中，以纠正偏重智育的倾向，促进幼儿在天真、活泼、幸福的气氛中得到良好的发展，而其中"环境"部分也明确指出，要"着眼于培养幼儿对周围各种各样的环境有好奇心、探究欲以及适应生活的能力"，这与我国科学领域对应的内容一致[4]。

（三）科学主题游戏活动

科学主题游戏活动，简单来说，是以游戏的形式开展的科学教育活动，这是一种由教师精心设计并组织或由幼儿自发生成的，旨在培养幼儿科学探索精神和知识理解能力的有规则的游戏活动。这种独特的科学教育方式具有明确的教学目标，针对幼儿科学认知的不同阶段提出具体要求，将教学内容

---

[1] 侯飞飞. 建构主义视角下幼儿园科学教育活动研究 [D]. 锦州：渤海大学，2022.

[2] Adams，J.D.（2012）.Community Science：Capitalizing on Local Ways of Enacting Science in Science Education.In B. Fraser，K.Tobin，&C.J. McRobbies（Eds.），Second international handbook of science education（pp.1163−1177）.Dordrecht：Springer.

[3] Harlan，J.D.，Rivkin，K.S.（2000）.Science Experiences for the Early Childhood Years：An Integrated Approach（7th ed.）. Upper Saddle River，NJ，Prentice Hall.

[4] 张莉萍. 从幼儿兴趣出发的幼儿园科学教育内容探究 [D]. 成都：四川师范大学，2014.

融入幼儿易于理解且乐于参与的活动中，从而达到提高教学效率的目的。

1. 科学主题游戏活动的维度设置

幼儿园科学主题游戏活动旨在促进幼儿的全面发展，尤其是科学素养与逻辑思维能力的提升。

幼儿的科学认知在不同的成长阶段展现出不同的特点，因此，在设定科学主题游戏活动的目标时，必须充分考虑到幼儿认知发展的一般规律，考虑游戏内容的差异性和阶梯性，借助游戏这一媒介可以更高效地激发幼儿对科学的兴趣。从主题上看，可以分为六类，包括动物、植物类，物体和材料类，物理现象类，天气与季节类，科技产品类，自然环境等。游戏的形式可以分为观察实验游戏、分类游戏、问题解决游戏、科学模型制作游戏和科学故事演绎游戏。这样的科学主题游戏活动不仅能够满足幼儿的好奇心，还能在轻松愉快的氛围中提升其科学素养和探究能力。

2. 开展科学主题游戏活动的常见问题

在开展科学主题游戏活动的过程中，教师普遍面临四方面挑战，这些问题不仅影响主题游戏活动的有效性，也制约着幼儿科学素养的培养。

（1）探索性与自主性的缺失。

科学主题游戏活动的核心在于激发幼儿的探索精神和自主学习能力。然而，实践中往往存在活动设计过于程式化的问题，即活动过于依赖教师的主导和预设路径，而非幼儿的自主探索。这种倾向限制了幼儿在科学活动中的主动性和创造性，未能充分发挥游戏活动作为一种开放性学习环境的优势。根据皮亚杰的认知发展理论，幼儿通过自我发现和互动来构建知识，因此，主题游戏活动的设计应注意为幼儿主动探索提供支持，而非让幼儿被动接受知识。

（2）教育内容与概念的准确传达。

科学概念的准确性和深度是科学主题游戏活动成功的关键。然而，幼儿园教师在设计和执行活动时，可能由于自身对科学原理理解的局限，导致活动内容模糊或错误。例如，使用不精确的科学术语，或是简化复杂概念以致失去原意，都会误导幼儿对科学事实的认识。这一问题强调了教师持续专业发展的重要性，特别是深化对科学原理的理解，确保教育内容的准确性和适宜性。

（3）资源与材料的限制。

研究显示，丰富的物质环境能够促进幼儿的探索行为和学习兴趣，科学主题游戏活动需要一定的材料和设备供幼儿探索。然而，大部分幼儿园缺乏必要的科学工具和实验材料，这种资源的匮乏不仅限制了活动的种类和深度，也阻碍了幼儿亲身体验科学过程。

（4）评估与反馈机制的缺失。

有效的评估和反馈机制对于监测幼儿在科学主题游戏活动中的学习进展至关重要。然而，目前面对科学主题游戏活动尚未有系统化的评估体系，这使得教师难以判断活动是否达到预期的教育目标，也无法及时调整教学策略以适应幼儿的个体差异。评估应包括观察幼儿的参与度、解决问题的能力，以及对科学概念的理解程度等多方面指标，以全面反映幼儿的学习成果。建立定期反馈循环，不仅可以增强活动的针对性和有效性，还可以促进教师的专业成长，形成持续改进的教育实践。

二、科学主题游戏活动可以怎么开展

游戏是幼儿的天性，幼儿园教育应做到顺应幼儿的天性，以游戏为基本活动。幼儿园科学主题游戏活动是游戏元素和科学教育的相互结合与渗透，通过开展科学主题游戏活动，能够充分激发幼儿科学学习的兴趣，鼓励幼儿动手动脑，积极投入到科学实践中，明确科学态度、学习科学知识、掌握科学探索方法、培养主动学习能力。幼儿园开展科学主题游戏活动一改传统的灌输式学习方式，顺应了幼儿的天性，关键是将自由、自主、愉悦和创造的游戏精神渗透到科学教育过程中，使幼儿成为科学学习的主体，幼儿主动地完成游戏中所包含的教学内容，增强了幼儿的内在学习动力，最终实现学前幼儿科学教育的目的。

（一）开展科学游戏活动的几大原则

幼儿园在开展科学主题游戏活动时，应充分考虑幼儿的年龄特点和发展需要，注重以下五方面原则，以确保活动既能激发幼儿的好奇心，又能培养科学素养和促进其全面发展，为未来的学习奠定坚实的基础。

1. 趣味性与探索性相结合原则

幼儿天生好奇心强，对周围的世界充满探索欲望。因此，科学主题游戏活动应设计得生动有趣，利用幼儿的感官体验（如触觉、视觉、听觉）来吸引他们的注意力。活动应以幼儿的自主探索为核心，通过亲手操作、观察和提问，让幼儿在玩中学，学中玩，从而培养其观察力、好奇心和初步的科学思维能力。

2. 适宜性与发展性原则

科学主题游戏活动的内容和难度应适龄，确保每个幼儿都能参与其中，体验成功。活动应从幼儿的生活经验和兴趣出发，逐步引入科学概念，如形状、颜色、重量、水的性质等，帮助他们建立初步的科学观念。同时，活动设计应留有足够的空间，允许幼儿按照自己的节奏探索，促进其个性化发展。

3. 安全性原则

幼儿的安全是首要考虑。科学主题游戏活动应使用无毒、无害的材料，避免尖锐或易碎物品。活动前应进行严格的安全评估，确保活动在教师的监督下进行，防止意外发生。同时，营造一个心理安全的环境，鼓励幼儿勇于尝试，不怕失败，培养积极的科学态度。

4. 互动性与合作原则

科学主题游戏活动应促进幼儿间的交流与合作，鼓励团队协作解决问题。通过小组活动，幼儿可以学会倾听他人意见，分享自己的发现，培养社交技能和团队精神。同时，教师作为活动的引导者和合作者，应积极参与，与幼儿一起探索，增强师生互动，提升活动的教育价值。

5. 生活化与应用原则

教师应将科学游戏活动与幼儿的日常生活紧密相连，让他们在熟悉的情境中发现科学的乐趣。例如，通过简单的家庭实验、户外观察等，让幼儿认识到科学就在身边，激发其对周围世界的持续探索。同时，引导幼儿将所学知识应用于日常生活中，如分类、测量等，促进理论与实践的结合，增强学习的实用性。

（二）开展科学主题游戏活动的策略

1. 加强幼儿园教师的科学素养

幼儿园教师树立终身学习的意识，提高对自己的要求。"师者，所以传道授业解惑也"。在当今时代，社会瞬息万变，为了能够成为真正的师者，承担起传道授业解惑的重任，教师需要不断地学习，加强自身的专业素养。

2. 加强幼儿园科学知识的环境创设

科学教育活动环境创设离不开科学知识作支撑，教师应在全面了解科学知识的基础上，创设形式多样的科学区，展现科学教育内容；同时，教师应当丰富科学主题游戏活动环境创设内容，改变幼儿对科学材料简单摆弄、操作的现状，加强对幼儿科学兴趣和科学探究能力的培养。

3. 增强科学主题游戏活动的游戏性

科学主题游戏活动的游戏性主要包括两点。首先是趣味性，教师应掌握幼儿的兴趣点，在充分结合幼儿兴趣点的基础上设计出最为适宜的科学主题游戏，以此来促进幼儿身心的全面发展。其次是灵活性，科学主题游戏活动应鼓励幼儿学会自己探索来感知周边的事物，提升幼儿的学习水平。

4. 鼓励家庭、社区的多方联动

幼儿园开展科学主题游戏活动应充分利用家庭资源，实现家园共育。家长是幼儿的第一任老师，也是与幼儿长期生活的人，通过邀请家长讲解科学常识并组织游戏的方式，开展亲子科学游戏活动，有利于促进家庭与幼儿园的合作关系，有效实现家园共育；同时，社区资源的利用可以扩展幼儿生活与学习空间，应有效利用社区资源，发挥社区教育作用。

"快乐一'萝'筐"主题游戏活动整体方案设计 [①]

一、实施范围

中班。

二、设计缘由

《3—6岁儿童学习与发展指南》中明确指出："幼儿科学学习的核心是激发探究兴趣，体验探究过程，发展初步的探究能力。成人要善于发现和保护幼儿的好奇心，充分利用自然和实际生活机会，引导幼儿通过观察、比较、操作、实验等方法，学习发现问题、分析问题和解决问题；帮助幼儿不断积累经验，并运用于新的学习活动，形成受益终身的学习态度和能力。"近期班级在"快乐农场"观察丰收的果实时，发现了地里的白萝卜，同时还有一些其他的萝卜。但是幼儿对每一种萝卜并不能清楚地区分与认知。他们好奇地问："老师那是什么，那是萝卜吗？"因此，基于幼儿对萝卜的好奇心，我们围绕即将收获的萝卜，结合冬至的节气开展了一系列活动。

此次"快乐一'萝'筐"主题游戏活动，旨在以游戏的方式让幼儿在认识、感知、收获萝卜的同时，结合节气，在亲手制作萝卜美食的活动中了解萝卜的营养价值，逐步养成不挑食的好习惯。

三、活动目标

（一）了解萝卜的特点，在探究萝卜的过程中发展观察、比较、探究的能力。（饮食与生命　科学领域）

（二）在收获萝卜的活动中，体会到农民所付出的辛劳，懂得尊重农民的劳

---

① 任珊、甄缔、杜媛、黄思琪、屈婷月，北京市海淀区上庄科技园区幼儿园。

动，珍惜劳动成果。（饮食与人际关系　社会领域）

（三）在萝卜食物的制作中，了解常见烹饪工具的使用方法（如：擀面杖等工具）。（饮食与烹饪　社会领域）

（四）了解萝卜的营养价值及对身体的好处，激发幼儿喜欢萝卜的情感，养成不挑食的好习惯。（饮食与健康　健康领域）

（五）通过欣赏名家名作表达自己对萝卜的所见所想；通过绘画、手工制作等形式表达对萝卜的印象和情感体验，发展艺术表现能力。（饮食与文化　艺术领域）

（六）了解北京冬至节气吃饺子的风俗习惯，激发幼儿热爱北京的情感。（饮食与文化　语言领域　社会领域）

四、主题维度

（一）以幼儿发展目标为导向——五大领域。

（二）以幼儿经验发展（认知发展）为导向——初步认识，进一步探究、体验。

（三）以活动形式为导向——集体教育活动、区域活动（含户外活动）、生活活动。

五、主题网络图

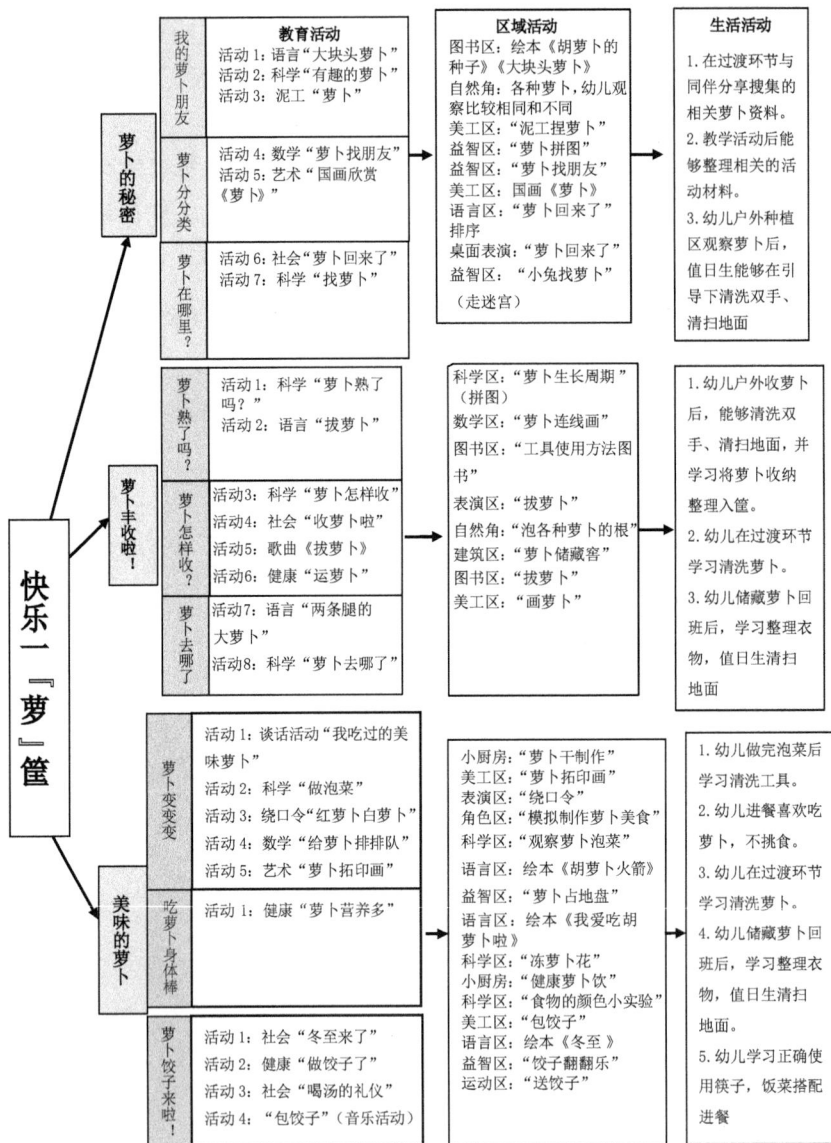

快乐一「萝」筐

萝卜的秘密

子主题	教育活动	区域活动	生活活动
我的萝卜朋友	活动1：语言"大块头萝卜" 活动2：科学"有趣的萝卜" 活动3：泥工"萝卜"	图书区：绘本《胡萝卜的种子》《大块头萝卜》 自然角：各种萝卜，幼儿观察比较相同和不同 美工区："泥工捏萝卜" 益智区："萝卜拼图" 益智区："萝卜找朋友" 美工区：国画《萝卜》 语言区："萝卜回来了"排序 桌面表演："萝卜回来了" 益智区："小兔找萝卜"（走迷宫）	1.在过渡环节与同伴分享搜集的相关萝卜资料。 2.教学活动后能够整理相关的活动材料。 3.幼儿户外种植区观察萝卜后，值日生能够在引导下清洗双手、清扫地面
萝卜分分类	活动4：数学"萝卜找朋友" 活动5：艺术"国画欣赏《萝卜》"		
萝卜在哪里？	活动6：社会"萝卜回来了" 活动7：科学"找萝卜"		

萝卜丰收啦！

子主题	教育活动	区域活动	生活活动
萝卜熟了吗？	活动1：科学"萝卜熟了吗？" 活动2：语言"拔萝卜"	科学区："萝卜生长周期"（拼图） 数学区："萝卜连线画" 图书区："工具使用方法图书" 表演区："拔萝卜" 自然角："泡各种萝卜的根" 建筑区："萝卜储藏窖" 图书区："拔萝卜" 美工区："画萝卜"	1.幼儿户外收萝卜后，能够清洗双手、清扫地面，并学习将萝卜收纳整理入筐。 2.幼儿在过渡环节学习清洗萝卜。 3.幼儿储藏萝卜回班后，学习整理衣物，值日生清扫地面
萝卜怎样收？	活动3：科学"萝卜怎样收" 活动4：社会"收萝卜啦" 活动5：歌曲《拔萝卜》 活动6：健康"运萝卜"		
萝卜去哪了	活动7：语言"两条腿的大萝卜" 活动8：科学"萝卜去哪了"		

美味的萝卜

子主题	教育活动	区域活动	生活活动
萝卜变变变	活动1：谈话活动"我吃过的美味萝卜" 活动2：科学"做泡菜" 活动3：绕口令"红萝卜白萝卜" 活动4：数学"给萝卜排排队" 活动5：艺术"萝卜拓印画"	小厨房："萝卜干制作" 美工区："萝卜拓印画" 表演区："绕口令" 角色区："模拟制作萝卜美食" 科学区："观察萝卜泡菜" 语言区：绘本《胡萝卜火箭》 益智区："萝卜占地盘" 语言区：绘本《我爱吃胡萝卜啦》 科学区："冻萝卜花" 小厨房："健康萝卜饮" 科学区："食物的颜色小实验" 美工区："包饺子" 语言区：绘本《冬至》 益智区："饺子翻翻乐" 运动区："送饺子"	1.幼儿做完泡菜后学习清洗工具。 2.幼儿进餐喜欢吃萝卜，不挑食。 3.幼儿在过渡环节学习清洗萝卜。 4.幼儿储藏萝卜回班后，学习整理衣物，值日生清扫地面。 5.幼儿学习正确使用筷子，饭菜搭配进餐
吃萝卜身体棒	活动1：健康"萝卜营养多"		
萝卜饺子来啦！	活动1：社会"冬至来了" 活动2：健康"做饺子了" 活动3：社会"喝汤的礼仪" 活动4："包饺子"（音乐活动）		

六、活动计划表

计划时间段	本周目标	重点活动	活动形式
10月第三周	1.通过对比观察感知萝卜的特征，知道萝卜是多种多样的。 2.在理解故事的基础上，了解故事中人物之间相互关心的美好情感，愿意关心身边的人，感受关心他人的快乐	科学："有趣的萝卜"	教育活动
		社会："萝卜回来了"	教育活动
第四周	1.掌握拔萝卜的方法，愿意与他人合作收萝卜。 2.能直线绕障碍物快跑，提高身体的协调性、灵敏性	社会："收萝卜"	实践活动
		健康："运萝卜"	教育活动
11月第一周	1.学习制作泡菜的方法。 2.通过连续阅读，了解不同萝卜可以变成许多美食。 3.理解绕口令的内容，能口齿清晰地大声朗诵绕口令	语言："红萝卜、白萝卜"	区域活动教育活动
第二周	通过观察发现萝卜的排列规律，识别ABB模式	数学："给萝卜排排队"	社会实践
第三周	1.认识我国传统的冬至节气，知道冬至的由来及冬至节气吃饺子的风俗习惯。 2.了解萝卜的营养，养成不挑食、不偏食的好习惯。 3.在搓、揉、擀、捏的过程中发展小肌肉力量，并学习包饺子的方法。 4.在用肢体表现包饺子的过程中感受乐曲ABA的结构	音乐："包饺子"	教育活动

七、建议

（一）主题墙环境创设。

1."萝卜的秘密"。

布置内容：大块头萝卜来啦！——真实的白萝卜，展示出根茎叶的部分；

你认识我吗？——各种各样的萝卜（图片）；

我发现的——幼儿对不同萝卜外形特征的认知，在观察外形特征中对不同萝卜记录的记录本（幼儿绘画、记录本）；

我来分一分——幼儿对不同的萝卜根据自己的想法进行描述与分类（图片）；

萝卜在哪里？——找萝卜的小计划（幼儿绘画）+幼儿亲自找萝卜的图片。

2. "萝卜丰收啦!"

布置内容:萝卜熟了吗?——调查表、观察萝卜地的图片。

萝卜怎么收?——幼儿绘画、工具图片展示、拔萝卜照片。

萝卜去哪了?——幼儿寻找丰收萝卜去哪的照片及调查记录;储藏萝卜的照片。

3. "美味的萝卜"。

布置内容:

(1)萝卜可以做什么?——幼儿绘画讨论的内容。

做泡菜——调查:怎样做泡菜;制作泡菜步骤图;幼儿制作泡菜的照片。

萝卜营养多——胡萝卜、白萝卜、青萝卜和心里美萝卜对身体的好处图片。

(2)萝卜饺子来了——冬至为什么吃饺子的资料搜集,幼儿的实施计划,制作饺子需要的工具与方法,幼儿制作饺子过程照片及幼儿回家和家长一起分享饺子的照片。

(二)区域材料投放。

区域名称	投放材料及指导要点
美工区	1. 投放不同材质的泥及工具,各种各样的萝卜,提供萝卜农场情境盒,引导幼儿捏各种各样的萝卜。 2. 投放毛笔、国画颜料、宣纸,欣赏名画《萝卜》,指导幼儿进行绘画
阅读区	1. 投放《萝卜回来了》《大块头萝卜》《两条腿的大萝卜》《胡萝卜罐头》《胡萝卜火箭》《冬至》等绘本,引导幼儿从前至后有顺序地阅读,认真观察和理解画面内容,了解故事的情节线索。 2. 投放《萝卜回来了》排序图,引导幼儿按故事内容情节排序,并复述故事
科学区	1. 投放各种各样的萝卜,运用比较的方法观察不同种类的萝卜的相同与不同并进行记录萝卜的特征。 2. 投放萝卜结构拼图的游戏,进一步认识萝卜的特点。 3. 投放泡菜桶、萝卜、安全刀、案板、盐等,引导幼儿做萝卜泡菜、萝卜干,观察泡菜的变化并进行记录
益智区	1. 投放萝卜生长过程嵌板拼图,引导幼儿回忆胡萝卜的生长过程变化。 2. 投放"萝卜饺子翻翻乐",引导幼儿仔细观察分辨图片内容,并以自己的方式牢记不同图片对应的位置进行游戏。 3. 投放"小兔找萝卜"迷宫游戏,引导幼儿从正确的线路带小兔找到萝卜。 4. 投放"萝卜占地盘"民间游戏棋,引导幼儿遵守规则进行游戏
表演区	1. 表演《拔萝卜》,投放爷爷、奶奶小动物的角色服饰,准备音乐、大萝卜等,引导幼儿了解角色出场顺序,根据歌曲按顺序进行表演。 2. 投放《包饺子》音乐、绕口令《红萝卜白萝卜》节奏卡,引导幼儿根据音乐和节奏进行表演
小厨房	1. 投放泡菜桶、萝卜、安全刀、案板、盐等,指导幼儿做萝卜泡菜、晾晒萝卜干。 2. 投放擀面杖、面团、萝卜馅等,指导幼儿做萝卜馅饺子,进行品尝

（三）家园共育。

1. 搜集各种各样的萝卜实物。

2. 幼儿与家长进行亲子共读《萝卜回来了》《大块头萝卜》《两条腿的大萝卜》《胡萝卜罐头》《胡萝卜火箭》《冬至》。

3. 家长与幼儿一起搜集资料完成"萝卜熟了吗？""萝卜去哪了？""做泡菜"的相关小调查。

4. 亲子制作萝卜美食。

5. 家长引导幼儿一起学习包饺子。

6. 亲子共同品尝自己包的饺子。

"我和蔬菜手拉手"主题游戏活动整体方案设计[①]

一、实施范围

小班。

二、设计缘由

小班幼儿已入园将近两个月了，挑食现象依旧尤为明显，进入冬季，幼儿接触的蔬菜种类比较少，通过开展"我和蔬菜手拉手"活动，让幼儿了解冬季的蔬菜，引导幼儿尝试吃多种蔬菜。通过"丰收啦""种植""逛逛菜市场"活动，体会丰收的喜悦和来之不易，让幼儿了解各种蔬菜的外貌特征，探索拔萝卜的方法等。

《幼儿园教育指导纲要》中指出，教育活动内容的选择"既符合幼儿的现实需求，又有利于其长远的发展；既贴近幼儿的生活来选择感兴趣的事物和问题，又有助于拓展幼儿的经验和视野"。因此，通过一系列的活动，充分调动幼儿的五感，让幼儿对蔬菜有正确的认识，并有进一步探索的欲望，激发幼儿想吃蔬菜、爱吃蔬菜的兴趣，逐步养成良好的进餐习惯。

[①] 朱宇婷、张佳音、刘恋、韩月莹、李杨、马媛媛，北京市海淀区上庄科技园区幼儿园。

三、活动目标

（一）通过去小菜园收菜感受丰收的喜悦和来之不易。（科学与社会）

（二）在各种活动中，乐于观察、喜欢、爱护植物，愿意照顾植物（浇水等）。（科学、健康　饮食与生命）

（三）通过"逛逛小菜场"等活动，增进亲子关系。（家园共育　饮食和人际）

（四）喜欢喝白开水，养成经常喝水的习惯。（健康）

（五）知道食堂叔叔阿姨辛苦为我们做饭，能够在教师的引导下和他们打招呼。（社会）

（六）具有初步的环保意识，愿意跟着大人一起做些勤俭节约的事情。（科学、社会）

（七）能在成人的引导下尝试新食物，不挑食、不偏食。（健康　饮食习惯）

（八）了解蔬菜的外形特征。

（九）练习双脚连续行进跳，学习左右行进跳。锻炼幼儿腿部力量、身体协调性和平衡性。

（十）通过操作感受一一对应原则，能手口一致地进行点数。

（十一）能借助蔬菜的横截面，大胆用颜料进行拓印。

（十二）能随音乐做简单的律动，进行自我表现，并初步体验与他人沟通交往的快乐。

（十三）能够吐字清晰地尝试完整讲述儿歌，获得愉悦感。

四、主题维度

（一）以幼儿发展目标为导向——五大领域。

（二）以幼儿经验发展（认知发展）为导向——初步认识，进一步探究、体验。

（三）以活动形式为导向——集体教育活动、区域活动（含户外活动）、生活活动。

五、主题网络图

		集体教育活动	区域活动	生活活动
我和蔬菜手拉手	丰收了	"丰收真快乐"科学活动 "菜园里的歌一"语言活动 "菜园里的歌二"语言活动 "小兔子运萝卜"体育活动 "多彩的蔬菜"美术绘画	1.把菜园里收的菜放在自然角 2.搭小菜园（建筑区） 3.投放"菜园里的歌"图表，幼儿操作（图书区） 4.投放"菜园里的儿歌"的蔬菜（自然角） 5."蔬菜配对""蔬菜影子"（益智区） 6.择菜、投放各种蔬菜的简笔画，涂色、粘贴（美工区），洗菜（娃娃家）	生活活动 卷白菜 （塞衣服）
	蔬菜成长记	"神奇的大蒜"语言活动 "种大蒜"科学活动 "数数大蒜有几瓣"数学活动 "看谁长得高"科学活动 "捏大蒜"（纸粘土）美术活动	1.投放自制绘本《神奇的大蒜》 2.自制材料烤大蒜（娃娃家） 3.益智区投放"小兔子种大蒜"的材料 4.捏大蒜、拓印、大蒜滚动画（美工区） 5.观察大蒜（自然角）	1.观察、照顾大蒜（饭后、喝完水后） 2.大蒜（幼儿）多喝水（喝水标志换成大蒜）
	菜市场里的蔬菜	"我和爸爸去买菜"语言活动 "我们去买菜"社会活动 "我和奶奶去买菜"音乐活动 "蔬菜的种类和名称"数学活动 "炒菜"体育活动室内	1.投放绘本《我和爸爸去买菜》（图书区） 2.观察发芽的蔬菜（自然角） 3.自制玩具蔬菜分类（科学区） 4.搭菜市场（建筑区）	1.卷白菜（塞衣服） 2.材料的收放整理（角色区、科学区） 3.进餐习惯
	蔬菜变变变	"红通通的番茄"语言活动 "好吃的蔬菜"健康活动 "蔬菜比较多少"数学活动 "奇妙的小印章"美术活动 "运蔬菜"体育活动	1.投放《红通通的番茄》（图书区） 2.投放真实的蔬菜，供幼儿拓印、制作拼盘（美工区） 3.制作蔬菜沙拉（娃娃家）	1.引导幼儿饭菜搭配吃（进餐环节） 2.幼儿餐后清洁桌面 3.进餐习惯 4.谁吃的蔬菜多（评比小贴贴）

六、活动计划表

计划时间段	本周目标	活动形式	活动名称	活动重点
10月第三周	1.通过去小菜园收菜感受丰收的喜悦。 2.在"丰收真快乐"活动中激发幼儿探索的欲望。 3.能够吐字清晰地朗读儿歌。 4.幼儿能在涂色活动中用水彩笔从上向下涂色	集体教育活动	"丰收真快乐"（科学）	通过在小跨院的丰收活动，尝试拔萝卜的方法和工具的使用，获得丰收的喜悦
			"菜园里的歌"（语言）	能通过"一问一答"的形式描述儿歌
		区域活动	"蔬菜配对""蔬菜影子"（益智区）	能根据提示玩"蔬菜配对""蔬菜影子"的游戏
			投放《菜地里的歌》图表（图书区）	根据图表的提示描述"一问一答"的儿歌
		生活活动	《卷白菜》	利用《卷白菜》儿歌学习塞衣服的方法，保护小肚脐避免着凉
10月第四周	1.通过种植活动，激发幼儿对大蒜的探索兴趣，愿意照顾动植物。 2.喜欢喝白开水，养成喝水的好习惯	集体教育活动	"小兔子种大蒜"（数学）	能在情境中利用点数种大蒜
			"种大蒜"（科学）	能用正确的方法种植大蒜并照顾它
		区域活动	"照顾蒜宝宝"（自然角）	通过种植活动，激发幼儿对大蒜的探索兴趣，愿意照顾动植物
		生活活动	"照顾蒜宝宝"	愿意去植物角观察照顾大蒜
			"我爱喝水"	喜欢喝白开水，养成喝水好习惯
11月第一周	1.知道有关蔬菜的知识经验，能喜欢吃蔬菜，养成健康的饮食习惯。 2.在买菜游戏中，能够运用打招呼的语言和肢体动作表达自己的想法。 3.通过多种活动引导幼儿喜欢吃各种蔬菜	集体教育活动	"我们去买菜"（社会）	在买菜游戏中，能够运用打招呼的语言和肢体动作表达自己的想法
		区域活动	"照顾蒜宝宝"（自然角）	通过种植活动，激发幼儿对大蒜的探索兴趣，愿意照顾动植物
		生活活动	"我是进餐好宝宝"（进餐）	幼儿能够在吃饭时不大声说话、学会用小手拿勺子等

计划 时间段	本周目标	活动形式	活动名称	活动重点
11月 第二周	1. 能够在成人的引导下尝试新蔬菜，逐步做到不挑食，不偏食。 2. 颜色的运用、美术创意。 3. 初步学会用一一对应的方法比较萝卜的多、少和一样多	集体教育活动	"萝卜比多少"（数学）	通过情境比较萝卜的多少
		区域活动	"蔬菜拓印画"（美工区）	能够大胆使用各种蔬菜的横切面进行创意拓印
		生活活动	进餐习惯	幼儿能够身体坐正，小手拿勺子，一口饭一口菜搭配着吃，不挑食、不偏食

七、建议

（一）环境创设。

1. 布置"我和蔬菜手拉手"主题墙。

2. 在主题墙上布置"大蒜宝宝成长记"的图片等。

3. 粘贴"吃什么对身体哪好"示意图。（如吃胡萝卜对眼睛好等）

4. 粘贴幼儿在家、在幼儿园吃饭的照片。

5. 粘贴家长收集的各种美味蔬菜的照片。（或者是蔬菜拼盘的照片）

6. 粘贴幼儿和家长一起制作的蔬菜娃娃的照片或作品。

（二）区域材料投放。

区域名称	投放材料及指导要点
美工区	投放各种蔬菜的轮廓，供幼儿粘贴、涂色等；将幼儿的菜篮子作品布置到美工区墙面，将幼儿前期的蔬菜作品粘贴到菜篮子中
阅读区	投放《菜地里的歌》图表，幼儿能根据图表提示讲述儿歌；投放《我和爸爸去买菜》《红通通的番茄》等绘本
益智区	根据"蔬菜配对""蔬菜影子""小兔子种大蒜""蔬菜接龙"自制材料玩教具，幼儿能够根据指示开展游戏
娃娃家	蔬菜玩具、蔬菜实物、安全刀、盘子等，引导幼儿模仿爸爸妈妈的行为、动作
建构区	投放菜园子照片到建筑区墙面，供幼儿搭建
生活区	喝水标志换成大蒜，引导幼儿喝完水后在标志上粘贴小水滴
自然角	投放自制量大蒜的尺子（拼插玩具），引导幼儿量一量大蒜长多高了；引导幼儿观察集体种植的大蒜并记录等

（三）家园共育。

1.幼儿与家长共同完成《蔬菜调查表》，幼儿画出来或者说出来，家长负责记录。

2.和爸爸妈妈一起种蒜，制作糖醋蒜；利用休息时间和爸爸妈妈一起去菜市场（和摊主交谈等）。

3.与爸爸妈妈分享好朋友在菜市场看到的事。

4.和爸爸妈妈角色扮演买菜。

5.引导幼儿尝试吃不爱吃的蔬菜。

6.与爸爸妈妈在家里一起"光盘行动"。

7.回家后和家长开展"关于番茄你知道什么？"的讨论，鼓励家长帮助幼儿查阅资料。

8.请家长和幼儿一起尝试用家里做菜剩下的菜叶、根部等做拓印画。

9.请家长和幼儿一起制作蔬菜娃娃，并为分享做准备。

"我和蔬菜手拉手"主题游戏活动设计（教案）萝卜比多少[①]

一、实施范围

小班。

二、设计意图

小班幼儿对于学习 5 的多、少、一样多的集合比较不太理解，不明白其中真正的意义，在日常的生活中也不太愿意用一样多、比谁多、比谁少的数学语言来进行表达。更多的是自己玩，不太愿意与小朋友共同游戏。所以通过游戏的方式让幼儿了解数、集合的比较，幼儿们在玩中学，学中玩，更能抓住幼儿的年龄特点，激发幼儿们学习的兴趣，从而更好地让幼儿学习 5 的多、少、一样多的集合

---

① 马嫒嫒，北京市海淀区上庄科技园区幼儿园。

比较。

三、活动目标

（一）学习5的多、少、一样多的集合比较。

（二）能运用一样多、比谁多、比谁少的数学语言进行表达。

（三）愿意与小朋友共同参与游戏并感兴趣。

四、活动准备

（一）经验准备：有点数、集合、分类的数学经验。

（二）物质准备：白萝卜、胡萝卜若干；两个大圈；PPT动画视频。

五、活动重难点

（一）活动重点：学习5的多、少、一样多的集合比较。

（二）活动难点：能运用一样多、比谁多、比谁少的数学语言进行表达。

六、活动过程

（一）情景引入，激发幼儿兴趣。

师：老爷爷到地里收回来许多白萝卜和胡萝卜，我们一起去看看吧。

分享及体验游戏规则：老师和小朋友分别扮演老爷爷、萝卜。老爷爷给出任务，当萝卜的小朋友去完成任务。请小朋友们选择萝卜卡片拿在手里，然后坐回椅子。地上放了两个圈，请白萝卜和胡萝卜按照爷爷拔萝卜的图片任务到地上的圈里站好。如果任务完成了，老爷爷将萝卜收走，如果没有完成任务，那么萝卜要继续根据图片完成任务，并说出萝卜是多、少，还是一样多。

（二）基本过程。

1.老师扮演老爷爷，幼儿扮演萝卜。

（1）出示第一天PPT动画：4个白萝卜和4个胡萝卜。

师：我是老爷爷，今天收回来的白萝卜和胡萝卜的数量是一样多的，都是4个。请萝卜按照我的要求，分别站到两个圈里吧。

老爷爷检查，如果圈里萝卜站得一样多，则说："萝卜一样多。"老爷爷开着车，将所有的萝卜都带走，围着班里走一圈后将幼儿带回小椅子上坐好。

（2）出示第二天PPT动画：3个白萝卜和4个胡萝卜。

师：这回不一样多了，3个白萝卜、4个胡萝卜，白萝卜比胡萝卜少。

请小朋友扮演萝卜分别站在两个圈里。当两个圈里分别站了3个白萝卜和4个胡萝卜时，老爷爷将车开走。如果站的数量和图片不一样，那么请萝卜重新按要求站好。

（3）出示第三天PPT动画：5个白萝卜和4个胡萝卜。

师：这次是5个白萝卜、4个胡萝卜，白萝卜比胡萝卜多。

请小朋友扮演萝卜分别站在两个圈里。当两个圈里站了5个白萝卜和4个胡萝卜时，老爷爷将车开走。如果站的数量和图片不一样，那么请萝卜重新按要求站好。

2.一位幼儿扮演老爷爷，其他小朋友扮演萝卜。

（1）出示第四天PPT动画：3个白萝卜和3个胡萝卜。

师：今天是3个白萝卜和3个胡萝卜，白萝卜和胡萝卜一样多。

请其他小朋友扮演萝卜分别站在两个圈里。当两个圈里分别站了3个白萝卜和3个胡萝卜时，老爷爷将车开走。如果站的数量和图片不一样，那么请萝卜重新按要求站好。

（2）出示第五天PPT动画：3个白萝卜和5个胡萝卜。

师：这次是3个白萝卜、5个胡萝卜，白萝卜比胡萝卜少。

请小朋友扮演萝卜分别站在两个圈里。当两个圈里分别站了3个白萝卜和5个胡萝卜时，老爷爷将车开走。如果站的数量和图片不一样，那么请萝卜重新按要求站好。

（3）出示第六天PPT动画：3个白萝卜和2个胡萝卜。

请一位小朋友来当老爷爷，其他小朋友当萝卜。

师：3个白萝卜、2个胡萝卜，白萝卜比胡萝卜多。请小朋友扮演萝卜分别站在两个圈里。当两个圈里分别站了3个白萝卜和2个胡萝卜时，老爷爷将车开走。如果站的数量和图片不一样，那么请萝卜重新按要求站好。

3.请小朋友扮演老爷爷，由小朋友提出今天拔白萝卜和胡萝卜的数量要求。其他小朋友一起进行游戏。

（三）结束部分。

小结：我们今天学习了一样多、比谁多、比谁少，请小朋友们与爸爸妈妈在家里或到菜市场的时候，玩一玩我们今天学到的"比一比"的新本领吧。

七、活动延伸

与爸爸、妈妈在家里或到菜市场的时候，玩一玩学到的"比一比"的新本领。

八、总结与提升

通过今天对5的多、少、一样多的集合比较，幼儿们更深刻地理解了一样多、比谁多、比谁少的概念，能运用一样多、比谁多、比谁少的数学语言进行表达，并愿意与小朋友共同参与游戏并感兴趣。可以把今天学习到的内容运用到日常生活中去，对5理解后可以更好地理解对6、7的比较。

九、游戏活动策略

（一）以情境游戏的形式，带领幼儿对5的多、少、一样多的集合进行比较。

（二）在有趣的气氛下，感受游戏——"帮爷爷收萝卜"，鼓励幼儿大胆塑造角色。

（三）在"帮爷爷收萝卜"游戏中，以师幼互动的形式，引导幼儿学习5的多、少、一样多的集合比较，并用自己的语言表达一样多、比谁多、比谁少。

第六章　幼儿园社会主题游戏活动

学前儿童的社会性发展越来越受到国家与社会的重视，开展专门的社会教育活动是幼儿园进行社会教育的主要途径。幼儿园社会教育以培养幼儿的社会情感、态度、价值观与行为品质，促进幼儿社会交往能力发展为目的，是幼儿园课程的有机组成部分。《幼儿园教育指导纲要（试行）》，正式提出将"社会"作为幼儿园教育内容的五大领域之一，并明确了"社会"范畴的教育目标、内容与要求以及指导要点。

一、社会主题游戏活动是什么

（一）幼儿园社会教育

1. 社会教育

朱细文提出，幼儿社会教育是指以发展幼儿的社会性为目标，以增进幼儿的社会认知、激发幼儿的社会情感、引导幼儿的社会行为为主要内容的教育[①]。刘晶波等将旨在促进幼儿社会性朝向积极的、健康的、和谐的方向发展的，一切在外的、有组织的、有目的的教育活动统称为幼儿社会教育[②]。广义

---

① 教育部基础教育司.《幼儿园教育指导纲要（试行）》解读 [M]. 南京：江苏教育出版社，2002.

② 刘晶波等. 幼儿园社会领域教育精要——关键经验与活动指导 [M]. 北京：教育科学出版社，2015.

的幼儿社会教育包括幼儿家庭社会教育、幼儿园社会教育以及社会生活中的社会教育等方面，狭义的幼儿社会教育是指在幼儿园中开展的社会教育活动。

2. 幼儿园社会教育的实践

社会教育作为幼儿园教育的五大领域之一，是幼儿园重要的教育内容。关于社会教育的研究已经形成了较为完整的理论体系，包括幼儿园社会教育的概念界定、目标与内容、原则、方法与途径、社会教育活动的设计与实施以及社会教育评价等方面的内容。

（1）幼儿园社会教育的目标。

在教学目标的划分维度与层次上，研究者依据不同的划分将社会教育活动目标划分成不同的内容。从维度上来分，《幼儿园教育指导纲要（试行）》将社会教育的目标划分为社会关系维度和心理结构维度。从主要内容方面划分，《3—6岁儿童学习与发展指南》中把社会教育活动目标分为人际交往和社会适应两大子领域。从目标的层次上划分，虞永平从总目标和年龄阶段目标进行了构建，认为社会教育的目标应该分为社会认知、社会情感和社会行为技能三个方面[1]。张明红认为，学前儿童社会教育目标具有一般的层次结构和独特的分类结构，根据层次结构可以分为学前儿童社会教育总目标、年龄阶段目标和活动目标三个方面；同时，社会教育活动目标在分类结构上分为自我意识、人际交往、社会环境、社会规范认知和多元文化四个方面[2]。

美国国家社会研究会在1994年指出，儿童社会教育的主要目标是帮助儿童发展做出合理决定的能力，使儿童能在相互依存的世界中成为一个多元文化、民主社会的好公民[3]。Wilma Robles de Melendez 指出，幼儿社会教育目标要注重幼儿的社会责任感和社会行为能力的培养[4]。

---

[1] 虞永平. 幼儿园社会领域课程刍议 [J]. 学前教育研究，1997（5）.

[2] 张明红. 学前儿童社会教育 [M]. 上海：华东师范大学出版社，2007.

[3] National Council for the Social Studies. Curriculum Standards for social Studies Expectations for Excellence（Bulletin89）[R]. Washington. DC：National Council for the Social Studies，1994.

[4] Wlima Robles de Melendez. Teaching Social Studies in Early education[M].New York：Delmar edition，2000.

（2）幼儿园社会教育的内容。

李季湄、冯晓霞认为，幼儿园社会教育的目标应包括社会情感与态度、社会认知和社会行为规范、民族文化等，社会教育目标应该能够帮助幼儿建立良好的社会性情感与生活态度，让幼儿在游戏与学习中了解生活经验与获得社会认知能力，学会与人交往，形成良好的行为习惯和品德品质①。朱家雄认为，幼儿园社会教育的目标应包括认同自我，有自信心；积极学习与人交往、合作、商量和分享；学习包括文化、历史、地理、经济等领域的初步概念，增加对社会、对世界的认识；学习人与人之间的差异，并发展尊重这种差异性的能力；理解并遵守日常生活中基本的社会行为规范②。美国学者山姆·麦索尔斯等将"社会教育"的内容主要分为三个部分：个人及社会发展；社会与文化；个人的健康和安全。其中个人及社会发展主要指的是自我概念、自我控制、与他人的互动、解决人际问题；社会与文化主要是指对人类的过去和现在、赖以生存的周围自然和人文环境的认同感；个人的健康与安全主要是幼儿作为个体，自身的情绪情感等心理健康的发展③。Wilma Robles de Melendez 强调社会领域要注重幼儿情感的发展，注重培养幼儿的社会责任和社会行为能力，并要对儿童表现出的不符合社会要求的行为提出矫正的方案④。英国于 2000 年正式颁布了《基础阶段教育（3—5 岁）课程指南》，该文件将幼儿早期的学习领域分为"个性、社会性和情感的发展""认识和理解周围世界""交流、语言和读写""身体发展""数学发展"和"创造力发展"等6 大部分，与社会教育相关的主要是个性、社会性和情感的发展以及认识和理解周围世界。

---

① 李季湄，冯晓霞.《3—6 岁儿童学习与发展指南》解读 [M]. 北京：人民教育出版社，2013.

② 朱家雄. 幼儿园课程 [M]. 上海：华东师范大学出版社，2003.

③〔美〕马戈·迪系特米勒，朱迪·亚布隆，阿维娃·多尔夫曼，山姆·麦索尔斯. 作品取样系统——教室里的真实性表现评价 [M]. 廖凤瑞，陈姿兰，译. 南京：南京师范大学版社，2009.

④ Wlima Robles de Melendez. Teaching Social Studies in Early education[M]. New York ; Delmar edition , 2000.

（3）幼儿园社会教育的现状问题。

李盛分析了幼儿园教师在社会教育活动目标设计中存在的问题，他认为当前幼儿园社会教育活动目标设计存在忽视幼儿的兴趣需要；忽视幼儿个体差异；过分依赖教材，忽视生成；目标表述不准确等问题[①]。

贾慧慧基于研究发现，目前幼儿园社会教育内容选择的随意性较大，设置有失偏颇：缺乏对幼儿在多元文化、民俗习惯、国家、世界的了解方面的引导；忽视幼儿的身心发展特点和已有生活经验；忽视地域差异性，本土化、生活化。并提出社会教育内容的设置不但要考虑幼儿的实际生活、经验和学习特点，还要充分考虑社会教育的特性以及本土区域特色[②]。

嵇珺提出，社会教育内容窄化表现为许多有价值的内容并未引起教育者充分的关注，有些内容甚至被划在社会教育的范畴之外。她认为，社会教育中的薄弱环节包括生活技能、行为习惯和社会规则的培养、安全与生命教育、礼仪教育、良好情绪情感、个性品质的培养[③]。

因此，幼儿园的社会教育内容应该不断扩展，正如张宗麟在《幼稚园的社会》一书中所指出的，"社会"包括最广泛的内容，历史、地理、家庭、职业、卫生、风俗人情、伟人事迹、各国人的生活等都可在内。

（二）社会主题游戏活动

幼儿园社会主题游戏活动是指，教师采取游戏的方式，有目的、有计划地组织幼儿园社会教育活动，旨在通过游戏的形式引导幼儿主动学习，对幼儿进行社会教育，最终有效地促进幼儿的社会性发展。

不论是社会集体教育活动还是随机教育，都应注重游戏的价值和作用，强调游戏精神、游戏理念的渗透，让幼儿在游戏中潜移默化地获得社会性的发展。

---

① 李盛. 幼儿园社会领域活动目标设计研究 [D]. 重庆：西南大学，2013.
② 贾慧慧. 对幼儿园社会领域教育内容设置的思考与建议 [J]. 教育导刊（下半月），2013（2）.
③ 嵇珺. 我国幼儿园社会领域教学活动的内容现状与分析 [J]. 学前教育研究，2012（3）：42-47.

1. 社会主题游戏活动的维度设置

幼儿园开展社会主题游戏活动可以设计多个不同的维度，以促进幼儿的社交能力、合作意识和相互理解。幼儿园社会主题游戏活动的内容可以从以下维度进行选择。

（1）合作与团队精神：设计团队合作的游戏，让幼儿在小组中共同解决问题或完成任务，培养他们的合作精神和团队意识。

（2）沟通与表达能力：通过角色扮演、绘画、剧场等活动，鼓励幼儿表达自己的想法、感受和需求，培养他们的沟通能力和表达能力。

（3）接纳与尊重他人：设计一些游戏，让幼儿感受到不同个体的特点和优势，培养他们尊重、包容和接纳他人的品质。

（4）规则与公平意识：引导幼儿参与规则游戏，通过遵守游戏规则和公平竞争的经验，培养他们的规则意识和公平意识。

（5）社会角色与责任：引导幼儿在模拟活动中扮演不同的社会角色，如医生、老师、警察等，让他们体验不同角色的责任和义务。

（6）自我认知与情绪管理：设计一些情绪认知和管理的游戏，帮助幼儿认识自己的情绪，学会适当表达和控制情绪。

（7）多元文化与包容性：通过介绍不同国家、民族的文化习俗，鼓励幼儿尊重和理解多元文化，培养他们的包容性和跨文化交流能力。

2. 幼儿园开展社会主题游戏活动的策略

（1）根据幼儿的年龄和发展水平，设定明确的目标。

确保活动内容和任务与幼儿的认知能力和兴趣相匹配，避免过于复杂或简单。在每个游戏活动中设定明确的目标，例如培养合作能力、提升沟通技巧或加强规则意识等。这有助于幼儿理解活动的意义，并专注于目标的实现。选择与社会相关的主题，如社区服务、职业、家庭、交通规则等，以引发幼儿对社会的兴趣和好奇心。确保选取的主题与幼儿的年龄和发展水平相适应。

（2）提供适当的引导和支持，营造积极的学习氛围。

在游戏活动中，老师可以提供适当的引导和支持，帮助幼儿理解规则、分工合作或解决问题。同时，要鼓励幼儿思考和尝试解决方案，培养他们的自主思考能力。营造积极、愉快的学习氛围，让幼儿感受到游戏活动的乐趣和挑战。鼓励幼儿互相支持、赞扬和分享成果，激发他们的积极情感和自信心。

（3）采用多样化的游戏形式。

选择不同类型的游戏形式，如角色扮演、小组竞赛、绘画、团队合作等，以满足幼儿的不同兴趣和学习需求，并激发他们的参与热情。例如，设计角色扮演游戏，让幼儿在游戏中扮演不同的角色，如医生、消防员、老师等。通过模拟和体验，增强幼儿对社会角色的理解和认知。创设社会情境，如超市购物、邮局寄信、银行存取款等，让幼儿在虚拟的社会环境中进行游戏。提供相关的道具和材料，让幼儿亲身体验社会生活。

（4）结合实际生活和社区资源，促进"家园社"互动。

将社会主题游戏活动与幼儿的实际生活和社区资源相结合，例如，组织幼儿去参观社区中的公共场所，如消防站、博物馆、图书馆等，让幼儿实际感受社会环境和社会服务，加深对社会的认识和理解；与社区合作，邀请社区人员到幼儿园进行交流和互动，邀请警察、医生、农民等分享自己的经验和工作，让幼儿了解不同职业和社会角色，让幼儿能够更好地理解和应用所学的社会知识。同时，鼓励家长积极参与游戏活动，例如提供家庭资料、参与角色扮演或举办家庭活动等，加强学校和家庭之间的合作，促进幼儿社会学习的连贯性。

二、社会主题游戏活动怎么做

（一）开展社会主题游戏活动的五项原则

1. 现实相关原则

社会主题游戏应紧密围绕幼儿的实际生活环境和社会经验展开，如社区角色体验、家庭责任分工等，帮助他们理解社会结构和人际关系。游戏设计应反映真实世界，促进幼儿的社会认知和情感发展。例如在"小小社区"主题游戏活动中，幼儿被分成不同的小组，每个小组负责社区的不同部分，比如市场、学校、医院和公园。通过模拟真实社区运作，幼儿学习如何在市场讨价还价、在学校遵守纪律等。这种基于现实情境的游戏，帮助幼儿建立起对社区功能和社会角色的基本认识，同时促进他们对周围世界的探索欲和理解力。

2. 角色体验原则

通过角色扮演和情境模拟，让幼儿亲身体验不同的社会角色，如医生、警察、老师等，增强他们的同理心和社会责任感。角色扮演应涵盖多种职业和社会角色，拓宽幼儿的视野。例如，"职业大冒险"主题游戏活动，通过设定一个主题，让幼儿轮流扮演不同的职业角色，如"我是小厨师""我是小小科学家""我是环保小卫士"。在"我是小厨师"的一天，幼儿穿上厨师服，使用安全的厨房工具，学习简单的食谱，体验烹饪的乐趣和团队合作的重要性。通过这些角色扮演，幼儿不仅学习到了职业知识，更重要的是培养了同理心，理解了每种职业背后的责任和价值。

3. 互动合作原则

游戏应强调团队协作和同伴间的互动，鼓励幼儿在游戏过程中学会分享、协商和解决冲突。通过集体游戏，如建造城市模型、组织社区活动，培养幼儿的团队精神和社会交往技能。例如，在"城市建筑师"项目中，幼儿需要共同规划布局，收集材料，分工合作完成任务。在这个过程中，他们学会了倾听他人的意见，协商解决问题，同时也锻炼了空间概念和动手能力。通过这种集体创作，幼儿的团队精神和社会交往技巧得到了显著提升。

4. 适应性原则

考虑到幼儿个体差异，游戏难度和内容应灵活调整，确保每位幼儿都能在适合自己水平的游戏中受益。教师应密切关注每位幼儿的表现，适时提供支持和指导。在"探险家小队"游戏中，教师根据每个幼儿的兴趣和能力设计不同的探险任务，对于那些喜欢户外活动和善于观察的幼儿，可以安排他们去寻找隐藏在校园里的"宝藏"；而对于那些偏好安静、擅长思考的，则可以让他们扮演侦探，解开一系列谜题。这种个性化的游戏设计，确保了每个幼儿都能在自己的舒适区内发挥技能。同时，应鼓励他们尝试新的挑战，逐步扩大自己的能力边界。

5. 反思总结原则

游戏结束后，引导幼儿回顾和讨论游戏过程，反思自己的行为和感受，以及游戏中的社会规则和道德观念。通过反思，加深幼儿对社会规范的理解和认同。例如，每次游戏结束后的分享时间，幼儿围坐在一起，轮流分享自己的游戏经历和感受。教师引导他们思考："在游戏中你遇到了什么困难？你是怎么解决的？""你最喜欢游戏中的哪个部分？为什么？""你从中学到了什么？"通过这些问题，幼儿不仅回顾了自己的行为，还学会了从不同角度思考问题，培养了批判性思维和自我反思的能力。这种反思环节，加深了幼儿对游戏内容的记忆，也促进了他们对社会规范和道德准则的内化。

（二）开展社会主题游戏活动的四个策略

1. 模拟真实社会情境，构建生活化学习场域

为了有效地将抽象的社会概念转化为可感知、可操作的学习经验，幼儿园应当精心设计一系列模拟真实社会情境的游戏，如"小小社区"和"角色交换日"。这些游戏不仅限于提供静态的知识输入，更关键的是，它们创设了一个动态的、互动的学习环境，使幼儿能够在其中积极地探索、实践和反思。通过亲身体验不同的社会角色和情境，幼儿能够自然而然地习得社会交往的基本规则，如沟通技巧、合作精神和解决冲突的方法。此外，这类游戏还能够激发幼儿的好奇心和创造力，促使他们在面对复杂多变的社会现象时，形成灵活的适应能力和创新的思维方式。

2. 整合社区资源，搭建社会教育的桥梁

利用幼儿园周边的社区资源，如邀请消防员、邮递员、警察等社会角色进入校园，或者组织幼儿实地参观银行、超市、图书馆等公共设施，是深化社会主题游戏教育的重要策略之一。这种"走出去，请进来"的双向交流模式，不仅极大地增强了游戏的真实感和教育意义，还为幼儿提供了与真实社会直接互动的机会，帮助他们建立起对社会角色的直观认知和对社会规范的初步理解。通过与不同社会成员的面对面交流，幼儿能够更加深刻地体会到社会的多样性

和复杂性，从而培养出更加开放包容的心态和更强的社会适应能力。

3. 促进多元文化交流，培养全球公民意识

在全球化日益加深的今天，幼儿园教育应当超越单一文化视角，致力于培养具有国际视野和跨文化交际能力的未来公民。设计并实施跨文化游戏，如"世界文化节"，不仅能够让幼儿在轻松愉快的氛围中了解世界各地的风俗习惯、传统节日和文化特色，还能够激发他们对多元文化的尊重和欣赏。通过参与此类游戏，幼儿学会了在差异中寻找共通之处，在比较中增进理解，为日后在全球化社会中和谐共处打下坚实的基础。这一策略不仅丰富了幼儿的认知结构，还促进了其情感和社交技能的发展，有助于培养具备全球公民意识的新一代。

4. 强化正面行为和价值观，塑造积极的社会规范

在社会主题游戏活动中，教师应当有意识地融入正面价值观的培养，如诚实、友爱、尊重、公平等，通过角色扮演、故事讲述和情境模拟等多种方式，让幼儿在实践中内化这些社会规范。教师以自身作为榜样，通过言传身教，向幼儿展示如何在日常生活中践行这些价值观，是极其重要的。这种教育策略不仅能够促进幼儿形成良好的个人品质，还能够帮助他们建立健康的人际关系，为未来成为负责任、有担当的社会成员奠定坚实的心理基础。

通过综合运用上述策略，社会主题游戏活动不仅能够极大地丰富幼儿的生活经验，促进其社会情感的发展，还能够在潜移默化中塑造其世界观和价值观，为他们成长为具有社会责任感和全球视野的公民奠定坚实的基础。这种教育模式强调了游戏作为学习媒介的独特价值，体现了学前教育中寓教于乐、全面发展的重要理念。

三、如何在角色区开展社会主题游戏活动

在幼儿园的教育实践中，区角游戏作为一种重要的教学手段，紧密关联着社会主题游戏活动，共同促进幼儿的全面发展。区角，即在幼儿园内设立的不同功能区域，如建构区、艺术创作区、科学探索区等，教师依据教育目

标及幼儿的成长阶段，精心设计并提供多样化的材料与资源，营造一个开放且富有启发性的学习环境。在这样的环境中，幼儿能够根据个人兴趣和能力，自由选择参与的游戏内容，无论是与同伴合作完成一项任务，还是独立探索未知领域，都能在轻松愉快的氛围中实现自我学习与成长。

海淀区的"幼儿主题游戏活动"正是这一理念的生动实践，不仅强调了区角游戏在幼儿教育中的基础作用，更进一步将社会主题融入其中，通过组织诸如环保、文化传承、科技探索等主题相关的游戏活动，使幼儿在游戏中体验社会生活，培养社会责任感，提升解决问题的能力。这种将区角游戏与社会主题紧密结合的方式，不仅丰富了幼儿的学习体验，也促进了其社会性与情感的发展，为幼儿未来成为具有全球视野和社会责任感的公民打下坚实的基础。

（一）角色游戏

1. 角色游戏类型及现状

角色游戏是幼儿期最典型、最有特点的一类游戏，属于幼儿园创造性游戏之一，如娃娃家、小医院、餐厅、照相馆、美发店等。角色游戏主要包含两个重点核心经验：一是象征，是指幼儿用物体假装，以一个物体象征另一物体的方式；二是角色扮演，是指幼儿扮演角色，如扮演妈妈、厨师或医生等不同的人物角色。

目前在幼儿园教育实践中，幼儿角色游戏通常在幼儿园角色区发生。角色区游戏活动的开展越来越被教育者所重视，几乎在每个班级里，教师都会有意识地创设角色区游戏，也会在区域中投放丰富的材料以支持幼儿的角色游戏，如：真实的锅碗瓢盆等餐具，仿真的包子、蛋糕、水果等食品，一比一的钱币等。这样的高结构仿真材料虽然看上去似乎能够促进幼儿对现实生活的再现和模仿，但由于在游戏的主题、角色、情节以及材料的创造性使用等方面都相对固定和唯一，因此很难促进幼儿的想象性行为，例如：以人代人、以物代物等表现。另外还有一种比较常见的现象，就是角色区游戏的材料投放经常是一劳永逸、一成不变的，一套材料用一学期甚至一年，这样幼儿在操作、摆弄一段时间后兴趣很容易就消失了，导致角色区仅有学期初一个月，甚至一两周的热度，后来便无人问津了。

2. 角色区游戏的已有研究

（1）幼儿主体性。

近年来，关于幼儿角色区游戏活动的研究也有一些关于幼儿主体性的探讨，如黄朝菁[1]、李建群[2]等都提出，角色区游戏是幼儿期最典型、最有特色的游戏。但是，在日常组织游戏时，教师往往扮演着导演的角色，不太符合幼儿发展的需要，教师要合理指导角色游戏，促进幼儿自主性的发展。还有一些研究表明，角色区游戏离不开教师的指导，只有通过教师适时、适度的指导，幼儿在游戏中才能充分、自由、自主地得到全面发展，他们的综合素质、多种能力才能得到提高，幼儿也才能真正成为游戏的主人。教师需细心观察了解幼儿各方面的发展水平和内心世界，充分发挥教师的导航作用，尊重幼儿的兴趣和愿望，用幼儿的眼光来看世界，充分发挥幼儿的自主性、创造性，创造有利条件来满足幼儿游戏的实际需要。因此教师要通过不断的学习、总结经验来提高自己的指导水平，从而促进幼儿游戏水平的提高和多方面发展。

（2）角色区游戏开展的现实不足。

当前有很多关于幼儿园角色区游戏的现状及问题的研究，其中存在的问题主要有：教师对角色游戏本质的理解存在偏差，游戏开展的时间及空间不足，游戏的主题和材料贫乏，游戏中教师指导方式不当，以及游戏中教师评价体系单一。原因分析主要有：管理层面缺乏对角色区游戏活动的评价制度，教研层面缺乏对角色区游戏活动的研讨，观念层面深受传统教师观的影响，教师观念与行为层面存在一定落差。

（3）角色区游戏的指导策略。

关于幼儿园角色区游戏指导策略的研究最多，不少研究表明，幼儿在开展角色区游戏时，教师要自始至终关注幼儿的游戏过程，以便及时发现问题，并用适当的方法进行指导，推进游戏的不断深入。通常，当教师发现幼儿有

---

① 黄朝菁 . 关于在角色游戏中发挥幼儿主体性的思考 [J]. 学前教育研究，2001（4）：33.

② 李建群 . 幼儿园角色游戏存在的问题及对策 [J]. 现代教育科学，2013（6）：31-32.

行为偏差时，以角色的身份参与游戏，是教师指导游戏最直接的方法，也是最有效最自然的方法。除此之外，直接指导游戏也可以帮助幼儿提高游戏的水平。教师可以在游戏开始之前和结束之后组织幼儿对游戏的开展进行讨论，这不仅是分享经验的过程，也是发现问题、解决问题的过程。另外，谈到教师对游戏进行讲评也是非常关键的。

（4）角色区游戏内容的分类。

一些研究将角色区游戏主题大致分为三类：第一类是日常生活类主题，常见的有"娃娃家"，是由幼儿平日经常遇到的经历所形成的，如，他们扮演着爸爸、妈妈，进行洗衣做饭、照顾宝宝等；第二类是社会关系主题，场景包括常见的超市、医院等，这类主题内容较之日常生活，社会关系扩大了，商店里的售货员和顾客等形式的社会关系是幼儿比较熟悉和爱模仿的；第三类是社会现象和重大事件主题，如世界杯足球赛等，这类内容较之上述两种不太常见，但通过新闻媒体的传播，比较容易传达给幼儿，因此也会给幼儿留下深刻印象。

（5）提升幼儿园角色区游戏活动开展质量的策略。

有研究总结出提升幼儿园角色区游戏活动质量的策略，包括转变幼儿教师的教育理念、创设有效的角色游戏环境、完善游戏条件、优化角色游戏的组织与实施过程、提高教师对角色区游戏的指导能力、呈现以幼儿为本的多样化的游戏评价方式等。

目前国内关于幼儿角色区主题游戏活动的研究主要集中在角色区游戏环境的创设、内容的大致类别以及角色区游戏的组织与指导等方面，尤其是集中在教师的指导策略方面，这些策略大多提出，需要教师的参与和维持才能使幼儿保持游戏兴趣，从而获得社会性发展，教师在游戏活动中更多地起到了主导作用。

（二）角色区主题游戏活动的有效实施策略

角色主题游戏活动作为学前幼儿典型游戏的形式之一，对幼儿发展具有独特的教育价值，幼儿能够通过游戏获取愉悦的心理体验，提升创造、表达以及社会交往的技能。

海淀区"角色区主题游戏活动"的实践探索，努力通过合理、有效的角色区主题游戏活动设计，将教育目标渗透于游戏之中，让幼儿在这样的条件下主动参与游戏，并创造性地生发出不断变化的主题内容，从而使幼儿沉浸于角色区游戏的快乐之中，通过游戏创造性地体验社会生活，唤起他们的真情实感，最终促进幼儿角色游戏的持久兴趣以及多方面发展。

1. 以日常谈话丰富幼儿生活经验、拓展内容来源

角色区主题游戏活动是幼儿对现实生活的一种积极主动的再现活动，主题创设、角色扮演、情节发展、材料使用均与幼儿的生活经验息息相关。因此教师应有效地利用日常生活、过渡环节开展不同范围的聊天活动，以此调动幼儿的生活经验。如教师会借助节假日契机引导幼儿回忆"周末去哪里玩了？发生了什么事？"借助幼儿过生日的契机聊一聊"你的生日都是在哪里过的？都是和谁一起？你们做了什么事情？"借助幼儿园消防演习，带领幼儿观看消防员救火的视频，演示穿戴防毒、防火的衣服，参观消防车以及认识消防器材等，逐渐丰富幼儿生活经验。

角色区主题游戏活动列表

序号	教师	班级	主题方案名称	主题游戏发展过程
1	闫祎璐	大一班	魔趣造型屋	欢迎光临造型屋—品牌上新—节日限定
2	穆冬	大三班	胡桃里音乐餐厅	店庆啦—快乐节日—自助餐
3	张爽	中一班	开心超市	开业酬宾—我是小小送货员—周年店庆
4	张晶	中三班	果蔬美精品店	果蔬汁营养大—外卖开始了—DIY果蔬汁
5	张玉婷	中四班	蛋糕房	蛋糕房—给同伴过生日—创意甜品大赛—虚拟小客人
6	王麒	小一班	娃娃家	过生日—郊游—购物
7	刘丽	小三班	娃娃家	娃娃家—过生日—娃娃生病了—郊游
8	赵梓含	小五班	我们一起去郊游	小小收银员——起去采购—超市管理员—我去送外卖

　　　　　　　　　　幼儿主题游戏活动指南

2. 投放低结构材料激发幼儿参与假想游戏的兴趣

通过实践探索，教师总结出角色区的材料投放对于幼儿在游戏中的创造性表现起着至关重要的作用。如果"娃娃家"游戏中都是小床、家具、厨具、水果、食物的仿真模型，那么，幼儿的想象和创造空间就几乎为零，幼儿不能根据自己的需要和想象来使用它们。

因此，教师开始有意识地在角色区添加低结构且具有更多可操作性的玩具或材料，如：大型的纸箱、鞋盒、帐篷、水桶；中型的积木、塑料筐、纱巾；小型的木条、小插片、水果网、毛球、碎纸片、魔法玉米等。这些大小不同、材质不同、形态不同的低结构材料很好地支持了幼儿的假想行为和创造性表现。

3. 以开放性环境促进幼儿的再提升

研究中，教师在班级游戏开展了一定时间后，开始尝试打破班级界限，以平行班为单位进行联动游戏，大大提升了幼儿游戏的兴趣与新鲜感，同时进一步扩大了幼儿交往范围。例如：中五班的"甜品屋"和中三班的"小医院"到了学期末，幼儿的热情眼看逐渐减退，这时与中二班的"拉面馆"、中一班的"大饭店"联合起来，幼儿的新鲜感马上提升了好几个度，他们开始走进不同的班级体验不同的主题游戏内容。起初，他们到邻班大多是以"客人"或"病人"的角色，后来随着幼儿的游戏意愿提高，他们开始尝试不同的角色进行游戏，使原有班级的角色区游戏再次注入新的主题情境，在此过程中也促进了幼儿游戏水平的进一步提升。

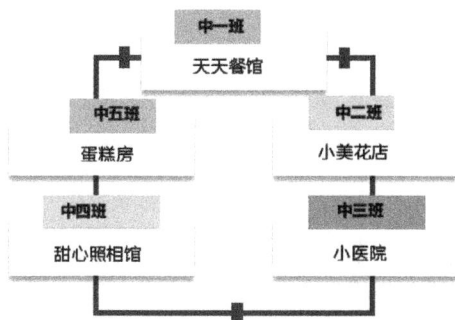

中班组主题游戏循环联动图示

4.利用游戏评价环节促进游戏持续深入开展

在实践中，教师还总结，"区域分享环节"也是教师不断挖掘和促进角色区主题游戏进行的有效环节。教师可以通过层层提问，引发幼儿的思考和自主讨论，从而带给幼儿新的生活经验。如："我看到你用布把娃娃包起来了，能说说你当时在做什么吗？后来又做什么了？""娃娃洗完澡，还可以做什么呢？""小朋友在家里洗完澡，爸爸妈妈会做什么呢？你能表演一下吗？"一系列问题的讨论有效拓展了给娃娃洗澡的游戏经验，并延伸出"给宝宝买油""浴巾摇篮"这样的主题游戏情境。

当然，只有教师提出高质量的问题，才可能让幼儿在经过自己的思维加工后意识到问题或产生新的经验，也只有幼儿真正参与过思考、分享和讨论才是有效的分享，他们才会或模仿或创造新的适宜行为于游戏之中，从而改善区域游戏中的问题，提升区域游戏水平。

示例：

"果蔬美精品店"主题游戏活动整体方案设计 [①]

一、实施范围

中班。

二、设计缘由

在幼儿园，同伴之间经常谈论道："我和爸爸妈妈去商场了。""我和爸爸妈妈去游乐园了。""我们买了好喝的果汁。"由此引发了自己喝过哪些果汁的话题。同时，果蔬店、果汁店是幼儿日常生活中经常接触的生活场所，对于角色游戏已经积累了很多经验，能够主动地很好地参与到游戏中，与伙伴用丰富的角色语言

---

① 张晶，北京市海淀区美和园幼儿园（智学苑分园）。

进行互动，反映自己对现实生活的理解与认识。所以班级的"果蔬美精品店"就开张啦。

三、活动目标

（一）观察了解周围的社会交往活动，有初步的模仿活动。（社会）

（二）在游戏中明确角色的职责，能进行角色交往，友好合作。（社会交往、语言）

（三）活动中能够使用不同材料进行假想游戏，同时能够动手制作所需物品。（艺术）

（四）了解水果对身体的益处，结合水果特点进行推销。（健康、语言）

（五）在游戏过程中能够使用礼貌用语与他人沟通，发展口语表达能力。（社会、语言）

（六）在活动过程中，能够初步了解货币，并进行简单计算。（科学认知）

（七）游戏分享时，大胆发表自己的意见，同时在解决问题的过程中推进游戏开展。（语言、社会）

四、主题维度

（一）以活动形式为导向——区域活动（角色区）、区域联动、生活活动、亲子活动。

（二）以幼儿认知经验为导向——体验、探究、实践。

五、主题网络图

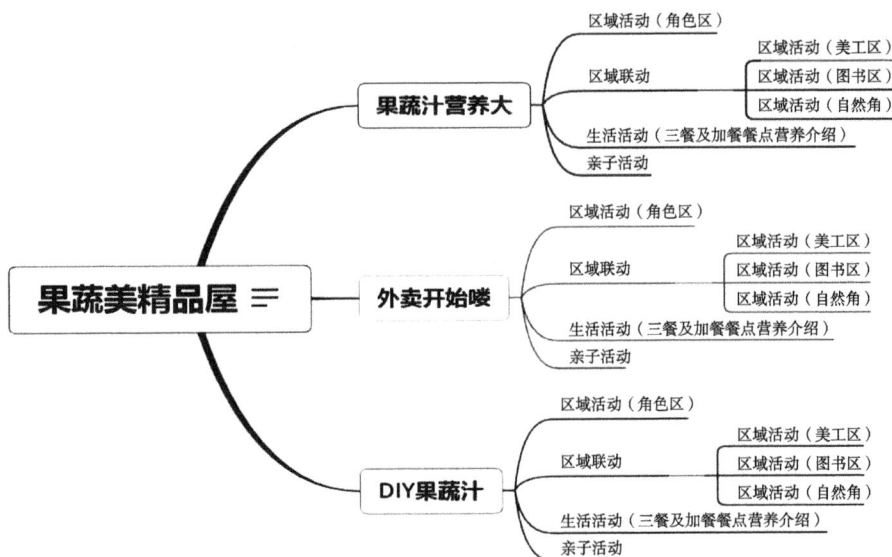

果蔬美精品屋

- 果蔬汁营养大
  - 区域活动（角色区）
  - 区域联动
    - 区域活动（美工区）
    - 区域活动（图书区）
    - 区域活动（自然角）
  - 生活活动（三餐及加餐餐点营养介绍）
  - 亲子活动
- 外卖开始喽
  - 区域活动（角色区）
  - 区域联动
    - 区域活动（美工区）
    - 区域活动（图书区）
    - 区域活动（自然角）
  - 生活活动（三餐及加餐餐点营养介绍）
  - 亲子活动
- DIY果蔬汁
  - 区域活动（角色区）
  - 区域联动
    - 区域活动（美工区）
    - 区域活动（图书区）
    - 区域活动（自然角）
  - 生活活动（三餐及加餐餐点营养介绍）
  - 亲子活动

六、活动计划表

时间段	游戏主题	活动目标	材料准备	重点指导	活动形式（区域联动/生活活动/亲子活动）
第一、二周	果蔬汁营养大	1.在游戏中能够明确角色职责，进行角色交往。 2.了解果蔬的营养价值，知道对我们身体的益处。 3.能够使用礼貌用语与他人交流	1.高结构：自制菜单，自制背包。 2.低结构：硬纸板、便签纸。 3.环境："果蔬美精品店"宣传栏，果蔬营养介绍	1.引导幼儿了解角色职责。 2.鼓励幼儿结合果蔬营养价值向客人推销产品	1.生活活动：幼儿进餐及加餐时，教师适时介绍果蔬对身体的益处及营养。 2.美工区：师生一起制作宣传海报
第三、四周	外卖开始喽	1.幼儿了解外卖流程，并初步尝试将食品送到指定位置。 2.幼儿结合食品特点进行宣传，并使用不同材料对食品进行包装	1.高结构：电话。 2.低结构：不同大小的箱子。 3.环境：创设快餐投放处	1.引导幼儿通过观察画面了解客人的需求，进行配餐。 2.引导幼儿在送餐过程中使用礼貌用语与他人交流	1.区域联动：角色区投放电话，以便客人进行订餐。 2.生活活动：餐前小小值日生进行报菜名，同时介绍蔬菜的营养价值

时间段	游戏主题	活动目标	材料准备	重点指导	活动形式（区域联动/生活活动/亲子活动）
第五、六周	DIY果蔬汁	1.幼儿能够指导他人进行果蔬汁制作，在操作过程中能够使用礼貌用语。 2.幼儿能够按照正确洗手法洗手，保持手部清洁。 3.游戏结束后能够将物品放回原位	1.高结构：一次性手套。 2.低结构：纸袋。 3.环境：等位休息区	1.引导幼儿熟悉制作流程，借用图文的形式向客人介绍。 2.引导幼儿向等位的客人介绍果蔬的营养价值	1.生活活动：引导幼儿按照正确洗手方法洗手。 2.美工区：幼儿装饰纸袋

七、建议

（一）准备工作。

1. 环境创设。

创设"果蔬美精品店"宣传栏，内容包括今日特价商品、最美服务人员评选。

2. 材料投放。

（1）高结构材料。（2）低结构材料。

3. 规则制定。

通过幼儿对游戏的反馈，在分享环节制定相关游戏规则。

（二）过程性指导。

1. 教师观察方式。

（1）逸事记录。（2）持续进行记录。（3）语言样本。

2. 教师指导方式。

（1）帮助幼儿积累相关的经验，实施铺垫，以便顺利推进游戏。

（2）外指导：教师以教育者的身份对幼儿的具体游戏行为进行现场直接指导，包括直接就事谈话，激发游戏兴趣，拓展主题或情节；直接快速介入，制止消极言行，保证游戏安全推进。

（3）内指导：教师作为幼儿的游戏伙伴，和幼儿共同处于情境中的指导，包括增添材料设计诱发情境，发展游戏情节或丰富游戏内容；扮演被动角色伙伴进行交往，运用模糊行为促进角色间的交往。

（三）家园共育。

1.前期经验准备，如带领幼儿参观水果店或蔬菜店。

2.活动前与幼儿共同搜集"特别推荐"的食物的相关知识。

3.邀请班级中有相关售卖经验的家长到班里为幼儿讲述自身经验。

（四）联动区域材料投放。

区域名称	联动情境	投放材料及指导要点
美工区	角色区需要为客人将食物打包带走，当区域里没有打包袋时，可以请美工区的小朋友制作装饰手提袋	1.手提袋：引导幼儿对纸袋进行粘贴、绘画等装饰，以便角色区游戏使用。 2.轻黏土：引导幼儿运用轻黏土制作仿真果蔬汁饮料
图书区	服务员在向客人介绍时需要了解果蔬的营养及对身体的益处，当服务员不了解时，可以去图书区翻阅相关图书	科普图书：幼儿通过阅读图书了解果蔬的特征及对身体的益处
自然角	幼儿在过渡环节，能够在自然角更加直观地了解不同果蔬的特征	真实果蔬：通过观察，幼儿了解果蔬的外形特征及内部特征

四、如何利用不同资源开展社会主题游戏活动

《幼儿园教育指导纲要（试行）》指出："幼儿园应与家庭、社区密切合作，与小学相互衔接，综合利用各种教育资源，共同为幼儿的发展创造良好的条件。"幼儿园主题游戏活动的灵活性与生成性决定了幼儿园教师应该开发利用家庭、社区中一切可以被利用的资源。可以充分挖掘家庭资源，通过家园合作，调动家长力量参与家园亲子主题游戏活动。还可以充分挖掘社区资源，探索有效的"家园社"合作方式，共同服务幼儿的发展。

（一）依托家庭资源开展社会主题游戏活动

1.家庭资源

《中华百科全书》将家庭资源界定为：每一个家庭所具有的人力与物力的总和。包括父母的职业地位、文化程度、教养方式、教育期望、家庭文化氛围、家庭经济收入、居住环境和文化商品。

幼儿主题游戏活动设计与实施探索中，家庭资源是教育学视角下的家庭资源，基于现有研究中对家庭资源概念的界定，本研究中的家庭资源主要是指幼儿家中可以为幼儿园主题游戏活动提供支持的人力资源、物质资源和文化资源的总和。其中人力资源包括家庭成员的职业、特长等，与家庭成员相关的邻居、朋友等社会关系。物质资源包括家长为幼儿园主题游戏活动提供的图书、玩具、生活用品、废旧材料、活动场地等支持。文化资源包括家庭的文化传统、教育经验与期望、家庭的氛围等。

2. 幼儿园对家庭资源的利用

现有研究从幼儿园利用家庭资源的意义、利用家庭资源的影响因素、利用家庭资源存在的问题、利用家庭资源的改进建议等方面进行了论述。

在幼儿园利用家庭资源的意义方面，相关研究提出能够补充幼儿园教育资源的不足，能够提高家长的育儿水平和能力。如 Berger 指出，家庭力量的参与在一定程度上为幼儿教育机构提供了人力资源方面的支持，使幼儿获得更全面的支持和关注，也提升了教师和管理者的知识技能[1]。国外的相关研究也在大量调查的基础上证明，如果家长参与幼儿的教育，各方都会从中受益，不仅对学校的教育质量有重要影响，还能够激发教师工作的热情，促进有效教学的发展。

在幼儿园利用家庭资源的影响因素方面，相关研究提出幼儿园的态度、幼儿园的活动安排，家长的感受、家庭的经济情况、家长的素养是影响幼儿园利用家庭资源的重要因素。如 Stacey 指出，教师和管理人员对家长参与教育过程的态度是影响双方合作效果的关键性因素，幼儿家庭贫困的经济状况成为建立家园关系的阻碍因素[2]。Greenwood 和 Hickman 从家长参与学校教育的影响因素的角度指出，家长参与学校教育受到以下三方面的影响：家长的态度和能力，家长的工作与健康因素，教师与行政人员的态度、知识和

① Eugenia H. Beger. Parents as Partners in Education: families and schools working together[M]. NJ: Prentice Hall, 2004.

② Mary Stacey. Parents and teachers together partnership in primary and nursery education[M]. Philadelphia: Open University Press, 2016.

技能 [①]。

在幼儿园利用家庭资源存在的问题方面，金虹青、徐晶认为，一方面是家长资源的开发容易走向两个极端，即家长资源开发缺失或者开发过度；另一方面是家长资源开发无序，缺乏一定的组织和制度保障，进而导致家庭资源的开发与利用后劲不足 [②]。刘爱云通过调查发现，幼儿园教师未深刻认识到家庭资源的重要性及其功能价值所在；家庭与幼儿园缺乏有效的沟通和交流，导致彼此之间的合作较为表面化和形式化；幼儿园对家庭资源的利用无论是在内容上还是在形式上都比较单一；幼儿园与家庭有效合作的实践经验不足 [③]。

在幼儿园利用家庭资源的改进建议方面，已有研究大多建议从建立家庭资源库、调动家长的参与意识、营造宽松的合作氛围等方面进行改进。如刘国丽建议，幼儿园应该对全园的家庭资源进行登记、分类整理，建立全园家庭资源信息库 [④]。董珊发现，为家长参与提供更方便的条件，会使家长更积极地参与子女的教育活动 [⑤]。

3. 主题游戏活动中家庭资源的开发利用

通过对已有文献的整理与总结发现，关于主题游戏活动中利用家庭资源的研究多集中在组织与实施方面，对于家庭资源的利用的研究侧重于管理层面。

陈丹通过对主题活动中家庭资源运用的种类、形式、数量、动机、成效及困境等方面的深入调查指出，幼儿园运用家庭资源种类的不平衡制约了主题活动效果的提升；家庭资源的利用较为表面化，未挖掘其深层次的价值 [⑥]。陈红建议教师可通过定期制作展板，将幼儿在主题活动中的材料、照片、绘

① Greenwood, G.E., Hickman, C. W. Research and Practice in Parent Involvement: Implication for Teacher Education[J]. The Elementary School Journal, 1991（3）.

② 金虹青，徐晶. 幼儿园家长资源开发策略 [J]. 学前教育研究，2008（8）.

③ 刘爱云. H 省 A 市幼儿园利用家庭、社区教育资源的研究 [D]. 上海：华东师范大学，2007.

④ 刘国丽. 幼儿园利用家庭资源优化物质环境的研究 [D]. 上海：华东师范大学，2011.

⑤ 董珊. 幼儿园利用家庭资源进行英语教育的研究 [D]. 上海：华东师范大学，2009.

⑥ 陈丹. 幼儿园运用家庭资源进行主题教育的研究 [D]. 上海：华东师范大学，2012.

画、建构作品等展示出来，让家长了解幼儿主题活动的由来、进程以及幼儿在主题中学习与成长状况①。徐惠芬建议，幼儿园在主题活动中有效利用家庭资源还应做到帮助家长更新观念，建构自身教育者角色；精心策划与设计主题活动，吸引家长贡献自身的资源；开展一系列亲子活动，丰富家长与幼儿的亲子体验，让家长持续地参与到主题活动中来②。

4. 家园合作开展社会主题游戏活动

幼儿主题活动的设计与实施，需要充分挖掘家庭资源，通过有效的家园合作，调动家长力量参与家园亲子主题游戏活动。家园合作是指幼儿园和家庭（包含社区）都把自己视为促进儿童发展的主体，双方积极主动地相互了解、相互配合、相互支持，通过幼儿园和家庭的双向互动共同促进儿童的身心发展。亲子游戏是家庭内父母（包括血亲关系的亲生父母与拟制血亲关系的继父母与养父母）与孩子之间，以亲子情感为基础进行的一种活动，是亲子之间交往的重要形式。在海淀区幼儿主题游戏活动的实践中，越来越多的幼儿园注重家庭资源的挖掘，通过家园合作开展亲子游戏，实现家园共育。

（1）家园合作开展社会主题游戏活动的依据。

家园合作开展社会主题游戏活动，作为新时代教育变革的鲜明体现，其重要性不容小觑。在当前教育环境下，幼儿园教育正经历着深刻的转型，旨在更好地适应社会发展需求，提升幼儿教育的质量与效果。这一转变不仅涉及教育理念的更新，还包括教育方式的创新，强调以幼儿为中心，促进其全面发展。《幼儿园教育指导纲要（试行）》明确指出，需要幼儿园、家庭和社会密切合作，协调一致，共同促进幼儿良好社会性品质的形成。幼儿园不仅是教育的实施者，更是家长教育理念的引导者和支持者。家庭与幼儿园各自拥有独特的教育资源和视角，唯有通过紧密合作，才能实现教育理念的深度融合，确保教育目标的协同一致，从而为幼儿的成长提供全方位的支持。

---

① 陈红. 幼儿教师开展探索型主题活动应具备的能力 [J]. 学前教育研究，2003（2）.
② 徐惠芬. 合理利用家庭教育资源顺利开展主题教育活动 [J]. 华夏教师，2015（S1）.

心理学研究进一步证实，积极的亲子互动对于塑造幼儿的个性、情感和社会技能具有不可替代的作用。主题亲子游戏活动作为一种寓教于乐的教育形式，不仅能够增进家庭成员之间的情感联系，还能有效促进家长教育观念的转变，使其更加注重幼儿的全面发展而非单一的学术成就。通过参与这些活动，家长得以亲身体验幼儿园的教育理念和实践，从而加深对幼儿教育重要性的认识，与幼儿园形成更加默契的教育共识。因此，家园合作开展社会主题游戏活动，不仅为幼儿的人格发展奠定了坚实的基础，还显著提升了幼儿园教育的整体质量，是推动幼儿教育现代化、实现家园共育目标的重要路径。以此能够培养出更加健康、快乐、富有爱心和积极向上的未来一代，为社会的持续进步贡献力量。

（2）家园合作开展社会主题游戏活动的作用。

家园合作在开展社会领域主题游戏活动中的作用至关重要，它不仅加深了教师对幼儿个体发展的理解，也为家长提供了深入了解孩子成长环境的机会，共同营造了一个促进幼儿全面发展的温馨空间。

首先，通过家园合作的主题亲子游戏活动，教师能够细致观察到亲子之间的互动模式，这有助于他们洞察每个幼儿的独特性格、兴趣和需求，进而调整教育策略，实现个性化教学。这种观察还能帮助教师理解家长的育儿观念和指导方式，促进双方教育理念的融合，确保教育的一致性和有效性。

其次，对于家长而言，参与亲子游戏活动是一次宝贵的学习经历。他们可以直接观察到幼儿在集体中的行为表现，从而更加客观地评估幼儿的社交技能、情绪管理能力和认知发展水平。这种近距离的接触不仅增进了亲子间的情感联系，还激发了家长对幼儿园教育理念的理解和支持，使家园合作变得更加紧密和高效。

最后，主题游戏活动创造了一个充满爱与支持的环境，幼儿在其中感受到了家庭与幼儿园的双重关爱，这为他们提供了探索世界的安全感和勇气。家长和教师的共同关注和鼓励，激发了幼儿的自信心和成就感，让他们在轻松愉快的氛围中乐于与人交往，培养了良好的社会交往能力。

家园合作开展的社会领域主题游戏活动，不仅加强了教师与家长之间的沟通与协作，还为幼儿创造了积极向上的成长环境，促进了其情感、社交和认知等多方面能力的全面发展。这种合作模式是构建和谐教育生态的关键，值得我们在实践中不断探索和完善。

（3）家园合作开展社会主题游戏设计的三个原则。

①"生活即课程"教育理念的基本原则。

主题亲子游戏活动的设计，在内容和材料上，仍然要遵循"生活即课程"教育理念的基本原则，通过实践得出的结论是，游戏内容越贴近生活，幼儿表达越充分、表现越积极；游戏材料越生活化，家长和幼儿的参与率越高。

例如：在小班主题亲子游戏"鞋子大作战"中，教师结合小班幼儿年龄特点和发展现状，设计了适合在室内进行的跳跃游戏，把鞋子当成隔物跳的材料，游戏中家长和幼儿利用鞋子单只摆、两只并排摆、三只并排摆来调整鞋子的距离；或者鞋尖鞋跟相连接摆成一排，来开展跨跳和开合跳的游戏；还可以将鞋头的方向前后左右变化，设计出各种形式的关于跳的游戏。此游戏材料既来源于幼儿的生活，方便家长和幼儿准备，又能达到锻炼的目的，让家长和幼儿享受游戏运动的乐趣，游戏参与率非常高，而且从视频中可以看到，每个家庭都玩得不亦乐乎。

在中班开展的"三八妇女节"节日主题教育中，教师在幼儿的互动中了解到幼儿想要主动给妈妈庆祝节日的愿望，航航说："我妈妈最喜欢吃水果沙拉啦！我想和爸爸一起给妈妈做个水果沙拉。"萌萌说："我妈妈喜欢吃我和爸爸做的爱心水果便当。"壮壮说："我和妈妈都喜欢吃小动物形状的大拌菜！"……结合幼儿的表达，教师和幼儿以及爸爸们，一起设计并开展了节日主题亲子游戏——水果蔬菜创意大摆盘，将蔬菜和水果通过创作和拼摆，小朋友拼出自己心中妈妈的模样，作为亲子礼物送给妈妈，在节日来临的温馨氛围下增进了亲子情感。这个亲子游戏参与率100%，家长也亲身感受到"生活即课程"的价值和意义。

②领域间相互渗透与融合的原则。

游戏设计上要思考领域间的相互渗透与融合，主题活动一般来说是综合活动，在设计上就会考虑到五大领域活动的开展与实施，那么我们在亲子游戏设计中也要遵循这个原则，在突出某一领域亲子游戏的基础上，将其他领域的隐性发展目标渗透其中。例如，在球类运动相关的主题亲子游戏中，热身环节可以加上音乐，让幼儿可以有节奏地热身，还可以在游戏环节中加上计数、方位分辨、亲子合作、拓展游戏玩法等内容，促进幼儿通过亲子游戏活动全面发展。

③以尊重个体差异为原则。

教师和家长在设计游戏时，要关注幼儿的原有经验，以尊重个体差异为原则。可以根据幼儿的发展现状，设计游戏的多种玩法，区分出不同的难易程度，方便幼儿逐级闯关，激发他们不断发起挑战的欲望，越玩越自信，也让不同能力水平的幼儿都能参与其中，获得自身纵向发展。

例如：在大班幼小衔接"我要上小学"主题活动中，教师和家长共同设计并开展了语言领域的、多个体现不同层次的主题亲子游戏，如"说相反"游戏中，第一关：家长和幼儿用图卡和汉字结合的方式相互出题来说相反；第二关：家长说一个词，幼儿运用身体动作直观表达词的相反含义。再如亲子游戏"动物园里有什么？"第一关：幼儿有节奏地说出各种动物名称即可；第二关：当幼儿对动物种类的积累到一定量后，调整为按动物的某一属性玩应答游戏，可以是"动物园里谁会飞？""动物园里谁会爬？"……每名幼儿在不同层次的语言游戏中与家长开心互动，不断提高开展挑战类闯关游戏的欲望，在自己原有水平上提升了语言表达能力、认知能力、学习能力，为升入小学做好准备。

在中班主题亲子游戏"有趣的纸牌"中，教师根据幼儿不同发展水平，设计了不同层次的游戏。玩法一：对于不太了解纸牌的幼儿，教师和家长可以通过纸牌分分乐游戏，帮助幼儿首先将相同的花色进行分类，以便于幼儿更加直观地认识纸牌的四种花色。玩法二：对于排序认知发展较滞后

幼儿主题游戏活动指南

的幼儿，教师和家长可以通过纸牌接龙游戏，帮助幼儿运用点数的方式按照从小到大或者从大到小的顺序进行排序。聪头妈妈说："纸牌接龙游戏特别有意思，孩子通过点数纸牌上面的图案，立刻就说出了数字，并快速找到了下一个要接龙的扑克牌。"除此之外，在开展同一个游戏的过程中，教师和家长可以根据幼儿的发展水平进行有层次性的材料准备，让游戏更加贴近幼儿的阶段发展目标，富有挑战性。例如：在开展纸牌翻翻乐游戏中，幼儿将花色相同且数字相同的纸牌进行消除。面对发展较慢的幼儿，家长可以先提供两种花色的纸牌，通过亲子游戏帮助幼儿明晰游戏玩法的同时，锻炼幼儿的记忆能力和快速应变能力。面对发展较快的幼儿，家长可以提供多种花色的纸牌，以满足幼儿的挑战性，帮助幼儿在游戏中逐渐获得自信心和成就感。

（4）家园合作开展社会主题游戏的家园指导策略。

在家园合作开展社会主题游戏的过程中，家长主要承担亲子游戏的组织者与实施者工作。在指导家长组织实施游戏的过程中，幼儿园总结出值得借鉴和推广的指导策略。

①注重游戏情境的趣味性。

《幼儿工作规程》提出"幼儿园教育应以游戏为基本活动"，明确了游戏在幼儿园一日生活中的地位。而在游戏开展过程中，游戏情境创设的趣味性，对幼儿参与游戏的积极性以及在游戏中的状态起着至关重要的作用。在主题亲子游戏开展中也同样如此。在课题实践研究的初期，有很多家长都遇到了同样的问题，那就是自己特别积极热情地和孩子一起做亲子游戏，但是孩子参与的状态总是有些不尽如人意，持续的热度不高。教师观察和分析亲子游戏情境时发现，家长虽然提供了丰富的游戏材料，投入了热情，但是却缺乏有趣的游戏情境，因此幼儿容易出现游戏乏味的情况。因此，在指导家长开展主题亲子游戏时，教师注重引导家长为幼儿创设具有趣味性的游戏情境，通过有趣的情境将幼儿真正地带入到亲子游戏中，让幼儿保持一种积极主动的状态。

例如，在大班主题亲子游戏活动"75岁的花式告白"中，教师和家长创设了"一起为幼儿院75岁庆生"的游戏情境。结合大班幼儿年龄特点，鼓励幼儿运用自己的搭建经验，创作生日作品。在整个游戏活动中，幼儿主动表达自己的想法，寻找材料，积极尝试和创作，明明用75个纸杯，搭建了六一幼儿院的标志——延安宝塔山；淇淇用75个小花插片，组合成大大的爱心；澈澈用75根牙签拼摆出对称的气球和六一院标；心心用75块玩具磁片拼搭出幼儿院户外活动场深受大家喜爱的大长龙……游戏中幼儿不仅通过作品表达了自己对幼儿院的爱，增强了集体荣誉感，同时感知了75的数概念，在数与量的对应关系、空间关系等方面也获得了发展。

②注重游戏材料的操作性和游戏过程的探究性。

在游戏中幼儿是主角，成人扮演的角色更多的是支持者和陪伴者。教师在指导家长组织实施游戏时，要注重游戏材料的可操作性和探究性，使幼儿真正成为游戏的主人。

例如，在大班主题亲子游戏"熔岩灯"中，家长在设计游戏时，考虑到小苏打、醋是在之前的活动中幼儿接触、了解、感兴趣的材料。为了让幼儿在了解醋、小苏打酸碱性的基础上，进一步探究醋、小苏打物理与化学性质现象，在游戏中还加入了食用油、彩笔水。这些材料是生活中的常见物品，无安全隐患，便于幼儿独立进行操作和探究。材料的可操作性和探究性，让幼儿在看到小苏打与醋反应现象的同时，也看到水油分离、不相溶的液体的分层现象。激发了幼儿对科学游戏的兴趣和对生活中科学现象的好奇心与探究欲。

再如，在大班主题亲子游戏"不倒翁罐头"中，家长仅提供了易拉罐和滴管，需要幼儿一点一点向易拉罐内加水，逐步探究水量达到多少，能够使易拉罐逐渐平衡达到不倒翁的状态。在游戏过程中，幼儿通过操作和探究获得了成功感和满足感，体会到科学亲子游戏的乐趣；在小班主题亲子游戏"彩虹摩天轮"中，家长仅提供好吃又好看的彩虹糖，幼儿可以自己摆放彩虹糖以及倒水入盘，观察和探究彩虹糖融化和各种色彩相互融合的过程。

这样的主题亲子游戏在幼儿园的实践案例中有很多，家长通过实践研究发现，当游戏具有可操性和探究性时，幼儿在游戏中的状态是积极主动的、观察是可持续性的、思维是敏捷的，而且他们更乐于表达和表现。不仅锻炼了他们的空间认知和手眼协调能力，还促进了创造性思维和社会协作技能的提升。

③注重游戏过程中适宜的支持性和引导性。

在亲子游戏过程中，家长的支持和引导方式需要因材施教，根据幼儿的年龄和能力调整。对于小班幼儿，家长应适当放手，减少过度保护，鼓励幼儿独立尝试，同时给予必要的安全指导和情绪支持。例如，在"我爱我家"主题游戏中，家长可以引导幼儿使用简单的绘画和手工工具，自制家庭成员的画像或小物件，增强自信心和家庭归属感。而对于大班幼儿，家长应更多地充当观察者和启发者，鼓励幼儿自主探索，适时提出开放性问题，促进幼儿深层次的思考和学习。比如，在大班主题亲子游戏"包饺子，过冬至"的开展过程中，教师指导家长不仅要支持幼儿自己动手包饺子，还可以在游戏中通过交流互动，引导幼儿发现饺子馅的不同及其寓意的不同。在家长的启发下，幼儿不仅开心地与家人包饺子过冬至，还通过查找资料，了解到饺子馅的文化渊源，后来还引发他们大胆地想象，在家里积极探索不同种类的饺子馅：豆沙馅、巧克力馅、水果馅、干果馅……各种味道层出不穷、各种寓意天马行空，家长和幼儿玩得不亦乐乎！家长们都感叹道，这个有着1800多年历史的中华传统节日，第一次在与孩子的游戏中过得格外的有童趣和有意义！

通过上述策略的实施，家园合作不仅能够丰富幼儿的游戏体验，还能有效促进其社会情感、认知和技能的全面发展，为幼儿的健康成长奠定坚实的基础。同时，这样的合作模式也有助于增进家庭与幼儿园之间的沟通与理解，共同营造一个有利于幼儿成长的良好环境。

④注重游戏评价的目的性和适宜性，注重过程性评价。

在主题亲子游戏中，对幼儿的评价主要由家长来承担，虽然家长的评价多数情况下是积极正向的，却存在评价内容不具体、评价方式单一等问题，最常见的就是夸幼儿"你真棒！""你是最棒的！"然后亲亲、抱抱、奖励一些好吃的等。那么如何让家长能够有目的地、适宜地评价幼儿在亲子游戏中的表现呢？教师在实践中，指导家长开展不同的主题亲子游戏，应该重点从以下几方面进行指导：①指导家长学会关注亲子游戏的设计目标；②指导家长注重对幼儿进行过程性的评价；③指导家长注重评价方式的适宜性。

示例：

北京市六一幼儿院"家园合作开展主题亲子游戏活动"

北京市六一幼儿院总结以往在家园共育课程中实施开展的丰富的家园合作亲子活动、积累的丰富的实践经验，发现在实践中家园合作的形式比较传统，教师设计的主题亲子游戏的目标定位和实施策略有待提高；课程设计与实施也缺乏整合性、系统性，为此，北京市六一幼儿院深入开展"家园合作开展主题亲子游戏活动"的实践探索。

一、北京市六一幼儿院"家园合作开展主题亲子游戏活动"的实践探索

北京市六一幼儿院开展的家园座谈会、育儿沙龙、家委会、亲子游戏活动等多种形式的家园合作，得到家长们的一致好评，充分体现了"家园之爱"办园特色；通过开展一系列围绕某一主题的亲子游戏活动，例如，以"新年"为主题的亲子音乐会、以"科技环保"为主题的亲子科学游戏嘉年华、以"世界读书日"为主题的亲子故事会等，促进亲子之间的感情交流，密切亲子关系，促进幼儿的健康发展，而且对于幼儿的实物游戏和伙伴游戏也具有重要的促进和影响作用。幼儿在亲子游戏中获得的对待物体的态度、方式方法以及人际交往的态度、方法会迁移到实物游戏和伙伴游戏中去。（北京市六一幼儿院创造性地开展"主题亲子游戏活动"的家园合作实施途径见附表）

附表：北京市六一幼儿院创造性地开展"主题亲子游戏活动"家园合作实施途径

途径	频次	作用
家长会	一学期两次	由教师发起，邀请家长参与，结合班级主题活动开展、阶段性重点活动推进，以幼儿活动发展与家园共育策略的实施为主题的交流研讨活动。活动中注重通过视频、照片、录像等形式，引导家长看见幼儿的发展，读懂教师的教育策略，理解家庭教育的策略方法 如，小班入园初期，当家长在幼儿生活自理能力培养方面遇到困惑而焦虑的时候，教师针对这些问题开展了"游戏化的生活能力培养策略"家长见面会，教师现场和家长互动，引导他们了解怎样通过创设游戏情境、以游戏化的方式和游戏化的语言来引导幼儿，快快乐乐地学习新本领；当大班家长对幼小衔接产生焦虑时，班级开展了"幼小衔接家园亲子论坛"，教师邀请桐桐妈妈围绕"如何根据幼儿兴趣引导幼儿轻松识字"这一内容进行经验交流。论坛中，桐桐妈妈不仅巧妙地运用视频、照片的形式，真实地为聆听的家长再现了幼儿学习识字的过程，也通过一问一答的形式，为处在幼小衔接阶段的幼儿家长们缓解了一定的焦虑。其他家长通过这样的幼小衔接主题论坛，了解和学习到家园亲子游戏的趣味的识字游戏方式，不仅提高了幼儿的识字兴趣与识字能力，还在游戏的过程中有效促进了良好亲子关系的形成
每月一播	一个月一次	这是教师通过录屏的方式，借助班级群或腾讯会议等线上平台，一个月进行一次的有主题的播报。 比如，小班的每月一播，10月重点播报生活类的主题亲子游戏；11月重点播报区域游戏中可延伸至家庭的亲子游戏；12月重点播报主题活动中可以促进幼儿五大领域全面发展的亲子游戏；1月重点播报庆祝新年节日主题下的亲子游戏。 通过这种方式可以帮助家长了解幼儿发展现状，明确班级主题亲子游戏设计案例的内容和指导方向
线上有约	不定时	教师结合班级主题活动开展情况，针对幼儿活动中的发展需求，为家长提供具体的家园亲子游戏案例，引导家长开展家庭亲子活动，也可以理解为主题活动延伸到家庭的家园的同频共振，主要是鼓励家长积极参与，提高家园亲子陪伴质量。 比如，在升班教育主题活动的开展过程中，小班教师针对幼儿使用筷子的情况，通过线上有约的方式，把各种和筷子有关的亲子游戏分享给家长，指导家长如何通过游戏，提升幼儿使用筷子的兴趣和能力，促进其手部的灵活性。中班教师针对幼儿跳绳的情况，把各种花样玩绳的亲子游戏分享给家长，指导家长如何通过和幼儿一起玩绳，发展幼儿的身体协调性，让幼儿爱上跳绳

途径	频次	作用
一对一个性化指导	不定时	这是一种私人定制式的家园约会，可以由家长发起，也可以由教师发起。在本课题中主要以教师发起为主，家园就幼儿发展中的优势或者问题相互交流，既可以让家长更全面地了解幼儿的发展与需求，也可以帮助家长有针对性地答疑解惑，调整教育策略与方法，促进幼儿的发展。 如，教师在日常观察中发现萱萱小朋友在语言表达能力方面发展较好，逻辑思维能力较强，再通过一对一沟通了解到萱萱父母不仅经常给她讲故事，还利用生活中的小情境还原故事内容，即兴地进行家庭故事情境表演。由此，在大班"我是小记者"主题系列活动中，教师与萱萱妈妈进行了沟通，希望家长能创编一个家庭语言小游戏在班级中进行推广。就这样，趣味家庭亲子游戏"电台小主播"油然而生，游戏中，一名成员做听众，另外几名家庭成员分别做"音乐台""体育台"等的小主播，当小听众按下小主播前面的小灯牌时，小主播就要即兴进行相应的广播，如，点击"音乐台"时，小主播就要唱歌，切换到"体育台"时，就要即兴说一些体育方面的知识等。"电台小主播"游戏的开展，不仅获得了小朋友和家长的喜爱，在游戏推进的过程中，也为班级主题活动中语言领域及社会领域等方面的发展提供了帮助与支持。 再如，当教师发现班级有个别小朋友用眼习惯不好，家长对此也有许多的困惑和焦虑时，教师组织开展了主题活动"明亮的大眼睛"。其中针对一涵年龄小，不太配合矫正视力，不愿意戴眼镜的情况，对家长进行了一对一指导，教师将主题游戏活动延伸到家庭。如扮演游戏"眼镜王子"，让家长和幼儿通过角色扮演，知道戴上眼镜的不方便，激发幼儿主动保护眼睛的愿望；通过"找不同"游戏，家长和幼儿在游戏互动中不仅锻炼观察能力，还体验到生活中处处都能用到眼睛，知道眼睛也是身体的重要器官。家长在家中还和幼儿一起主动设计有关于保护眼睛的小游戏，如"我是小医生"，在家中和幼儿一起测查视力。在和家长角色互换的游戏过程中，一涵还认识了视力测查表，激发了一涵渴望自己的视力越来越好的情绪情感。 家长通过和教师的个性化约谈，感受到教师提供的策略是从幼儿的角度出发，切实有用，并且运用游戏化的方式引导鼓励幼儿，这样的沟通不仅是促进家园合作发展的好途径，也能为家园彼此信任奠定良好的基础

二、六一幼儿院"家园合作开展主题亲子游戏活动"的实践成效

六一幼儿院"家园合作开展主题亲子游戏活动"的实践探索，促进幼儿园和家庭之间建立一种平等互动、科学高效、系统完善的家园合作新样态，赋能幼儿园教育质量提升；帮助幼儿促进身心发展，为其人格发展奠定基础；使家园都更全面地了解孩子，帮助教师更新教育理念与实践，更加有效地服务于社会，帮助家长更加了解幼儿，科学育儿，促进孩子健康成长。

（一）实现每一个幼儿纵向的发展与成长。

通过家园合作开展主题亲子游戏，幼儿在游戏中感受到了家长有质量的陪

伴和爱，情绪更加稳定和积极，在活动中更愿意主动地表达和表现，自信心得到了发展，尤其一些在幼儿园里表现得比较内向的孩子，通过亲子游戏得到了更多的关注和发展。如，小班主题游戏活动"好玩的球"开展过程中，幼儿对玩球产生了浓厚的兴趣，因此在疫情期间，教师和家长一起设计开展主题亲子游戏——"花样玩球"。游戏中家长陪伴幼儿一起玩球，探索球的花样玩法，有的家长和幼儿一起体验花样传球，有的幼儿和家长一起互动拍球，还有的幼儿和家长自创参与室内版保龄球运动。家长通过视频录制的方式记录幼儿的游戏过程，并用照片记录精彩瞬间。通过家长和幼儿的多次游戏体验，幼儿不仅获得了大肌肉的发展，还提高了动作的协调性和灵活性。露露是一名性格比较内向的幼儿，起初在拍球活动中由于不会拍球，不敢在户外活动中尝试拍球，但是通过参与亲子游戏"花样玩球"，假期回来后的露露变得自信、外向，尤其在户外活动中更加愿意主动和小伙伴们一起拍球，体验球类游戏带来的乐趣。露露妈妈反馈道："我觉得主题亲子游戏的形式特别好，能够让我更加直观地了解孩子在主题游戏中的运动水平，让我更加清晰如何借助球类游戏实现高质量的陪伴，最重要的是，每次和孩子一起游戏，我都能看到她久违的自信与乐观。"

（二）在科学探究和数学认知类的主题亲子游戏中的幼儿的长远发展。

在一些科学探究和数学认知类的主题亲子游戏中，幼儿的独立思考、探究能力、解决问题能力以及深度学习能力得到了指导和提高。如，在小班科学类主题亲子游戏——"渐变的牵牛花"中，家长为幼儿提供了各种各样的纸，鼓励幼儿自己用剪刀剪出喜欢的花的形状，用水彩笔画边缘，再用滴管滴水在"花"上，然后引导幼儿观察"花"的颜色的渐变过程。待"花"干了之后，幼儿还进行了艺术创作，从幼儿分享的视频中，有的幼儿能清楚地描述出花渐变的过程、花的颜色、花的数量等。在此亲子游戏中，幼儿提升了动作操作能力、探究能力、观察能力、艺术表现力、语言表达能力和计数能力，这对于幼儿的长远发展非常有价值和意义。

（三）促进教师课程建设与专业能力的发展。

通过参与课题实践，教师对主题亲子游戏的认识和理解提升到了新的高度；活动的设计内容和思路越来越广泛；对家长实施的方法与策略也越来越多，与家长沟通与合作的内容与策略也更加丰富，实践中总结出来很多主题亲子游戏案例，形成了案例集锦。教师通过自己的对主题亲子游戏开展过程中的研究与思考，书写出了大量的论文、观察记录、教育随笔发表或获奖，增强了教师对自身专业的自信和通过课题研究实现专业成长的认同感，帮助教师实现从经验型向研究型的转变。在一次主题亲子游戏实践分享会中，一位教龄28年的教师在总结自己对于主题亲子游戏新的认识和理解时谈道："过去我们的亲子游戏都是按照经验玩一些老游戏，其实幼儿积极性不高，现在的主题亲子游戏是教师结合主题活动设计出来的，内容更加具有针对性，对幼儿的发展更有意义，且主题亲子游戏结合了主题活动的内容，更加贴合幼儿的原有经验和兴趣需要，幼儿在亲子游戏中更加积极和主动。因此，当家长看到幼儿在游戏中的行为表现，他们的情绪也会受到感染从而整体参与率更高了。我认为这就是主题亲子游戏带来的家园共育的良性循环。"一位教龄8年的青年教师也谈道："在亲子游戏的设计和指导过程中，对于领域目标的关键经验、年龄特点以及学习方式的理解和把握更加准确，如，在小班主题亲子游戏——'青椒变变变'中，幼儿和家人用青椒进行拓印、粘贴、涂色、手工制作等，和青椒成为'好朋友'，建立了情感连接，帮助幼儿自然而然地养成了爱吃青椒的好习惯。同时还发展了幼儿的想象力和创造力。"

（四）实现家长育儿观念和亲子陪伴中的状态转变。

家长通过参与主题亲子游戏，越来越理解游戏对于幼儿成长具体的独特价值；在游戏中学会观察幼儿的游戏行为，学会倾听幼儿的表达，并及时给予积极的回应，通过亲身实践感受到了高质量的陪伴对幼儿身心发展的意义。在大班家园主题亲子游戏"收纳小能手"的实践中，家长真实感受到家园亲子游戏的魅力，在亲子陪伴中感受到大班幼儿入学所需的关键素质贯穿在整个游戏过程中。幼儿在多种收纳游戏（课桌、衣橱、小书包、文具盒等）中运用数学的方式解决收纳中的问题，分类、排序、判断、数数等关键经验获得发展；在幼儿运用有序、清晰、连贯的语言描述自己整理、收纳书包、课桌以及小衣橱的好方法时，又感受到为幼儿营造想说敢说乐说的积极氛围的重要性；在与幼儿进行"整理衣橱小能手"的竞赛游戏中，家长将孩子薄厚不同、种类不同、色彩不同的服装混在一个柜子里，亲子共同来计时整理收纳，看谁在有限的时间内，整理的服装多且整齐，幼儿生活能力、动手能力、空间能力、时间管理能力获得发展。渐渐地，家长逐步放下焦虑，从科学角度有目的、有计划地参与到幼儿每一天的成长中，享受亲子游戏带来的美好体验。家长在共同游戏中悄然走进幼儿的世界，并运用幼儿最喜欢的方式平等对话、耐心交流、快乐游戏、共同成长，使其更加理解幼儿的学习方式和特点，珍视游戏对于幼儿发展的独特价值。

（五）拓展幼儿园课程实践研究的领域和园本课程资源。

家园合作开展主题亲子游戏，拓展了幼儿园课程实践研究的领域和园本课程资源。在近三年的实践探索中，教师在设计家园亲子游戏中涉及的领域更加全面，在过程中更加注重目标的整合和领域间的融合，在引导家长共同参与亲子游戏的过程中，关注学科和幼儿关键经验的发展，关注幼儿学习特点和学习方式，关注亲子游戏中幼儿学习品质的培养。先后开展了"劳动小能手""健康小达人""纸牌王国真有趣""一封信的旅行"等家园亲子游戏，家长的反馈不再是"孩子真开心""孩子真棒""孩子真是了不起"等缺乏含金量评价的空话。而是在教师的引导下尝试记录和描述幼儿的行为表现，真实地记录幼儿在游戏中的成长轨迹和学习与发展，在幼儿探索时懂得观察等待、在幼儿发出求助的眼神和请求时适时回应、在幼儿想要放弃时给予最真诚的鼓舞、在幼儿取得成功时一起击掌欢呼，总之，让幼儿能够在一个充满爱和尊重的、富于理解和激励的、宽松而安全的、积极互动的环境中快乐发展。也正是基于以上探索，幼儿园课程从家园共育的角度更加全面和深入。从线上有约到每月一播，从线下家长会到云端家长沙龙，从面向全体的指导建议到兼顾个别的一对一个性化指导等，均为家园亲子课程的实施和良好的家园关系保驾护航。家长资源的充分调动，也为幼儿园课程建设增添了力量，从而使院区"家园之爱"的办园特色在实践中的瓶颈得以突破，挖掘出了更多的家园合作的生长点。2020年寒假期间，院区依托小飞龙家校社为核心调动家长资源，发挥家长力量，推动家园参与课程的建设，开展了"我心温暖如春"家园故事的征集与推广，共计收集77篇家长记录的幼儿在家园亲子游戏方面的陪伴故事。在这些有情有义的温暖故事中，看见儿童、看见家长、看见家园亲子游戏对幼儿乃至一个家庭的浸润。倡导家长进一步适应新时代需求，重视亲子关系，促进家庭教育的发展。

（二）依托社区资源开展社会主题游戏活动

1. 社区资源

《社会学辞典》将社区资源定义为："社区赖以存在和发展的物质资源和社会资源的统称。"既包括"阳光、空气、水源、土壤、矿藏等自然条件"，还包括"一人力资源；二财力资源；三设备资源；四智力资源等"。

在幼儿主题游戏活动设计与实施探索中，社区资源是教育学视角下的社区资源，是幼儿园所在社区周边环境中蕴含的具有教育教学价值的各种资源的总和。既包括以社区居民为主的人力资源；也包括社区中的绿化、建筑、娱乐设施，及周边超市、医院、博物馆、公园等物质资源；还包括社区人们的日常生活、文化历史传统与场所等让幼儿感受本土文化的文化资源。

2. 幼儿园对社区资源的利用

《幼儿园教育指导纲要（试行）》中指出："幼儿园应与家庭、社区密切合作，与小学相互衔接，综合利用各种教育资源，共同为幼儿的发展创造良好的条件。"

社区资源是幼儿园课程的重要资源之一，许晓蓉提出，通过普查的方式建立并综合利用资源库，充分利用家庭和社区中的人力资源、社会文化资源、自然资源，通过"请进来、走出去"的模式，为幼儿提供多样化的活动平台[1]。韦丽华提出，努力挖掘社区中的自然环境、人文资源、物质环境等教育资源，使其最大限度地得以利用，如结合风景名胜，对幼儿进行爱家乡的教育；利用民俗风情文化，引领幼儿进行主题探究活动；以得天独厚的自然地理产物，丰富主题活动内容[2]。

3. 主题活动中社区资源的开发利用

主题活动为社区资源在幼儿园课程中充分发挥教育意义创造了条件。武文斯对桂林市象山区 4 所幼儿园在主题活动中选择与利用社区资源的情况进

---

① 许晓蓉. 幼儿园整合社区教育资源策略探微 [J]. 学前教育研究, 2006（Z1）.
② 韦丽华. 利用社区资源开展幼儿园主题活动的尝试 [J]. 基础教育研究, 2009（1）.

行研究，认为通过建立幼儿园主题活动社区资源库，积累选择与主题活动内容有关的、与幼儿经验相联的社区资源；深入研究主题活动教材，促进主题活动的生成；通过"请进来"与"走出去"相结合利用社区资源；以"家长"为桥梁利用社区资源；结合园本教研，促进主题活动中特色、优势社区资源的利用；建构与社区的合作等具体可行的方法，真正做到在幼儿园主题活动中选择与利用社区资源，形成幼儿园与社区的良好互动①。李茂华充分挖掘和利用周边的教育资源，通过资源筛选编地图、课程审议价值筛选、主题规划选择内容、实施主题活动指导等途径来开展幼儿园主题活动的实践尝试②。雷红梅研究中国台湾幼儿园利用社区资源开展主题教学活动中，可供借鉴的启示有：主题教学活动是承继"孝悌仁爱"文化的重要途径；建立具有特色的社区文化；主题实施过程中新主题产生于旧主题基础之上；多元动态的幼儿评价模式促进幼儿的全面发展；选择儿童的视角，践行现代儿童观；集体教学情境下进行主题教学的思考③。

西方学前教育发达的国家都倡导幼儿园要重视利用家庭和社区的各类教育资源，使幼儿丰富和深化对自己、他人及社会的认识。通过对已有文献的梳理与总结发现，有关家庭与社区资源开发利用，以及幼儿园主题活动的研究在理论与实践上都已经取得了一定的研究成果，为本研究奠定了基础。

但是，利用家庭与社区资源开展主题游戏活动还处于实践与探索阶段，相关资源缺乏系统整合，家庭及社区资源的真正价值未能在主题游戏活动中体现，教师在主题游戏活动中利用家庭与社区资源的意识与能力不足，使家园社区协同开展主题游戏活动尚未形成系统的、全面的分析与论证。

在建构"家园社"协同教育模式的基础上，综合利用家庭与社区资源进行幼儿主题游戏活动的研究是非常有必要的，可以使幼儿园的教育与家庭、社区生活紧密结合，形成"三位一体"的育人机制，积累利用家庭社区资源

---

① 武文斯. 幼儿园主题活动中社区资源的选择与利用研究 [D]. 桂林：广西师范大学，2015.

② 李茂华. 利用周边教育资源开展幼儿园主题活动的实践尝试 [J]. 江苏教育，2016（Z2）.

③ 雷红梅. 利用社区资源进行主题教学的案例研究——以台南市 A 幼儿园为例 [D]. 兰州：西北师范大学，2016.

开展主题游戏活动的实践经验。

4.社区资源开发利用的途径[①]

幼儿园需要对所在社区的资源进行充分的了解，对文化、娱乐、教育、医疗等各个方面开发利用。

充分利用社区丰富的生活资源。幼儿园应当充分利用社区内的超市、饭店、医院、图书馆等资源，使幼儿认识和了解社区的生活样态，拓展幼儿教育的范围，丰富幼儿的生活认知。比如，教师可以组织幼儿到社区水果店开展实践活动，指导幼儿认识不同种类的水果，并引导幼儿用语言描述这些水果的颜色、形状等。教师还可以让幼儿去购买不同的水果，学会与售货员阿姨沟通交流，并在这个过程中认识人民币。

充分利用社区的自然资源。社区的自然资源主要包括社区的花草树木和绿化场地。教师可以组织幼儿到社区内的小公园去欣赏春天的美景。公园里景色优美，各种花朵竞相开放，教师可指导小朋友认识各种各样的花草树木，认识各种各样的昆虫，从而感受春天的惬意和美好。

充分利用社区的人力资源。社区中有医生、教师、厨师、司机、律师等工作人员，这既能丰富幼儿教育的资源，同时也能拓展幼儿教育的课程内容。比如，幼儿园可以邀请社区内的医生为幼儿讲解如何健康饮食、如何保护牙齿、如何预防感冒等有关身体健康的话题；邀请厨师教幼儿做简单的饭菜，这样可以极大地增强幼儿园教学的趣味性，提高幼儿的学习热情。

5.幼儿主题游戏活动家庭、社区资源开发利用的策略

为了充分开发与利用家庭及社区资源，有效开展幼儿主题游戏活动，幼儿园要加强课程领导，转变教师教育观念；结合教育目标，整合多方教育资源；多方沟通协调，取得家长、社区的支持配合。

（1）加强课程领导，转变教师教育观念。

在主题游戏活动组织实施中，通过理念引领和专业支持两个维度，加强园所课程领导力，促进教师不断转变教育观念，追随幼儿进行主题游戏实践。

---

① 连春平.幼儿园、家庭、社区合作共育的策略[J].学园，2023.16（9）：77.

在教育理念方面，针对研究问题，支持教师自主查阅资料，交流分享，明确主题游戏活动相关概念内涵及已有研究经验；邀请专家指导，通过集体和分组研修、班级分享主题活动案例等方式组织培训，帮助教师落实幼儿视角，丰富主题活动中的具体游戏内容，支持幼儿自主、深度学习。

在专业支持方面，分阶段组织教师开展研修活动。在主题活动开展前，针对主题游戏设计思路展开研讨，明确主题游戏活动的目标、可探究的问题、活动形式和家庭、社区资源利用方法。在主题活动开展中，教师通过与幼儿对话，了解幼儿在主题游戏活动中的兴趣和问题，生成新的活动，支持幼儿在活动中不断解决新出现的问题，使幼儿的探究走向深入。在主题活动结束后，共同总结活动经验，撰写实践案例，进行小组分享、同伴学习，并固化实践成果，为后续活动开展提供思路。

（2）结合教育目标，整合多方教育资源。

结合前期课题研究中的调查及访谈结果，对家庭及社区资源进行梳理，分为人力资源、物质资源和文化资源三类，同时明确每个类别下具体可以列用的资源内容。

为了在主题活动中更有效地利用教育资源，教师还需共同讨论其中哪些有教育价值，哪些便于幼儿互动探究。具体来说，教师可以按照以下原则进行筛选：

首先，教育资源要符合幼儿的年龄特点及认识发展水平。

其次，教育资源要源于幼儿已有生活，幼儿对其有一定的生活经验。

再次，教育资源要能够引发和满足幼儿的探究兴趣。

最后，教育资源要利于园所及家庭、社区多方互动。

明确以上资源筛选原则后，园所组织教师亲身到有关场所进行文化体验，找到幼儿喜欢的，便于融入园本课程的家庭及社区资源。接下来，以主题游戏活动为载体，结合教师对幼儿兴趣的把握，以及幼儿近期发展的目标需要，确定班级运用家庭及社区资源开展主题游戏活动的方向。

（3）多方沟通协调，取得家庭、社区支持配合。

教育资源的运用离不开家庭、社会的支持与配合，三方协同，形成合力，才能使幼儿在主题游戏活动中获得最大发展。

家庭层面。通过学期初的班级家长会，向家长传递科学的育儿理念，提高家长对自身教育资源的重视程度，取得家长对主题游戏活动的支持与配合；面对父母工作忙，幼儿多由祖父母看护的情况，将家庭教育的对象进行拓展，从父母扩大到祖父母层面，如带领祖父母进行社区植物观察体验，帮助祖父母理解社区植物观察的目标，明确幼儿的学习方式，以使祖父母能利用离园后的时间与幼儿共同进行文化体验。通过多渠道的家庭合作，赢得了家长的支持与配合，越来越多的家长愿意参与到与主题游戏活动之中。

社区层面。结合教育资源运用的实际情况，对接社区居委会、社会机构，与它们建立起协作关系。例如，在环境保护主题活动中，幼儿走进社区向爷爷奶奶、弟弟妹妹们宣传健康环保小知识；在爱心捐赠主题活动中，幼儿园向社区发起废旧物品回收倡议，共同为贫困山区的儿童献上爱心；在探秘昆玉河主题活动中，与自然之友公益组织建立联系，邀请自然之友的讲师走进幼儿园，为教师做北京市河流文化的讲解；幼儿及家长参与到自然之友"1+10"走清河活动中，在专业讲师的带领下，深度体验昆玉河文化；在节水主题活动中，幼儿走进南水北调爱国主义教育基地，与水务局共同组织节约用水宣传周活动。通过利用社会资源，幼儿感受到多样的文化氛围，获得了在园所内学习不到的经验，教师践行了"能在大自然大社会中体验的，教师就不轻易组织班级学习"的教育原则。

示例：

北京市海淀区颐慧家园幼儿园"家园社"协同教育模式下
幼儿主题游戏活动

北京市海淀区颐慧佳园幼儿园在"家园社"协同教育模式下的幼儿主题游戏活动的实践探索中，倡导幼儿园、家庭和社区三方应发挥各自的资源优势，在幼儿园开展主题游戏活动的过程中，协同合作、相互支持、相互促进，形成教育合

幼儿主题游戏活动指南

力，促进主题游戏活动目标的实现，进而促进幼儿的健康成长。

一、颐慧佳园幼儿园家庭与社区资源的内容与利用形式

结合家长调查及社区访谈，颐慧佳园幼儿园将可利用的家庭与社区资源进行分类整合。教师们围绕资源内容进行研讨，针对每类资源梳理出其具体利用形式。

幼儿园家庭与社区资源整合

资源类别	资源类型	具体资源项目	资源利用形式
家庭资源	人力资源	家庭成员及其亲朋的职业	家长课堂、指导区域游戏、玩教具制作、主题游戏活动设计、主题游戏活动宣传
		家庭成员及其亲朋的特长	
		家庭成员及其亲朋的闲暇时间	观摩幼儿活动、体验保育工作、参与家委会活动、家长志愿活动、与幼儿共同围绕主题活动开展调查、评价主题游戏活动效果
	物质资源	书籍、玩具、生活用品、工艺品、废旧材料	为主题游戏活动提供相应物品
		场地	为主题游戏活动寻找园外实践体验场所
	文化资源	家庭生活习惯	配合幼儿园生活常规培养
		家庭文化传统	参与幼儿园节庆主题游戏
社区资源	人力资源	社区工作者	参与幼儿社区主题游戏，走进幼儿园组织主题游戏
		派出所警察及社区保安	保护幼儿社区活动安全
		社区居民	支持幼儿走进社区活动
	物质资源	社区内的动物、植物	支持幼儿观察调查
		社区内的公共空间	拓展幼儿主题游戏活动场地
		社区周边的商场、超市、市场	拓展幼儿主题游戏活动场地，丰富幼儿主题游戏活动经验
		社区周边的公园和餐饮娱乐场所	
		社区周边的单位，如警察局、消防队、法院、环卫、学校	
		社区周边的博物馆	
	文化资源	南水北调及京密引水渠文化	拓展幼儿主题游戏活动场地，丰富幼儿主题游戏活动经验，培育幼儿审美及文化鉴赏能力
		玲珑塔文化	
		京门铁路文化	

二、"家园社"协同教育模式

颐慧佳园幼儿园深入分析幼儿、园所、家庭和社会的关系，以促进幼儿全面发展为中心，充分发挥幼儿园、家庭及社区对幼儿发展的价值，建立起"家园社"协同教育模式。

在此模式中，幼儿发展是最终目标，依据幼儿兴趣及需求生成主题游戏活动，在园所、家庭和社区协同提供的教育资源中，促进幼儿建构经验，获得全面发展。

幼儿园是模式中的关键桥梁，承接着联系家庭与社区，更新教师、家庭及社区的幼儿教育观念，挖掘家庭及社区中的教育资源，并将其运用到幼儿主题游戏活动之中的责任。

家庭是幼儿园重要的教育伙伴，社区是幼儿园重要的教育资源，在此模式中都为幼儿主题游戏活动提供资源的支持，并通过参与幼儿主题游戏收获一定的家庭及社会效益。

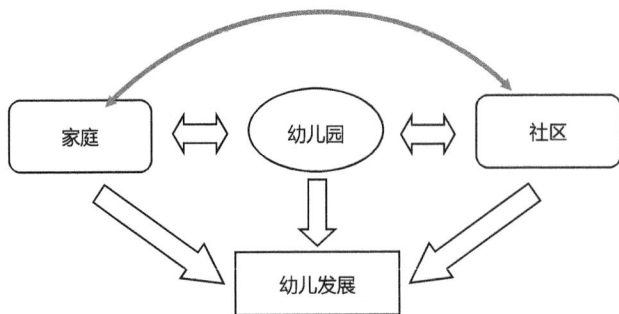

"家园社"协同教育模式

三、利用家庭及社区资源开展主题游戏活动的实践案例

颐慧佳园幼儿园教师与幼儿共构主题游戏活动，依托幼儿园"颐健康、慧生活、颐思考、慧创造"的园本课程，分级开展主题游戏活动，并且将家庭及社区资源融入其中。

在颐健康园本课程下，颐慧佳园幼儿园开展安全自护和阳光体育活动。例如，在阳光体育主题游戏课程下，开展园级区域体育游戏活动，幼儿打破班级界限，自主设计游戏内容，在幼儿园及家庭寻找游戏材料，利用全园户外游戏空间开展体育锻炼；幼儿园分年级开展社区锻炼，大班幼儿进行社区长跑及社区游戏，中班幼儿进行社区长跑，既拓展了本班幼儿运动空间，也为小班幼儿提供了更为宽敞的园内活动空间，为充足的体能锻炼提供保障；幼儿园分班级开展春秋季运动会，各班结合本班幼儿年龄特点，家园配合调查运动会的相关问题，幼儿自主设计运动会游戏内容，收集、制作游戏材料，不仅锻炼了身体，更感受到运动的精神，养成了向运动员学习，不怕困难，敢于挑战的品质。

在慧生活园本课程下，颐慧佳园幼儿园开展园级颐慧佳节活动，在固定的日子开展主题游戏活动，例如交换空间日、跳蚤市场日等，将园所内的资源和幼儿家庭资源充分利用起来，进行置换与分享。幼儿园分年级开展生态节庆活动，围绕一个共同的节日，各年级根据幼儿年龄特点进行节日教育，如在迎新年活动中，小班了解新年的来历，学说吉祥话；中班调查春节的习俗；大班设计如何过新年，通过分年级分解节庆教育的目标，让幼儿在三年的节庆活动中都能获得新经验。在班级中，开展城市阳光儿童主题活动，让幼儿在与同伴、家人的互动中获得心理及交往能力的发展。

在颐思考园本课程下，颐慧佳园幼儿园利用幼儿园及社区资源，系统开展快乐种植、社区调查、动物来啦、资源保护等主题游戏活动。如在快乐种植活动中，幼儿园创设生态小农庄、小花园，进行农耕节、丰收节等集体活动，邀请有种植经验的家长为幼儿介绍种植经验，走进周边种植园观察探究；各年级分别结合幼儿的年龄特点开展种植活动，小班观察植物的典型特征，中班对种植的两种植物进行对比观察，大班对植物蔬菜从播种到收获进行连续观察，发现蔬菜生长与温度、湿度、养分、空气等的关系；各班在自然角开展班级种植主题活动，结合本班幼儿兴趣对一个植物进行深入探究。

在慧创造园本课程下，颐慧佳园幼儿园注重对幼儿表达、表现和创造力的培养。如在语言表达培养方面，幼儿园开展园级的颐慧广播站活动，幼儿在家中准备播报内容，午睡前向同伴播报，离园前向家长播报；年级开展故事会、辩论赛等活动，从搜集讲述内容，到准备活动，到开展现场展示，幼儿都积极主动参与其中，家长们也为幼儿的活动提供着物质支持和亲身示范；班级开展每日家长微信小主播等活动，通过家园共同配合，提升幼儿的语言表达能力。

通过构建分级的主题游戏课程内容，幼儿实现了与班级、园所、家庭、社会的互动，并在其中亲身实践，直接感受、理解和认识周围事物，通过身体感知、心灵感悟、分享交流、共享资源，获得认知、技能、情感上的自主发展。

示例：

"有趣的数字"主题游戏活动方案设计 [①]

一、实施范围

大班。

二、设计缘由

在餐前游戏中，濛濛和大家分享了一个《数数歌》手指游戏后，念念说："我也会数字儿歌，一九一九好朋友，二八二八拉拉手……"孩子们争先恐后地分享着已会的数字儿歌，从中可以看出幼儿对数、数字游戏感兴趣。

《3—6岁儿童学习与发展指南》中指出："引导幼儿感知和体会生活中很多地方都用到数，关注周围与自己生活密切相关的数的信息，体会数可以代表不同的意义。"基于大班幼儿对数学的好奇和幼小衔接方面的能力准备，产生了本次家园主题亲子游戏活动"有趣的数字"。幼儿在与同伴、父母一起游戏

---

① 陈爱玲、赵杰、郭进梅、王梦月，北京市六一幼儿院。

的过程中获得认知与思维的发展，感受数学的实用和有趣，为即将升入小学打下基础。

三、活动目标

（一）能发现生活中处处有数字，感知和体会生活中数字的有趣和有用。

（二）能用多种计数方式得出数量75，创意拼摆作品，表达对幼儿院75岁生日的祝福。

（三）能发现生活中许多问题都可以用数学的方法来解决，进一步加深对数的认识，体验解决问题的乐趣。

（四）在数学游戏中敢于面对困难和挑战，正确对待游戏胜负，能够坚持并主动向同伴学习。

（五）在家园亲子游戏活动中，发现幼儿以游戏为基本活动的特点，利用生活中的玩具材料引导幼儿感知数量关系，促进幼儿思维发展。

（六）正确理解广义的幼小衔接，在有趣、有意的亲子游戏中尊重幼儿的学习方式，共同解决生活中的数学问题。

四、主题维度

以五大领域为导向——集体教育活动（五大领域）、家园亲子活动、区域活动。

五、主题网络图

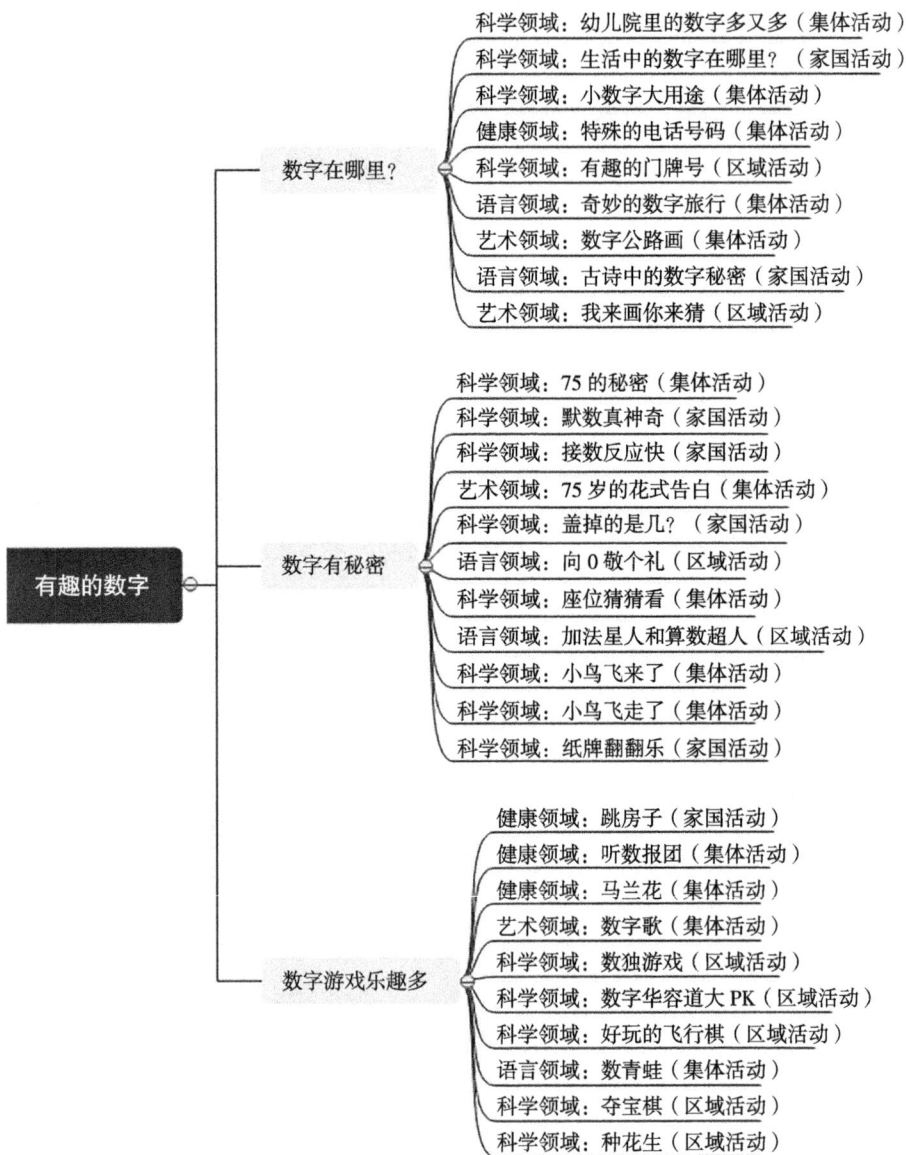

科学领域：幼儿院里的数字多又多（集体活动）

科学领域：生活中的数字在哪里？（家国活动）

科学领域：小数字大用途（集体活动）

健康领域：特殊的电话号码（集体活动）

数字在哪里？　科学领域：有趣的门牌号（区域活动）

语言领域：奇妙的数字旅行（集体活动）

艺术领域：数字公路画（集体活动）

语言领域：古诗中的数字秘密（家国活动）

艺术领域：我来画你来猜（区域活动）

科学领域：75 的秘密（集体活动）

科学领域：默数真神奇（家国活动）

科学领域：接数反应快（家国活动）

艺术领域：75 岁的花式告白（集体活动）

科学领域：盖掉的是几？（家国活动）

有趣的数字　数字有秘密　语言领域：向 0 敬个礼（区域活动）

科学领域：座位猜猜看（集体活动）

语言领域：加法星人和算数超人（区域活动）

科学领域：小鸟飞来了（集体活动）

科学领域：小鸟飞走了（集体活动）

科学领域：纸牌翻翻乐（家国活动）

健康领域：跳房子（家国活动）

健康领域：听数报团（集体活动）

健康领域：马兰花（集体活动）

艺术领域：数字歌（集体活动）

科学领域：数独游戏（区域活动）

数字游戏乐趣多　科学领域：数字华容道大 PK（区域活动）

科学领域：好玩的飞行棋（区域活动）

语言领域：数青蛙（集体活动）

科学领域：夺宝棋（区域活动）

科学领域：种花生（区域活动）

幼儿主题游戏活动指南

六、活动计划表（大班组）

计划时间段	本周目标	活动形式	活动名称	活动重点
5月第一周	1.通过寻找生活中的数字，初步理解数字在生活中的应用、给生活带来的方便。2.对探寻生活中的数字感兴趣，能大胆表达自己的发现和想法	教育活动	"幼儿院里的数字多又多"（科学）	初步感知生活中有许多地方都用到数，体会数可以代表不同的含义
			"小数字大用途"（科学）	了解数字在不同情境中的含义，知道数字在生活中的重要性
		家园活动	"生活中的数字在哪里？"（科学）	鼓励幼儿寻找生活中的数字，发现数字在日常生活中的有用和有趣
			"古诗中的数字秘密"（语言）	与幼儿寻找能够理解和欣赏的包含数字的古诗，感受数字在古诗中的妙用
		区域活动	"我来画你来猜"（美工区）	幼儿能用图画或符号等自己喜欢的方式，表达自己对包含数字的古诗的理解
			"有趣的门牌号"（益智区）	感受门牌号码与楼层、房间位置之间的对应关系。理解数字在生活中的应用
5月第二周、第三周	1.理解序数的含义，能用序数词正确表示10以内物体排列的次序。2.通过多种艺术形式，表达对数字的理解，引导幼儿大胆想象，敢于进行艺术创造。3.游戏中能积极观察、记忆、思考，学习进行初步的推理和判断	教育活动	"奇妙的数字旅行"（语言）	在阅读中，感知数与数量之间的关系，提升观察力和记忆力
			"特殊的电话号码"（健康）	了解生活中特殊电话号码的用途，知道简单的求救方法
			"数字歌"（艺术）	感受歌曲活泼欢快的风格，能随音乐合拍地做律动。尝试与同伴合作，大胆地用身体动作创编数字造型
			"数字公路画"（艺术活动）	能根据数字的特殊结构，进行丰富的马路情境描画，并用多样的线条大胆装饰
			"马兰花"（健康）	喜欢参与民间体育游戏，用数字的口令进行跳皮筋活动
			"数青蛙"（语言）	能够有节奏地说唱数字儿歌，感受数字融入儿歌的趣味性
			"座位猜猜看"（科学）	正确理解10以内单双数和序数的含义，并在游戏中运用
		家园活动	"盖掉的是几？"（科学）	利用百数表做猜数字游戏，能通过周围数字的线索来推断被遮挡的数字，发现数表规律
			"跳房子"（健康）	在数字情境中，进行单双脚连续跳房子，锻炼腿部力量和身体的协调性
		区域活动	"数字华容道大PK"（益智区）	尝试让所有的方块顺着数字的次序排列；提升逻辑思维能力和推理能力
			"数独游戏"（益智区）	知道数字数独的规则，掌握玩数独的方法

计划 时间段	本周目标	活动形式	活动名称	活动重点
5月 第四周	1.在游戏情境中，能够用多种数数方式发展计数的数学能力。 2.借助幼儿院75岁生日的游戏情境，尝试运用多种数数的方法，制作生日礼物。 3.能在数学游戏中敢于面对困难和挑战，有一定的坚持性	教育活动	"75的秘密"（科学）	能用2个2个数、5个5个数、10个10个数等多种计数方式，得出数量75
			"75岁的花式告白"（艺术）	能用生活中各种材料结合数量75，为幼儿院设计制作生日礼物
		家园活动	"默数真神奇"（科学）	目测默数，以眼的活动代替手的活动。家长可以以10个材料为一组与幼儿进行默数游戏
			"接数反应快"（科学）	从75以内任意一个数开始接着数，积累接数经验 从任意数字开始接数，给出结束截止数字，提高幼儿的专注力
		区域活动	"好玩的飞行棋"（益智区）	知道飞行棋的玩法，能按掷骰子的数量走棋，感受与同伴下棋的乐趣
6月 第一周	1.在游戏活动中借助实际情景和操作，理解数的分合。 2.借助实际情境和操作，理解"加"和"减"的实际意义。 3.正确对待游戏胜负，能够主动向同伴学习	教育活动	"加法超人和算数星人"（语言）	在丰富有趣的画面和问答游戏中，利用加和减解决情境中的问题
			"小鸟飞来了"（科学）	能理解加法中得数（和）与两个加数的包含关系
			"小鸟飞走了"（科学）	理解减法中被减数与减数、差的包含关系，正确推断被减数
		家园活动	"纸牌翻翻乐"（科学）	在游戏中掌握10的分合方法
		区域游戏	"夺宝棋"（益智区）	知道夺宝棋的玩法，能按投骰子上6以内的加减算式的得数开展游戏
			"种花生"（益智区）	运用数的分合经验，解决游戏情境中的问题，体验10以内数的多种分合方法

七、建议

（一）主题墙环境创设。

"有趣的数字"。

环境创设以幼儿感兴趣的数字游戏引入，粘贴幼儿说数字手指游戏的照片，以及关键提问："数字在哪里？"

版块1：数字在哪里？

展示幼儿在家中、幼儿院、社会中找数字的过程的图片。通过关键问题"这些数字有什么用？"以表格的形式展示师幼梳理的数字用途，感知数字与我们的生活息息相关，激发幼儿探究数字和数学学习的兴趣。

板块2：数字有秘密。

在寻找生活中的数字时，幼儿获得了我们的六一幼儿院要过75岁生日的好消息，萌发了要为幼儿院庆生的强烈愿望。在围绕庆生的讨论中产生了关键的问题，"75到底有多少？"墙饰呈现与幼儿院同岁的幼儿家人的照片；幼儿在生活中用不同材料得出75在长度、高度等量上的呈现，由此推动幼儿数概念的发展。幼儿对数的理解首先是在实物操作中表现出来的，然后逐步由表象水平发展到抽象的符号水平。

"75个数得清"呈现幼儿探索用不同的计数方式得出75的过程，2个2个数、5个5个数、10个10个数，得出数量75，体验按群计数，理解群数的意义，建立群数概念。

在庆生的真实情境"75岁花式告白"中，幼儿用数学的方式表达心声。呈现幼儿运用生活、游戏中75种不同的材料，发挥想象创作的生日礼物。例如用75个磁力片拼摆的六一幼儿院吉祥物"小飞龙"，用75根彩笔拼摆的生日蛋糕等。使幼儿感受数学的实用和有趣，促进幼儿数学认识与思维的发展，为小学的数学学习打下良好的基础。

板块3：数字游戏乐趣多。

呈现幼儿各种与数字相关的户外、区域、亲子游戏等的精彩瞬间。展现幼儿围绕数字活动，在艺术创造力、想象力等方面的收获。

（二）家园共育。

与家长沟通"有趣的数字"主题活动对幼儿发展的意义和目标，引导家长及时关注教师在班级群、家长园地对活动进展的介绍，支持幼儿的探索活动，共同激发幼儿对数字的探索兴趣，为活动开展积累经验。

1.和幼儿一起寻找生活中用到数字的地方和事物，鼓励幼儿了解和表达数的不同作用。

2.鼓励和支持幼儿发现并尝试解决日常生活中需要用到数学的问题，体会数学的用处。如拍球、跳绳等活动中的计数；购买少量物品时，有意识地鼓励幼儿参与计算和付款的过程等。

3.在教师的指导下设计与数字相关的游戏，在玩中积累数学关键经验，感受数学的有用和有趣，促进亲子关系。

活动内容	材料支持	家庭指导建议
生活中的数字在哪里？	照相机	指导家长和幼儿在相同环境下比赛找数字，看谁找到的生活中的数字多
古诗中的数字秘密	画纸、笔	指导家长采用飞花令的游戏方式和幼儿接龙朗诵带有数字的古诗
盖掉的是几？	打印出来的百数表、遮盖卡片	指导家长通过你盖我猜的互动式游戏发现百数表规律
跳房子	在宽阔的场地用粉笔画出跳房子的格子	指导家长和幼儿通过PK赛的形式开展游戏
默数真神奇	10个为一捆的小棍7组，9根单独的小棍。眼罩或丝巾	指导家长借助比赛的形式和幼儿开展默数游戏，发展幼儿的计数能力
接数反应快	小手偶一个	鼓励家长和幼儿积极互动开展接数游戏，帮助幼儿积累接数经验
纸牌翻翻乐	扑克牌一副	指导家长借助比赛的情境和幼儿互动，引导幼儿在游戏中掌握10的分合

（三）区域材料投放。

区域名称	投放材料及指导要点
益智区	纸牌、种花生、自制数独游戏、飞行棋、夺宝棋、数字华容道。 指导要点：观察幼儿是否理解游戏规则，通过对游戏材料的操作，提升幼儿对数字的敏感度、专注力和逻辑推理能力；理解和进行10以内的加减运算；激发幼儿对数字和数学游戏的兴趣
阅读区	《奇妙的数字旅行》《向0敬个礼》《数字迷宫》《加法星人和算数超人》《都到我这里来》《我家漂亮的尺子》《时间的故事》、沙画。 指导要点：观察幼儿是否能够对数学绘本的画面进行细致观察，并对故事情节发展进行合理的想象；鼓励幼儿尝试与同伴合作阅读，引导幼儿进一步感知数字、激发其对数字的好奇。通过沙画画数字，培养幼儿的书写能力
美工区	数字公路欣赏画、创意数字画材料。 指导要点：愿意用自己喜欢的方式装饰数字；鼓励幼儿大胆想象数字公路周围丰富的生活设施，如建筑、绿化、交通工具、交通标识、人员等

"有趣的数字"主题游戏活动设计（教案）之"纸牌翻翻乐" ①

一、实施范围

大班。

二、设计意图

纸牌是幼儿家庭生活中非常常见的游戏材料，也是幼儿十分喜欢的益智材料之一。进入大班第二学期，幼儿的抽象逻辑思维能力萌发，多数幼儿能够理解数量关系，进行简单的数运算。结合幼儿对纸牌的兴趣和纸牌材料本身的特点，设计了家园亲子游戏——"纸牌翻翻乐"。

三、活动目标

（一）在游戏中正确掌握 10 的分合方法。

（二）在亲子游戏中体验数字带来的乐趣。

四、活动准备

（一）物质准备：纸牌卡片（数字 1—9，纸牌 5 为两张，其他各一张）。

（二）经验准备：幼儿有 10 的分合的前期经验。

五、活动重点、难点

（一）重点：正确找到能够进行 10 的分合的纸牌。

（二）难点：能够记住纸牌的位置，快速找到能够组成 10 的纸牌。

六、活动过程

（一）导入部分。

家长运用猜谜语的方式导入，激发幼儿参与游戏的兴趣。

---

① 郭进梅、王梦月、赵杰，北京市六一幼儿院。

指导语：今天，妈妈带来了一个谜语，请你猜猜看谜底是什么呢？

谜语：兄弟五十几，生活在一起，一共两个王，四种十三等，有时在一起，有时闹分离，有时比我大，有时我管你。请你猜一猜，这是什么呢？

（谜底：纸牌。）

（二）游戏过程。

1. 介绍游戏名称和玩法。

指导语：今天，我们一起用纸牌来玩一个游戏，名字叫"纸牌翻翻乐"。

游戏玩法：妈妈从纸牌里选出了数字1—9的纸牌，5为两张，其他的数字均为一张。把它们分别整齐地倒扣在桌子上，我们通过石头剪子布的方式，谁赢了谁就翻两张纸牌，要求是这两张牌合起来的数字为10。如果是10，则把这两张牌拿走，放到自己手里，如果不是10，则倒扣继续石头剪子布，直到所有纸牌被取完，最后谁手里的牌多，谁为胜利者。

2. 游戏规则。

指导语：在游戏中要遵守游戏规则，不能提前看牌，并且两张牌合起来的数字一定要为10。如果违反规则，则暂停翻牌机会一次。

3. 家长和幼儿进行游戏。

指导语：原来1和9组成起来就是10。你是如何验证的？我们一起数一数纸牌上花色的点数，合起来是10吗？

重点关注：在游戏中，家长关注幼儿是否能够理解并遵守游戏规则。

（三）结束部分。

1. 家长和幼儿自评和互评游戏。

指导语：我们来看一看谁手中的牌多。

指导语：你都知道了哪两张纸牌上的数字合起来能成为10？我们来看一看10一共有几种组成方法吧！

指导语：我觉得你今天在游戏中能够遵守规则，并且快速记住纸牌的位置，你认真思考，积极动脑，你有进步啦！

2. 鼓励幼儿将纸牌收放好。

指导语：请你把纸牌整理好送回家吧，它们该回家休息了，我们下次再来一起玩吧！

七、活动延伸

家长可以依据幼儿的兴趣，开展其他数字分合的纸牌游戏，帮助幼儿巩固数的运算。

八、家园指导建议

（一）在游戏过程中家长应关注幼儿的年龄特点和发展需要，可以从 5 的分合来进行翻翻乐游戏初体验，根据幼儿发展需要，逐渐增加纸牌的数量开展 10 的分合、20 的分合等数运算游戏。

（二）在游戏过程中，家长关注幼儿的童言趣语，并可以用录音、文字等方式记录下来，了解幼儿在数学游戏中认知经验的不断发展。

"有趣的数字"主题游戏活动设计（教案）之"数字座位猜猜看"[①]

一、实施范围

大班。

二、设计意图

幼儿在一日生活中感受到了数字无处不在，并在各种发现和表达中感受着数字的有趣和有用。早晨来园签到时婷婷会主动说："老师，今天我是第 2 名，彤彤是第 5 名。"新闻播报时，坤坤说："今天是 5 月 12 日，全国防灾减灾日。"区域游戏时，北北用小尺子去测量种植的香菜，欣喜地说："我种的香菜已经长到 9 厘米啦！"幼儿在不断的探索和研究中，发现了数字在不同的地方表示的意义不同。于是，教师根据幼儿兴趣和发展需求，开展了"数字座位猜猜看"的数学游戏，

---

① 郭进梅、王梦月、赵杰，北京市六一幼儿院。

使幼儿感受数字给人们生活带来的秩序性，在实际情境和操作中发现单数和双数的规律，发展逻辑思维能力和推理能力。

三、活动目标

（一）正确理解10以内单双数和序数的含义，并在游戏中运用。

（二）能够根据已知数字推测出自己背后的数字，并找到对应的座位。

（三）在游戏中遵守游戏规则，体验"数字座位猜猜看"游戏带来的快乐。

四、活动准备

（一）物质准备：10把椅子（椅子上写上数字1—10）、数字卡片。

（二）经验准备：幼儿理解单数、双数和序数的含义。

五、活动重点、难点

（一）重点：理解10以内单双数和序数的含义，遵守游戏规则。

（二）难点：根据已知数字快速找到自己数字对应的座位。

六、活动过程

（一）活动导入。

通过朗诵数字儿歌，激发幼儿参与游戏的兴趣和愿望。

师：小朋友们，我们上次学习的数字儿歌，谁还记得怎么说吗？让我们一边说一边入场坐回座位吧。

儿歌：一二三，爬上山；四五六，翻筋斗；七八九，拍皮球；十个小孩在一起，我们都是好朋友。

师：今天，我们一起来玩一个新的数字游戏，名字叫"数字座位猜猜看"。

（二）基本部分。

1.教师出示游戏材料，介绍游戏玩法和规则，激发幼儿参与活动的兴趣。

游戏玩法：在我们面前有一排椅子，一共有10把。我会在小朋友后背上粘一个数字卡片，自己不能偷看自己的数字，可以看同伴背后的数字，但是同伴之间不能告密。请你猜猜看你的背后写的数字是几，然后坐到贴有相同数字的椅子上。

游戏规则：幼儿需要在规定时间内坐回座位上，如果没有在指定时间坐回座位，则游戏失败。如果在游戏过程中告密，违反游戏规则，则暂停游戏一次。

2.教师带领幼儿做游戏示范，帮助幼儿理解游戏规则。

教师先用数字1和2的卡片和两名幼儿做游戏。

玩法：请两名幼儿上前游戏，告诉他们背后将被分别贴上数字1和2，在不被幼儿看见的情况下随机为幼儿背后贴上数字卡片，并请幼儿猜猜看自己背后的数字是几，坐到对应的座位上。

师：他们找对座位了吗？你为什么坐在1的座位上？你为什么坐在2的座位上？

小结：虽然小朋友们看不见自己背后的数字，但是能看见其他人背后的数字。要想知道自己的数字是几，就要先观察其他人背后的数字，然后就能推断出自己的数字了。

3.游戏第一关：序数1—5数字座位猜猜看。

教师请5名幼儿进行闯关，幼儿使用序数1—5的数字卡片进行游戏。

师：大家都坐对了吗？

师：你是怎么判断自己背后的数字的？

4.游戏第二关：单数数字座位猜猜看。

教师请5名幼儿进行闯关，幼儿使用单数1、3、5、7、9的数字卡片进行游戏。规定在1分钟之内找到座位。

师：你是怎么判断自己背后的数字是几的？（先观察其他人背后的数字，然后就能推断出自己的数字了。）

师：他们坐的座位和背后的数字有什么共同点？（都是单数。）

5.游戏第三关：双数数字座位猜猜看。

教师请5名幼儿进行闯关，幼儿使用双数2、4、6、8、10的数字卡片进行游戏。规定在1分钟之内完成游戏。

师：这次的数字有什么共同点？（都是双数。）

6.游戏第四关：序数数字座位猜猜看。

教师请 10 名幼儿进行闯关，幼儿使用序数 1—10 的数字卡片进行游戏。规定在 1 分钟之内坐回对应的座位。

师：这次游戏为什么比前三次难了？

师：你是如何判断背后的数字的？

（三）结束部分。

1.师幼共同点评游戏过程中的精彩表现。

2.鼓励幼儿将数字卡片送回家，鼓励幼儿在区域活动中进行游戏。

师：请小朋友们把数字卡片送回家，欢迎小朋友们下次再帮助数字宝宝排座位。看看谁还有新玩法。

七、活动延伸

鼓励幼儿尝试创编新的数字座位游戏玩法和规则，并与同伴分享。

八、总结与提升

在此次活动中，幼儿通过"数字座位猜猜看"这一情境式的游戏方式，理解单双数、序数的含义，发展了推理能力和逻辑思维能力。幼儿在游戏中遵守规则、认真观察、积极思考，获得了游戏带来的愉悦感。

九、游戏活动策略

（一）通过说数字儿歌的方式导入，引出参与集体活动数字游戏内容，增加趣味性。

（二）创设找座位的游戏情境，激发幼儿的游戏动机，在游戏中发现双数单数规律，理解序数的意义。

（三）在"数字座位猜猜看"的游戏中，幼儿以闯关的形式参与。闯关本身就是大班幼儿非常感兴趣的游戏方式之一，通过闯关游戏营造游戏的心理环境，幼儿在一次次闯关中获得兴趣性、自主性、成就感等方面的游戏体验，便于幼儿理解单双数和序数的含义，获得数学核心经验发展。

（四）通过"把数字卡片送回家"的情境性语言表达，引导幼儿将数字卡片送到指定的区域中，以游戏化的情境创造游戏的心理环境。

（五）借助"看看谁还有新玩法"的语言，鼓励幼儿创编出数字座位游戏的新玩法，激发幼儿在区域中持续游戏的兴趣。

"电动车、燃油车大比拼"主题游戏活动方案设计 [①]

一、实施范围

中班。

二、设计缘由

最近班里一名幼儿在周末和爸爸妈妈去参观了汽车博物馆，回到班级后，向同伴介绍了自己去汽车博物馆的见闻，引发了班级幼儿对汽车的兴趣。幼儿开始在班级讨论自己见过的汽车，自己的汽车玩具等。拼插区的幼儿开始尝试拼汽车，介绍自己拼搭的汽车，美工区的幼儿开始画自己见过的汽车并与班级同伴讨论。

汽车成了班级热门的话题，有家长提议周末一起带幼儿去汽车博物馆参观，其他家长也积极响应，于是全班幼儿家长带领幼儿参观了汽车博物馆。回到班级后，幼儿积极地介绍自己的见闻，很多幼儿介绍了自己在汽车博物馆看到的新型能源汽车。追随幼儿的兴趣，我们班级开展了"电动车、燃油车大比拼"这一主题活动，希望幼儿在真参观真实践中获得相关的知识经验，同时观察能力和表达能力能有所提升。

三、活动目标

（一）了解汽车的种类、基本结构等相关信息，能用完整连贯的语言表达自

---

① 高云飞，北京市海淀区颐慧佳园幼儿园。

已对汽车的认识。

（二）感受汽车在现实生活中的作用，体验汽车与人们生活的关系。

（三）对比电动汽车和燃油汽车的区别，具备初步的环保意识。

（四）尝试用多种方式表达、表现与汽车相关的感受和体验，感受创造性活动的快乐。

四、主题网维度

（一）以幼儿认知发展规律为导向——感知汽车的不同；介绍自己喜欢的汽车；通过参观活动了解两种汽车的异同。

（二）以幼儿活动方式为导向——亲子活动，幼儿与家长一起参观汽车博物馆，开展亲子辩论赛；集体活动，在园内观察两种汽车，采访幼儿园车主老师，讨论两种汽车的不同，设计未来的汽车；区域活动，阅读汽车书籍，绘画制作汽车，开办汽车博物馆，搭建停车场。

五、主题网络图

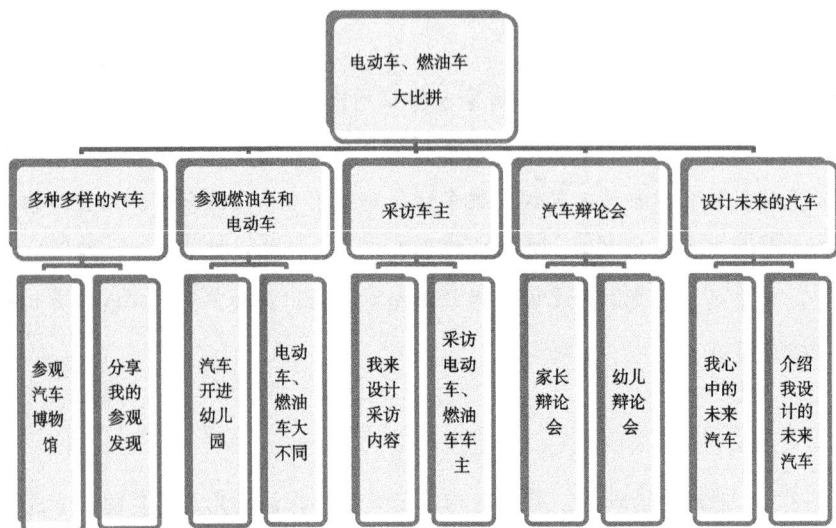

六、活动计划表

计划时间段	本周目标	活动形式	活动名称	活动重点
第一周	参观汽车博物馆，鼓励幼儿大胆地表达	集体教育	"多种多样的汽车"（语言领域）	幼儿介绍自己在汽车博物馆的发现
		区域活动	"绘画活动"（美工区）	幼儿介绍自己的发现，在美工区将自己的发现画下来
		亲子活动	"参观汽车博物馆"	幼儿和家长一起去参观汽车博物馆，并记录自己的发现
第二周	通过实地参观，了解电动汽车和燃油汽车的区别	集体教育	"参观燃油汽车和电动汽车"（社会领域）	了解电动汽车和燃油汽车的区别
		区域活动	"查阅资料"（图书区）	了解自己喜欢的车
		亲子活动	"再次参观汽车博物馆"（社会领域）	幼儿回家后参观家中的车，和家人一起探讨，对车有深入的了解
第三周	通过采访车主，初步了解燃油汽车和电动汽车各自的优点和不足	集体教育	"采访车主"（语言领域）	通过采访，有意识地获取自己想了解的信息
		区域活动	"查阅资料"（图书区）	了解自己喜欢的车
		亲子活动	"我喜欢的车"（语言领域）	幼儿和家长一起说说自己喜欢的车及理由，了解自己喜欢的车
第四周	通过辩论会活动，能够大胆表达自己的个人见解，坚定自己的意见	集体教育	"汽车辩论会"（语言领域）	能够大胆坚定地表达自己的意见
		区域活动	"辩论小能手"（语言区）	谈论自己喜欢的话题
		亲子活动	"家长辩论会"（语言领域）	家长示范辩论会，幼儿倾听激发辩论欲望及提高收集信息的能力
第五周	通过绘画、制作等活动，设计未来的汽车	集体教育	"设计未来的车"（艺术领域）	愿意用绘画、制作的形式表现自己的创意
		区域活动	"创意汽车"（美工区）	制作或绘画汽车
		生活活动	"我设计的车"（语言领域）	在生活中介绍自己设计的汽车

七、建议

（一）环境创设。

1.师幼一起制作汽车，思考怎样让自己制作的汽车跑起来，在美工区墙饰上展示。

2.鼓励幼儿对主题墙面进行设计，并讨论想要展示的材料。

3.主题墙第一部分展示幼儿参观汽车博物馆及自己的发现的照片。第二部分展示幼儿在幼儿园参观电车和油车以及采访车主的过程和收获。第三部分展示家长辩论会和幼儿辩论会及收集资料的过程。第四部分展示幼儿制作汽车的过程及做成的作品。

（二）家园共育。

1.家长带领幼儿参观汽车博物馆。

2.开展家长辩论赛活动，为幼儿做榜样。

3.家长指导幼儿的发言稿，鼓励幼儿大胆积极地发言。

4.亲子阅读与汽车有关的图书。

（三）区域材料投放。

区域名称	投放材料及指导要点
美工区	提供废旧材料，如纸盒子、吸管、瓶盖等。 指导要点：指导幼儿借助废旧材料，制作汽车，能够发现哪些材料可以做车身，哪些材料可以做车轮
阅读区	提供关于汽车的绘本、图片等。 指导要点：鼓励幼儿多看汽车绘本，能够讲述出自己观看的内容
科学区	提供塑料玩具小汽车，不同坡度的轨道。 指导要点：鼓励幼儿尝试、观察并发现怎样让小汽车跑得更快
益智区	投放关于车的分类卡。 指导要点：了解汽车种类，能按照不同维度将汽车进行分类
表演区	提供有关汽车的歌曲、伴奏以及相关头饰。 指导要点：鼓励幼儿进行表演创作
建构区	提供露露罐等材料。 指导要点：借助露露罐等材料，搭建马路、立交桥

"电动车、燃油车大比拼"主题游戏活动设计（教案）
之"设计未来的车"①

一、实施范围

中班。

二、设计意图

本游戏活动源于幼儿主题活动"电动车、燃油车大比拼"，在主题开展的前几个阶段，幼儿通过参观、调查、辩论等多种方式了解了电动车和燃油车的不同，在这一阶段，我们给予幼儿充分的设计平台，让他们通过自己的创意、想象，来设计未来的车，以期方便未来人们的生活。

三、活动目标

（一）充分发挥想象力，设计未来的车。

（二）愿意用手工制作、捏泥等方式表现自己的创意。

（三）愿意向同伴大胆介绍自己设计的车。

四、活动重点、难点

（一）活动重点：愿意用绘画、制作的形式表现自己的创意。

（二）活动难点：能够清楚地表达自己设计的车。

五、活动准备

（一）经验准备：幼儿对电动车和燃油车的优点和不足有所了解。

（二）物质准备：纸黏土、木棍、瓶盖、胶棒、纸盒、药盒、双面胶等辅助材料。

---

① 高云飞，北京市海淀区颐慧佳园幼儿园。

六、活动过程

（一）谈话导入，激发幼儿参与设计活动的兴趣。

教师：在上次的辩论会中，小朋友们都知道了电动车和燃油车的优点与缺点，那有没有一款车既能满足电动车车主的需求，也能拥有燃油车的优点呢？今天，我们小朋友来当设计师，设计一款未来的车。想想未来的车会是什么样子的呢？

（二）积极表达，说出自己的设计想法。

1. 鼓励幼儿大胆说出自己的想法。

教师：谁想说一说，你能不能设计一款未来的车，能够集合电动车和燃油车的优点，还有一些特殊的功能？

2. 幼儿发挥自己的想象力，设计一款未来的车。

教师：你们想象的车都太棒啦，相信未来有了你们设计的车，我们的生活将更加便利。

小结：教师鼓励幼儿大胆地想象，对于幼儿设计的车教师要给予充分的肯定。

（三）充分探索，幼儿动手进行创作。

1. 提供游戏操作材料，幼儿选择材料制作自己设计的车。

教师：小朋友们设计的车都太厉害了，接下来你们可以自己选择喜欢的材料进行创作。看看这些材料哪些可以做车厢？哪些可以做车轮？

2. 幼儿充分与材料互动，自主进行手工活动。

教师巡回指导，观察幼儿工具的使用情况及活动遇到的问题，并引导幼儿想办法解决。

（四）交流分享，经验提升。

1. 先完成的小朋友可以进行分享，说一说自己设计的车有什么功能。

教师：已经完成的小朋友可以与同伴进行交流分享，介绍一下自己设计的未来的车。它有什么功能？能否节省资源等。

2. 作品展示，幼儿将自己的作品放到展示台上进行展示，增加幼儿的自信。

教师：今天你们设计的车都非常棒，请将已经完成的作品放在展示台上进行展示。

小结：教师为幼儿创设宣传展示的场地，为幼儿提供在集体面前讲解自己作品的机会，提升幼儿的语言表达能力。教师还可以在活动后把幼儿的作品全部收集起来，举办未来汽车博览会，邀请幼儿园其他班级小朋友来参观，每名幼儿都是小小讲解员，负责介绍自己的车。

七、拓展延伸

（一）召开汽车博览会，邀请其他班级幼儿来参观，提高幼儿的讲述能力。

（二）幼儿在美工区可以继续进行车的创意，设计出未来的汽车。

八、总结与提升

电动车和燃油车都有优点和缺点，我们希望未来能有一种车既节能又环保，还能跑得远，幼儿通过自己的创意、想象开始设计，未来的车是什么样的呢？为幼儿提出了更高的挑战。中班幼儿具有天马行空的想象力，每个幼儿都设计了一辆未来的汽车，并为自己设计的汽车赋予了一个名称和一个小故事。相信他们设计的车就是我们未来的车。

九、游戏活动策略

（一）在幼儿说一说自己设计的汽车环节，教师给予幼儿充分的表达机会，鼓励幼儿充分发挥自己的想象力，想象未来的车是什么样子的。把自己设计的车介绍给大家。他们设计的车有的带翅膀，可以在陆地上跑也可以飞起来。有的设计的是环保节能的车，还有的设计的车的形状是球形的。

（二）在幼儿动手制作汽车环节，幼儿充分地与材料互动，积极动手操作，乐意把自己的手工作品分享给同伴和教师。

（三）展示环节，教师为幼儿搭建介绍自己作品的平台，幼儿变成了讲解员，每个幼儿都能积极、连贯地讲解自己的作品。

（三）引入优秀传统文化资源开展社会主题游戏活动

2014 年，中华人民共和国教育部正式颁布《完善中华传统优秀文化教育指导纲要》，大力弘扬传统文化的时代强音落地生根。2017年中共中央、国务院办公厅印发了《关于实施中华优秀传统文化发展工程的意见》，提出要按照一体化、分学段、有序推进的原则，把中华优秀传统文化全方位融入思想道德教育、文化知识教育、艺术体育教育、社会实践教育各环节，贯穿于启蒙教育、基础教育、职业教育、高等教育、继续教育各领域。

幼儿园作为幼儿教育的第一站，正日益成为优秀传统文化传承的重要阵地。通过精心设计的主题游戏活动，如围绕二十四节气展开的自然探索游戏、反映延安精神的历史情境游戏、展现京味文化的民俗体验游戏，以及各类融合民间艺术的创意手工游戏，使得幼儿在轻松愉悦的氛围中接触和感受传统文化的魅力。这些游戏不仅丰富了幼儿园的课程内容，也创新了教学形式，使幼儿在沉浸式体验中习得知识、培养品格、激发潜能，进而成长为具备良好道德情操、创新思维能力和强烈社会责任感的未来公民。

1. 二十四节气及其价值

习近平总书记指出，"一个国家、一个民族的强盛，总是以文化兴盛为支撑的，中华民族伟大复兴需要以中华文化发展繁荣为条件"。中国是农业大国，起源于农耕文化。我国的节气文化源远流长，二十四节气是中国最古老的农耕时令的记录，是中华民族优秀的传统文化之一，被国际气象界誉为"中国第五大发明"。具有实现文化传承之愿景，融合丰富的精神内涵与人文科学价值于一体的节日系统，蕴含丰富的育人价值。2016年11月30日，二十四节气被正式列入联合国教科文组织人类非物质文化遗产代表名录。在幼儿园结合五大领域带领幼儿对节气教育活动开展有目的认知和实践，是将中华优秀传统文化不断发扬光大和传承。

（1）二十四节气。

《农业大词典》中对二十四节气的解释是"反映一年中自然现象与季节特征的二十四个节候"①。《中国历史大词典》中有这样的描述："历法名词，中国古代历法的重要概念。本为民间对十二个中气和十二个节气的总称，古称

---

① 《农业大词典》编辑委员会 . 农业大词典 [M]. 北京：中国农业出版社，1998.

二十四节气。二十四节气的建立，起源于中国黄河流域，是表示季节、气温、雨量和物候的记录"①。二十四节气是我国古代历法的重要组成部分之一，是不断地在生活实践中形成的。最开始，二十四节气是作为农业上的补充，发展到现在，它的价值已经被更多人熟知，二十四节气综合了天文学、气象学以及农学等多方面的科学知识②，在我们的生活中起到重要的指导作用。

（2）二十四节气的价值。

二十四节气的价值非常高。它能调理养护我们的身体，也能带给我们一种警示：不注意节制，不注重身体的平衡，是会伤害到我们自身健康的。二十四节气中的大量农谚可以作为农事的指导资源，改善农业生产；二十四节气的文化价值丰富人们的精神资源，给予人们正确的价值观引导。

对人体健康的价值。二十四节气与身体健康息息相关，对应不同的节气，身体会表现出不同的生理现象③。学者陈丽文在《太极图——球的演进与互补在中医学中的应用研究》一文中探究了二十四节气与人体之间的关系，指出"节气影响了我们人体的新陈代谢，要想身体健康，那就得注意节气时令变化"④。刘婷婷在《二十四节气养生中华健康书》一书中指出，"二十四节气的变化影响着不同年龄、不同性别人群、不同体质的人，这种影响主要表现在人们的经络运行、人体生物钟等健康方面"⑤。由此，我们可以看到二十四节气对我们人体健康有重要的影响。

对中国传统农业的重要价值。吕波、路楠主编的《节气·农谚·农事》主要是结合节气和农事总结规律，为人们的农业生产提供参考。陈丹在《二十四节气在现代农业中应用须注意的问题》一文中主要是从二十四节气为农业生产做出的贡献来探讨二十四节气在现代农业中的应用前景，指出如果

---

① 郑天挺，吴泽，杨志玖．中国历史大辞典（上卷）[M]．上海：上海辞书出版社，2000．

② 白冰．"二十四节气"中的中国传统色彩研究 [D]．重庆：重庆大学，2015．

③ 彭书淮．二十四节气 [M]．北京：中国纺织出版社，2007．

④ 陈丽文．太极图——球的演进与互补在中医学中的应用研究 [D]．广东：广州中医药大学，2009．

⑤ 刘婷婷．二十四节气养生中华健康书 [M]．郑州：中原农业出版社，2008．

二十四节气和现代科学相结合，既能不断增添二十四节气的新活力，还可以丰富农业的发展内容[1]。

深厚的文化价值。"二十四节气有深厚的文化积淀，与二十四节气相关的诗词曲赋名篇佳作有很多"[2]。天漩在《农历二十四节气——古老而伟大的发明》一文中认为二十四节气包含文化元素，我们庆祝的节日，所举行的节日仪式、参加的节日活动都是传统文化的一部分[3]。余世存在《时间之书：余世存说二十四节气》一书中从侧面切入节气，论及中国传统习俗和中国人的生存之道。任今晶在《二十四节气的审美文化研究——以诗歌为例》一文中选取与二十四节气有关的诗歌作为研究的切入点，并对二十四节气进行文化溯源[4]。

2. 二十四节气融入教育

（1）二十四节气融入教育的作用。

中华传统文化是中华民族人文精神的积淀，是我们的民族之根、民族之魂。《中华传统文化：二十四节气》讲述了中国博大精深的传统文化，时至今日，依然可以从中汲取智慧和精神力量。通过中国传统文化"二十四节气"教育活动的开展，可以加深幼儿对传统文化的了解，使每个幼儿都切实感到中国传统文化带给他们的快乐和影响。

（2）学校教育中节气的价值。

在学校教育中，传统节气、节日都有巨大的意义。《正确认识和对待中国传统文化——以二十四节气为例》一文，强调我们要以正确的方式来传承和发挥传统节气价值[5]。杨裙在《触摸自然之律——以二十四节气为主题研究"亲自然"课程为例》一文中以二十四节气作为主题线索，帮助儿童建立与自然的联系，拉近儿童生活与自然的距离，并将中国的传统文化进行传承[6]。钟

---

① 陈丹.二十四节气在现代农业中应用须注意的问题 [J].广西气象，2001（2）：63-64.

② 王荣荣.二十四节气融入幼儿园课程的行动研究 [D].重庆：西南大学，2011.

③ 天漩.农历二十四节气——古老而伟大的发明 [J].中国国家天文杂志，2009.

④ 任今晶.二十四节气的审美文化研究——以诗歌为例 [D].甘肃：西北民族大学，2017.

⑤ 周红.正确认识和对待中国传统文化——以二十四节气为例 [J].渤海大学学报（哲学社会科学版），2015（1）：157-158.

⑥ 杨裙.触摸自然之律——以二十四节气为主题研究"亲自然"课程为例 [J].福建教育，2017.

倩瑜在《基于二十四节气的园本课程资源开发与建构》一文中主要以广州市第二幼儿园二十四节气课程资源的开发为例，探讨二十四节气新课程目标制定、内容挖掘与编排、课程实施的具体情况，以促进幼儿园课程多元化、综合化发展，促进幼儿全面发展[①]。王荣荣在《二十四节气融入幼儿园课程的行动研究》中从节气文化的教育价值出发，设计了幼儿园节气课程[②]。《二十四节气引入幼儿园美术教学活动中的可行性研究》一文主要通过对课堂案例的分析，探索二十四节气引入幼儿园美术教学活动的可行性[③]。以上文献以传承措施为论述点，提出改善学校、教师的态度，转变教学手段和丰富教学资源以及强调传统文化。

3. 幼儿园节气教育的实践

（1）将二十四节气引入幼儿园教育的现实意义。

将二十四节气引入幼儿园教育非常具有现实意义。二十四节气综合了天文、气象、物候等多方面的知识，较准确地反映了一年四季的基本特征，而且二十四节气和幼儿的生活密切相关，易于被幼儿感知，将其融合渗透到原有的课程中，能够促进幼儿园课程多元化、综合化发展。

（2）传统文化具象化实践在幼儿园的实施。

将中国传统的二十四节气融入幼儿园教育，不仅能够丰富课程内容，提升其多元性和综合性，还能通过社会主题游戏活动，促进幼儿全面发展。

具体可以实施基于园本特色的课程资源开发，将二十四节气的文化内涵、自然规律与幼儿日常活动紧密结合，构建一个全面、系统的课程体系。优化幼儿园的自然环境布局，使之与二十四节气的变化相呼应，如设置季节性植物区、天气观察站等，为幼儿提供直观感知节气变化的机会。结合不同节气的特点，开展相应的健康教育活动，如春季注重养肝、夏季强调防暑等，引导幼儿形成良好的生活习惯。组织以节气为主题的传统文化体验活动，如制

① 钟倩瑜. 基于二十四节气的园本课程资源开发与建构 [J]. 早期教育（教科研版），2017.

② 王荣荣. 二十四节气融入幼儿园课程的行动研究 [D]. 重庆：西南大学，2011.

③ 欧阳婷. 二十四节气引入幼儿园美术教学活动中的可行性研究 [D]. 重庆：重庆师范大学，2016.

作节气手工、品尝节气美食等，同时鼓励幼儿与家人共同参与，增进家庭与幼儿园之间的互动交流。因此，将二十四节气教育与社会领域主题游戏活动相结合，不仅能促进幼儿对传统文化的深入理解，还能在其成长过程中培养出对自然环境的敬畏之心，以及健康、和谐的社会交往能力。

示例：

中国农业科学院附属小学附设幼儿班"二十四节气中的主题游戏活动"

中国农业科学院附属小学附设幼儿班依托《幼儿园教育指导纲要（试行）》《3—6岁儿童学习与发展指南》，在幼儿主题游戏活动的实践探索中，将二十四节气与幼儿园五大领域课程进行有机结合。在主题活动设计与实施过程中，结合主题思维导图等方式，探究适合不同年龄段幼儿的节气体验活动的内容形式、总结节气主题活动实施过程中的环境创设、结合家园共育共同探讨二十四节气主题活动。推动中华优秀传统文化不断传承和发扬光大，提升教师的实践能力，提高幼儿学习传统文化的积极主动性，促进幼儿学习的整体性发展。

1. 推动中华优秀传统文化不断传承和发扬光大。

在刘园长的带领下，通过将近三年的园本教研活动，教师们对中国传统文化二十四节气中反映四季变化的节气："立春、春分、立夏、夏至、立秋、秋分、立冬、冬至"，反映温度变化的节气："小暑、大暑、处暑、小寒、大寒"，反映天气现象的节气："雨水、谷雨、白露、寒露、霜降、小雪、大雪"，反映物候现象的节气："惊蛰、清明、小满、芒种"进行了培训学习交流，教师们再将其内化，落实到日常教育教学过程中，结合五大领域带领幼儿对节气教育活动开展有目的的认知和实践，将中华优秀传统文化不断传承和发扬光大。

2. 提升教师的实践能力。

结合节气活动梳理教育实践中的经验、策略，形成《哇，我们的二十四节气》教育活动案例集共计24册，并组织教师撰写有关中国传统文化二十四节气的专题总结。教师在教研活动中积极研讨学习的意识和活动组织能力有所提高，新入职教师能主动思考、积极参与讨论，促进了教师实践能力的发展。

3.提高幼儿学习传统文化的积极主动性，促进幼儿学习的整体性发展。

我们挖掘二十四节气教育价值并应用于幼儿园的传统文化教育，让幼儿在主动参与、亲身实践、亲身体验和直接经验的基础上，通过合作探究，习得知识与技能，并受益终身。

示例：

"爱在重阳"主题游戏活动整体方案设计 [①]

一、实施范围

中班。

二、设计缘由

农历九月初九是我国的重阳节，重阳节又叫"老年节"，尊老、敬老是中华民族的传统美德。老年人需要的也许并不是钱物，不是礼物，而是一声深情的问候……创建一个敬老、爱老、养老、助老的氛围，需要全社会的参与。儿童是祖国的未来，为了更好地从小培养他们敬老爱老的优良习惯，幼儿园在重阳节组织孩子们了解自己身边的老人，发现他们对自己的爱，然后用自己的方式表达对他们的爱。

三、活动目标

（一）幼儿知道重阳节是我国的传统节日，是老人的节日，初步了解重阳节的风俗习惯。

（二）幼儿乐意参与重阳节的相关活动，尝试用自己的方式表达对老人的关心。

---

① 吴迪，北京市海淀区民族幼儿园。

（三）幼儿了解老人对自己的爱，并且有关爱老人、孝敬老人的情感与行动。

四、主题维度

（一）主要以幼儿经验发展（认知发展）为导向——初步认识，进一步探究、体验。

（二）以儿童发展目标为导向（五大领域），从中渗透幼儿发展目标（五大领域）。

五、主题网络图

		教育活动	区域活动	生活活动
爱在重阳	知重阳	活动1："重阳节"（语言） 活动2：《重阳席上赋白菊》（古诗） 活动3："美味的重阳糕"（艺术） 活动4："登高"（体育） 活动5："赏菊"（美术欣赏） 活动6："菊花"（艺术临摹） 活动7："我身边的老人"（家园调查） 活动8："我身边老人的喜好"（家园调查）	美工区：涂色《菊花》、水墨画《菊花》、手工"捏菊花""重阳糕" 语言区：背与重阳节相关的古诗、唱与重阳节相关的儿歌 表演区：为重阳节的儿歌设计舞蹈动作或者用乐器进行配乐 小餐厅：特色美食"重阳糕"	了解重阳节习俗（赏菊、吃重阳糕、登高）
	品爱意	活动1："爷爷奶奶本领大"（音乐） 活动2："爷爷一定有办法"（语言） 活动3："爷爷年纪大"（科学） 活动4：《九月九日忆山东兄弟》（古诗）	活动1："爷爷一定有办法"（语言区） 活动2："爷爷奶奶本领大"（表演区）	讨论爷爷奶奶为我们做了哪些事情？
	传孝道	活动1："我为爷爷、奶奶做饺子"（艺术） 活动2："奶奶对不起"（社会） 活动3："奶奶夸我孝顺"（语言）	美工区：我为爷爷奶奶做礼物（饺子、重阳糕、贺卡、菊花） 表演区：为爷爷奶奶献唱歌舞表演 建筑区：搭建属于老人的房子	讨论我们能为老人做什么？

六、活动计划表

时间段	本周目标	活动形式	活动名称	活动重点
第一周 10.9—10.16	知道重阳节是我国传统节日，是老人的节日，初步了解重阳节的风俗习惯	教育活动	"重阳节"（语言）	了解重阳节的来历和不同时期的风俗
			《重阳席上赋白菊》（古诗）	理解诗词内容，感受重阳节的节日氛围和古诗词的韵律
			"菊"	欣赏并临摹，使用"侧弯"的笔法进行菊花的创作
			"美味的重阳糕"（泥工）	以压、捏、搓的泥工技巧进行创作
			"登高"（体育）	通过攀高，提高身体素质培养身体技能
			家园合作小调查——我身边的老人及老人的喜好	通过调查了解自己身边的老人（爷爷奶奶），知道他们每天做了什么？喜欢做什么？
		区域活动	画、涂、折菊花	以多种形式进行创作
			为重阳节相关儿歌伴奏或创编舞蹈	感受歌曲的韵律，丰富幼儿肢体动作
			重阳糕	为老人做出特色美食
		生活活动	我身边的重阳节	观察重阳节人们都是怎么庆祝的；思考我们可以为老人做哪些事情
第二周 10.19—10.23	通过观察老人对自己的照顾，感受老人对自己的爱	教育活动	"爷爷奶奶本领大"（音乐）	了解老人在年轻时候的故事与成就，培养幼儿对老人的尊敬之情
			"爷爷一定有办法"（语言）	通过绘本，了解到爷爷的本领，感受爷爷对我们的爱
			《九月九日忆山东兄弟》（古诗）	理解诗词内容，感受古诗词的韵律
		区域活动	"爷爷奶奶本领大"（歌表演）	能根据音乐内容进行动作创编
			"爷爷一定有办法"（语言）	能够大胆复述故事内容，感受爷爷的厉害之处和对小主人公的爱
		生活活动	小组、同伴之间讨论	讨论爷爷奶奶为我们做了哪些事情？

时间段	本周目标	活动形式	活动名称	活动重点
第三周 10.26—10.30	1.体会老人的辛苦和身体上的不足,激发关爱老人的情感,培养幼儿尊老、敬老的传统美德。 2.乐意参与重阳节活动,尝试以多种艺术形式制作礼物来表达对老人的关心和祝福	教育活动	"我为爷爷、奶奶做饺子"(艺术)	愿意为老人做家务,尊敬老人,表达对老人的爱
			"奶奶对不起"(社会)	敢于承认错误,并表达对老人的尊敬和喜爱
			"奶奶夸我孝顺"(儿歌)	讲述为老人做的事,激发幼儿孝敬老人的良好美德
			"爷爷奶奶我爱你"(艺术)	能用多种艺术表现形式表达对老人的爱
		区域活动	"神奇的眼镜"(科学)	体验老花镜、近视镜的不同之处
			"制作礼物"(美工)	以多种艺术形式进行创作
			"设计老年公寓"(建筑)	引导幼儿关注老人的需求,以新颖的方式进行公寓搭建
			"为老人表演节目"(表演)	以为老人表演为主题,幼儿展现自己的才艺
		生活活动	"我为老人做了哪些事情"	鼓励幼儿为老人做力所能及的事情
			"我是尊爱老人的好宝宝"	培养幼儿尊老、爱老的良好品德

七、建议

(一)主题墙环境创设。

1.知重阳。

以故事图片的形式为幼儿展示重阳节的大概由来,通过水墨画、泥工、剪纸等艺术形式展示重阳节的一些习俗;了解身边的老人喜欢做什么。

2.品爱意。

以绘画的形式收集日常生活中老人为幼儿做的一些事情,感受老人对幼儿无微不至的照顾。

3.传孝道。

以照片的形式记录下幼儿在家中或者社会中为老人做的事情,利用多种艺术表现形式制作礼物,送给自己的爷爷奶奶,表达自己的爱。

（二）家园共育。

1. 知所以。

（1）与幼儿收集不同版本的重阳节来历，丰富幼儿知识，重阳节当天开展风俗活动。

（2）我身边的老人有哪些？

（3）我的（　　）喜欢做哪些事情？

（4）我可以为他们做哪些事情？

2. 品爱意。

在生活中有意识地引导幼儿关注老人为家里做的事情。

3. 传孝道。

家长要为幼儿做出榜样，在家中要树立老人为尊的家风；找到自己可以为老人做的事情。

（三）区域材料投放。

区域名称	投放材料及指导要点
美工区	投放制作贺卡的相关装饰材料、水墨画材料、泥工、画笔、剪刀、折纸、胶棒等工具
阅读区	提供绘本《爷爷一定有办法》《重阳节》，引导幼儿理解故事内容，了解重阳节的来历
科学区	投放老花镜、近视镜，感受两种镜子的不同，体验老人眼花的感受
益智区	投放筷子、豆，为爷爷奶奶挑豆，促进幼儿小肌肉发展
表演区	提供有关端午节的歌曲或儿歌、伴奏以及相关头饰，鼓励幼儿进行表演创作
小餐厅	由美工区制作重阳糕，与餐厅结合，指导幼儿做出特色美食
建构区	投放各种积木，鼓励幼儿发动脑筋创作方便老人居住的房子

"爱在重阳"主题游戏活动设计（教案）之"我为爷爷、奶奶做饺子"[①]

一、实施范围

中班。

---

① 吴迪，北京市海淀区民族幼儿园。

二、设计意图

农历九月初九重阳节是我国的传统节日，又叫"老年节"。在这个特殊的日子里，为了让幼儿感受中华传统美德，让幼儿体会与老人之间浓浓的亲情，并用自己的行动来表达对爷爷奶奶的情感，营造一个爱老敬老的氛围，幼儿园创设"我为爷爷、奶奶包饺子"活动，让幼儿通过实践懂得去爱自己的爷爷奶奶，爱自己身边的每一位老人。

三、活动目标

（一）尝试用团圆、压扁、捏紧等方法为爷爷、奶奶做饺子。

（二）愿意为爷爷、奶奶做事情，表达自己的爱。

四、活动准备

（一）各色彩泥、泥工板。

（二）《爷爷亲、奶奶亲》的音乐。

五、活动重点、难点

（一）活动重点：尝试用团圆、压扁、捏紧等方法做饺子给爷爷奶奶，表达自己的爱。

（二）活动难点：尝试用团圆、压扁、捏紧等方法做饺子。

六、活动过程

（一）手指游戏"包饺子"，引起幼儿参与兴趣。

小手摊开，包饺子（伸出左手手掌）。

擀擀皮（右手在左手上做擀皮状）。

和和馅（右手手指立在左手手掌上做和馅的动作，就像手指在抓挠）。

包个饺子（说一个字，用右手食指依次点着左手的手指）。

香喷喷的饺子给谁吃（用右手把左手手指包起来，盖住，问孩子）。

（孩子说给谁吃，就把饺子递到谁的嘴边。）

教师引导：马上就到重阳节了，你最想把饺子送给谁呢？

（二）学习包饺子。

（出示橡皮泥）问：包饺子需要几个步骤？

小结：需要把橡皮泥揉圆，然后压扁成皮，最后加上"馅"捏紧成饺子，你们学会了吗？

师：那我们一起来包饺子吧！

（三）包饺子。

在音乐声中，为爷爷、奶奶制作饺子（教师指导幼儿掌握团圆、压扁、捏紧的方法）。

（四）结束。

师：我们一起来看看大家的饺子，说说你想把饺子送给谁！

七、活动延伸

幼儿可以把"饺子"带回家。请大人帮助，记录幼儿与家里老人的互动。幼儿在家里可以帮助爷爷奶奶做家务，或者捏捏肩、捶捶背。

八、总结与提升

本次活动设计符合本班幼儿的年龄特点及认知水平，组织内容比较丰富，从手指游戏的导入到手工制作，激发幼儿的游戏兴趣，大部分幼儿能够掌握团圆、压扁、捏紧等包饺子的方法，个别幼儿需要教师指导。幼儿参与度高，都争相包饺子，送给自己的爷爷奶奶，体会手工的快乐。

九、游戏活动策略

首先，在活动的导入部分，引入手指游戏，激发幼儿参与兴趣。其次，引出用团圆、压扁、捏紧的方法包饺子，并引导幼儿把自己包的饺子送给身边的老人。最后，记录下幼儿与老人之间的互动，感受彼此之间流露的爱。

"秋分的故事"主题游戏活动整体方案设计 ①

一、实施范围

中班。

二、设计缘由

在去年一年的活动中，班级幼儿了解和体验了很多节气的特点和习俗。九月份开学后即将进入秋天，很快将迎来秋分节气，秋分节气有着秋祭月、放风筝、送秋牛、吃野菜等习俗。这些习俗能够很好地融入幼儿的生活中，让幼儿在生活中体验。同时中秋节正好在秋分节气中，将中秋节赏月、品月饼等活动与节气活动融合在一起，使幼儿更加深入地体会到秋分秋祭月的习俗。另外，秋分节气天气开始变冷，身边发生了变化，例如：衣服增多，落叶，秋收等，为了让幼儿感受秋分节气的特点和变化，班级开展了"秋分的故事"主题游戏活动。

三、活动目标

（一）了解秋分节气，知道秋分节气的来历以及习俗。

（二）感知秋分的特点，体验秋分节与人们生活的密切关系。

（三）大胆地通过语言、绘画等方式表现自己对秋分的理解和感受。

（四）能够坚持做一件事情。

（五）积极运用多种感官和周围事物，体验乐趣和成就感。

（六）喜欢操作易于使用的美术工具和材料，进行自我表现。

（七）和家人共度中秋节，体验秋分秋祭月的习俗。

---

① 刘晶，中国农业科学院附属小学附设幼儿班。

四、主题维度

结合我园开展的二十四节气园本课程，以及秋季开学迎来的第一个节气"秋分"，班级开展活动，活动围绕"秋分我知道""秋分的月亮""我眼中的秋分"等开展，让幼儿了解秋分的特点和习俗。

五、主题网络图

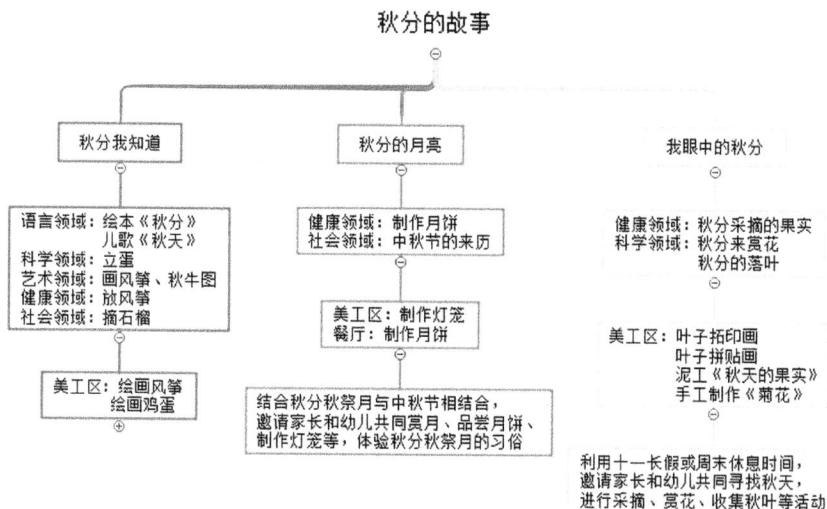

秋分的故事

秋分我知道

语言领域：绘本《秋分》
儿歌《秋天》
科学领域：立蛋
艺术领域：画风筝、秋牛图
健康领域：放风筝
社会领域：摘石榴

美工区：绘画风筝
绘画鸡蛋

秋分的月亮

健康领域：制作月饼
社会领域：中秋节的来历

美工区：制作灯笼
餐厅：制作月饼

结合秋分秋祭月与中秋节相结合，
邀请家长和幼儿共同赏月、品尝月饼、
制作灯笼等，体验秋分秋祭月的习俗

我眼中的秋分

健康领域：秋分采摘的果实
科学领域：秋分来赏花
秋分的落叶

美工区：叶子拓印画
叶子拼贴画
泥工《秋天的果实》
手工制作《菊花》

利用十一长假或周末休息时间，
邀请家长和幼儿共同寻找秋天，
进行采摘、赏花、收集秋叶等活动

六、活动计划表

时间段	活动名称	活动重点	重点活动场地
9月第一周	绘本《秋分》	了解秋分节气的特点和习俗	室内活动
9月第二周	儿歌《秋日风光》	熟悉儿歌内容，了解秋分的特征，能够进行复述	室内活动
9月第三周	欣赏《秋牛图》	了解《秋牛图》的绘画内容，知道"送《秋牛图》"是秋分的习俗	室内活动
9月第四周	秋分立蛋	知道秋分立蛋的习俗，尝试体验立蛋游戏	户外活动

时间段	活动名称	活动重点	重点活动场地
9月 第五周	画风筝、放风筝	乐于动手绘制风筝，体验秋分画风筝的习俗	室内/外活动
10月 第一周	制作月饼	了解制作月饼的方法，并愿意动手制作月饼	室内活动
10月 第二周	秋祭月	和家人共同进行赏月、品月饼、制作灯笼等活动，体验秋分秋祭月的习俗	室内活动
10月 第三周	秋天的果实	知道秋天是收获的季节，了解秋天收获的果实以及多种用途	室内活动
10月 第四周	落叶大变身	认识秋天不同种类的落叶，发现叶子的特征	室内活动

七、建议

（一）环境创设。

1.结合秋分节气特点，将教室环境创设为秋天的氛围，以黄色以及橘黄色为主色调，并添加秋天丰收的果实、麦穗等装饰。

2.教师提供丰富的美工及废旧材料，邀请幼儿绘画风筝、彩蛋等。放在区域和班级环境中，供幼儿欣赏和感受秋分节气送秋牛、放风筝以及立蛋的习俗。

3.开展每日天气播报活动，在天气预报记录表中进行简单的天气记录，直观发现秋分后天气渐渐变冷的特点。

（二）家园共育。

1.邀请家长在家和幼儿共同制作秋分美食"吃秋菜""吃螃蟹"，在制作和品尝中感受秋分节气的特点。

2.利用节假日的秋游、踏青等活动，邀请家长带领幼儿一起放风筝、采摘、赏花等，体验秋分节气的特点。

3.中秋节时，邀请家长和幼儿共同赏月、做月饼、做灯笼等，体验秋分节气秋祭月的习俗。

4.亲子阅读推荐书目:《秋分》《落叶跳舞》《风中的树叶》《叶子先生》。

（三）区域材料投放。

区域名称	投放材料及指导要点
美工区	1.提供彩笔、彩纸、剪刀、胶棒、颜料等美工材料。引导幼儿掌握它们的使用方法，并制作和绘画《送秋牛图》以及装饰彩蛋。 2.提供秋天的树叶以及果实，请幼儿进行绘画和装饰，让幼儿在装饰中体验秋天果实和树叶的特点。 3.提供风筝的半成品，请幼儿装饰风筝
阅读区	提供关于秋分节气以及秋天的绘本《叶子先生》《落叶跳舞》《风中的树叶》，请幼儿了解秋分节气的特点
科学区	1.收集秋天的果实和落叶，让幼儿进行观察和种植。 2.请幼儿种植红薯，观察生长过程，进行记录
益智区	自制"秋分节气翻翻乐"，引导幼儿了解秋分节气的特点和习俗
表演区	提供有关秋分的歌曲、儿歌以及各种乐器，鼓励幼儿根据歌曲使用乐器进行基本伴奏
小餐厅	提供面粉、豆沙等食材，邀请幼儿进行节气美食制作，体会秋分节气品尝月饼、汤圆的习俗

"秋分的故事"主题游戏活动设计（教案）之"落叶大变身"①

一、实施范围

中班。

二、设计意图

秋天到了，树叶飘零，掉落下来的叶子可以成为幼儿开展游戏的天然材料，在制作中幼儿可以发挥想象力和动手能力，同时也能够近距离地观察落叶，了解落叶的不同特征。

三、活动目标

（一）认识秋天不同种类的落叶，发现叶子的特征。

（二）愿意大胆想象，动手制作叶子画。

---

① 刘晶，中国农业科学院附属小学附设幼儿班。

四、活动准备

（一）精神准备：知道秋天树叶变色掉落，并收集落叶。

（二）物质准备：PPT、落叶、纸、笔、胶棒。

五、活动重点、难点

（一）活动重点：能够认识不同种类的落叶，发现叶子的特征。

（二）活动难点：愿意大胆想象，动手制作叶子画。

六、活动过程

（一）启发讨论。

教师指导语：小朋友们，秋天到了，你发现周围有什么变化吗？

（二）共同交流，了解不同落叶的名称和特点。

教师指导语：你收集了哪些落叶呢？

请你说一说你收集的是什么落叶？

落叶是什么样子的？

（三）观看PPT，发现叶子的不同形态。

教师指导语：你们知道落叶会变身吗？

我们一起来看一看叶子都是什么样的吧！

（四）幼儿动手制作百变落叶画。

教师指导语：你们手里也有很多的落叶，你想不想将手中的叶子进行变身呢？请你自己动手制作吧。

七、拓展延伸

在美工区投放落叶等相关材料，让幼儿在区域游戏时间进行制作，发挥幼儿的想象力，提高幼儿的动手制作能力。

八、总结与提升

在本次活动中，提供给幼儿落叶，并结合绘本中落叶的不同状态，启发幼儿进行想象和创造。另外，在制作落叶作品时，幼儿可以仔细地观察叶子的形状和特点，了解秋天落叶的形态。

九、游戏活动策略

（一）鼓励幼儿日常收集落叶，引导幼儿了解落叶的特征。

（二）邀请幼儿制作叶子画，鼓励幼儿发挥想象力进行创作。

（三）邀请幼儿分享自己的作品，增加幼儿的自信。

第七章 未来的幼儿主题游戏活动会是什么样

一、当前幼儿主题游戏活动的整体状况

从 2019 年 9 月，海淀区"幼儿主题游戏活动设计与实施研究"课题面向 10 所实验园开展的问卷调研数据分析，可以了解当前幼儿园主题游戏活动的概况：依据主题开展的形式占据主导地位；多数幼儿园游戏活动主题的设计体系已经初步形成，需进一步完善；多数主题游戏活动以班为单位；主题游戏活动的探索集中在一日生活的部分环节。

（一）依据主题开展的形式占主导

幼儿园游戏活动中依据主题开展的形式占据主导地位。数据显示（如图 1 所示），绝大多数游戏活动都是按照主题设计的（91.32%），有一小部分游戏活动是不按主题设计的（8.68%）。

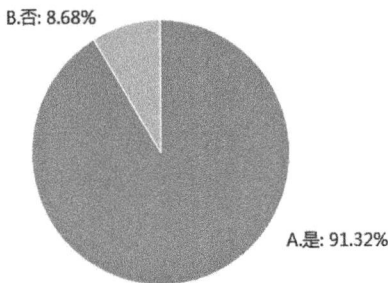

图 1 幼儿园游戏活动按照主题设计的情况

（二）主题的设计体系初步形成

多数幼儿园游戏活动主题的设计体系已经初步形成，但仍需进一步完善。数据显示（如表1所示），"已经形成完整系统的体系"的幼儿园占据一定比例（28.93%），但过半数、占比最大（59.5%）的情况是"形成一定体系，需进一步完善"，并且仍存在一定比例（11.16%）"比较零散、随机，尚未形成体系"的情况。

表1　幼儿园游戏活动主题的设计体系形成情况

选项	小计	比例	
A. 已经形成完整系统的体系	70		28.93%
B. 形成一定体系，需进一步完善	144		59.5%
C. 比较零散、随机，尚未形成体系	27		11.16%
D. 其他	1		0.41%
本题有效填写人次	242		

二、幼儿主题游戏活动有待改进之处

（一）以班为单位的主题设计是主体

通过对"游戏活动的主题框架设计与实施涉及的范围"进行考察，可以了解到以班为单位的主题设计是主体。数据显示（如图2所示），以班级为单位进行主题设计的居多（71.9%），一些园所做到了主题的"全园整体设计"（69.01%）和"年级为单位"（60.74%），存在少量主题"以教师个人为单位"的情况（26.86%）。

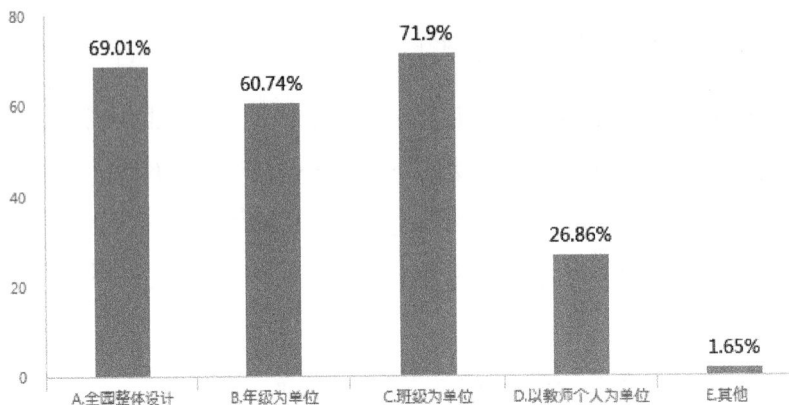

图 2　游戏活动的主题框架设计与实施涉及范围的情况

（二）探索集中在一日生活的部分环节

当前主题游戏活动的探索集中在一日生活的部分环节。对教师们在不同环节中开展主题游戏活动的次数进行排序（如图 3 所示），主题游戏活动最多开展在"集体教学活动"（4.01），其次是"区域活动"（3.92），在"户外活动"（3.26）中有一定涉及，在"生活活动"（2.63）中涉及较少。

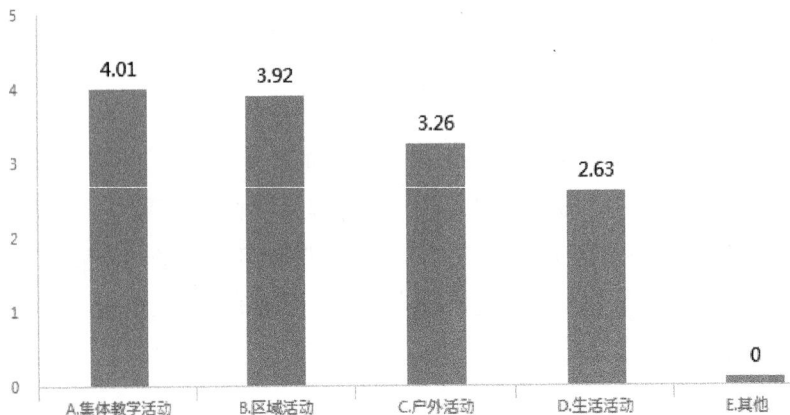

图 3　主题游戏活动在幼儿园一日生活不同环节中涉及数量的排序情况

幼儿主题游戏活动指南

三、幼儿主题游戏活动发展方向

幼儿主题游戏活动方案多数以班级为单位进行设计，大多是在"集体教学活动"环节。追问和反思主题游戏活动及主题设计的初衷，重温《幼儿园教育指导纲要（试行）》的精神指引，可以找到幼儿主题游戏活动的发展方向。

（一）课程开发以班级为基本单位

首先是从幼儿的角度。教师在主题设计中，不但要依据幼儿发展的一般指标，如年龄特点、现有发展水平和幼儿兴趣，还要有一些更为个性化的依据，如本班幼儿在某一时期的特殊问题和幼儿发展中出现的特性化问题，如没有规则意识、不爱喝白开水、吃饭挑食；其次是从教师的视角。教师扮演着推进课程内容、协调人际关系、开发课程资源等角色。特别是"园本课程"的研发，应符合园所每一个班级特点，并在此基础上因经验交流、资源共享而形成幼儿园层面上的共性、系统的课程。

（二）年级、园级层面拓展

当前幼儿园游戏活动主题的体系化建设需要进一步加强。过半数的幼儿园游戏活动的主题设计是"形成一定体系，需进一步完善"，并且仍存在一定比例幼儿园游戏活动的主题"比较零散、随机，尚未形成体系"的情况。从主题框架设计与实施涉及的范围看，以班级为单位进行主题设计的居多，宏观层面的全园整体设计和以年级为单位进行主题设计的存在发展空间。

主题游戏活动设计的综合性、体系化反映着幼儿园课程设计架构中，育人目标的系统性、结构化、合理化程度，影响着幼儿全面协调有序发展的进程。为了实现幼儿的健康成长、全面发展，需要幼儿园在开展主题游戏活动时，努力实现活动设计的系统性、科学性，要逐步实现主题设计在年级、园级层面的统筹规划，在不断拓展的过程中日益完善。

（三）向一日生活更多环节延伸

当前幼儿主题游戏活动多集中在集体教学活动和区域活动环节，在一日生活其他环节涉及较少。《幼儿园教育指导纲要（试行）》提出："开展丰富多彩的户外游戏和体育活动；科学、合理地安排和组织一日生活。"幼儿主题游戏活动应该在一日生活的更多环节延伸，在户外活动、生活活动、过渡环节做出更多尝试和探索。

（四）深入开展游戏化的育人活动

1. 加强对体育活动游戏化的研究

在幼儿主题游戏活动的实践研究中，要加强对活动游戏化的研究。要加强对游戏活动形式、游戏内容的研究，要创新户外阳光体育的内容和形式，将幼儿的身心健康放在首位。将体育的核心经验转化为具体的游戏活动教学目标、教学内容和教育反思。

例如，要努力开展最真实、最常态、最生活化的幼儿园美术活动游戏化的实践研究。研究幼儿园美术活动怎样回归生活？美术活动怎样更好地与园本课程融合？要进一步挖掘美术活动的价值，提升教师的教育教学水平。

2. 努力提升幼儿主题游戏活动的综合育人价值

在幼儿主题游戏活动的实践研究中，要努力提升其综合育人价值。例如，在活动的预设和生成中，要探索如何充分发挥音乐的综合价值；在主题游戏活动的实践中，要进一步充分挖掘音乐的综合价值；在后续的实践中，继续研究音乐主题与区域游戏、环境创设等方面的融合。

随着主题游戏活动的研究与深入，需要相关理论的支持与专家的引领，提升自身的理论水平，让研究有理有据，让幼儿在主题游戏活动中真正获得发展。首先，要继续学习相关文件，并在研究与实践中落实文件精神，并将主题游戏活动与区域游戏、环境创设等结合，促进主题游戏活动的深入开展。其次，要分析主题游戏活动的成果与需要深入研究的地方，并制定研究方案。再次，要针对主题游戏活动研究与教师的需求，有针对性地进行培训与学习，提升教师的相关素养与指导幼儿进行主题游戏活动的能力。最后，要结合相关领域关键经验和核心目标，深入挖掘其内涵与其他课程的融合，促进幼儿全面发展。

（五）加强"家园社"合作育人

1. 丰富"家园社"协同育人模式的具体实施策略

在幼儿主题游戏活动的实践探索中，需要进一步丰富"家园社"协同育人模式的具体实施策略，使实践研究更具实践价值。幼儿园只有把家庭和社区的教育资源充分利用起来，并将"家园社"协同育人的模式落实在幼儿教育的方方面面，才能促进幼儿园主题游戏活动的开展，使幼儿的游戏活动达到最优化。

2. 深入探索过程性评价

幼儿主题游戏活动的实践探索，还需要关注实施过程中的评价，过程性评价主要来源于教师、幼儿互动和家长互动，缺乏客观的评价量表。教师可以参考幼儿园游戏中的评价量表来设计，针对五大领域可以有些具体的指向性条目和分值，帮助家长更加清晰和明确，针对不同的领域自己要观察什么，了解什么。此外，教师在分析家长和幼儿亲子游戏视频时，可以参考和运用师幼互动 CLASS 量表，对家长和幼儿的互动，以及游戏过程做出适宜的评价，帮助聚焦家长促进幼儿主动学习的核心互动，为研究家园指导策略中家长和幼儿的互动框架和内容，提供更多的可能性。

（六）基于幼儿园主题游戏活动的课程建设

基于幼儿园主题游戏活动的课程由许多主题构成，这些主题都是以领域为中心组织的，因主题内核不同，分为幼儿健康主题游戏活动、幼儿社会主题游戏活动、幼儿语言主题游戏活动、幼儿科学主题游戏活动、幼儿艺术主题游戏活动。在每个学期或学年的主题安排上可以有两种选择：（1）不规定主题，由教师和幼儿共同确定主题，依据主题内核的内容倾向性确定是哪一类主题。如，与"进餐"有关的主题可以是健康主题活动，教师可以以健康领域为"骨架"，主导整个主题的走向。这种情况给予教师在内容选择方面的空间较大，但对教师素质的要求比较高。（2）每个学期可以规定教师以每个领域为骨架各进行1—2次主题游戏活动，但不规定主题的名称和顺序。这种方式首先能够均衡课程内容。其次，对于年轻的教师来说，在实施主题游戏活动的过程中有参考依据，避免盲目性。最后，课程整体由多个领域的主题游戏活动组成。既保留了各领域的系统性，领域之间又有横向联系，从而促进幼儿的全面发展。

后　记

　　北京市海淀区"幼儿主题游戏活动设计与实施研究"课题，从2019年7月启动以来，在海淀区教育科学研究院领导的高度重视和关心下，遴选了13所幼儿园开展子课题研究工作，走过了一段艰辛的理论研究实践探索之旅。

　　五年来，在总课题组系列专题培训、个别化指导的引领下，各子园所经过努力学习，逐步领悟了幼儿主题游戏活动设计与实施的基本思路与常规步骤，进一步清晰了凸显游戏属性的注意事项，在集体教育活动、区域活动、户外活动等幼儿园一日活动，乃至亲子活动中创造性地开展研究与实践。组建教师研究团队，充分调动了教师参与幼儿主题游戏活动设计与实施的积极性和主动性。园所广大干部教师努力梳理符合幼儿身心发展规律的内容、有利于实现幼儿主题游戏活动的主题，将实践的经验进行反思提炼，形成一批高质量的研究论文、主题游戏活动案例、视频资源，提炼出一系列幼儿主题游戏活动设计与实施的操作流程和实践策略。

　　课题研究得以顺利进行并取得理想的实践效果，我们要感谢中国教育科学研究院基础教育研究所刘占兰研究员，北京师范大学教育学部课程与教学研究院郭华教授，北京师范大学学前教育研究所所长洪秀敏教授，北京教科院早期教育研究所廖丽英副研究员，在课题开题论证过程中，为我们带来专业引领，明确未来努力的方向。我们还要感谢中国教育科学研究院学前教育研究室主任高丙成副教授，北京教科院早期教育研究所所长苏婧研究员，北京师范大学学前教育研究所李晓巍教授，首都师范大学学前教育学院李相禹老师等多位专家，海淀区教育科学研究院原党支部书记高培志、教师发展研究所严星林所长以及海淀区教育学会闫顺林秘书长、谭可老师在课题研究推进过程中给予的指导与支持，实现课题研究思路的不断清晰，精品研究成果的甄选提炼。

与此同时，我们要感谢积极参与课题研究的 13 所幼儿园（按单位名称拼音排序）：北京明天幼稚集团（负责人：雷海环，执行人：刘光洪）；北京市海淀区美和园幼儿园智学苑分园（负责人：白春芝，执行人：齐春婷）；北京市海淀区民族幼儿园（负责人：任宝丽，执行人：翟卉）；北京市海淀区七一小学附属实验幼儿园（负责人：刘翠红，执行人：吴林）；北京市海淀区上林溪二十一世纪实验幼儿园（负责人：李静，执行人：付桐桐）；北京市海淀区上庄科技园区幼儿园（负责人：张春晖，执行人：徐燕）；北京市海淀区唐家岭新城幼儿园（负责人：吴燕利，执行人：姚艳）；北京市海淀区颐慧佳园幼儿园（负责人：杨意，执行人：白桦）；北京市六一幼儿院（负责人：曹雪梅，执行人：陈爱玲）；中国科学院第三幼儿园（负责人：杨红，执行人：刘颖）；中国农业科学院附属小学附设幼儿班（负责人：刘静，执行人：闫斐）；中国人民大学幼儿园（负责人：郑宇红，执行人：李天舒）；中央军委机关事务管理总局红星幼儿园花园路园（负责人：郭爽，执行人：潘菲）。正是这些园所园长、干部教师的积极参与，以及坚持不懈的努力，使课题研究任务得以圆满完成。

通过研究与实践，幼儿园干部教师、幼儿家长明晰了幼儿身心发展规律和特点，更新了教育理念。教师能更好地为幼儿创设出一种特定的、快乐的情境，促使幼儿在游戏的带动下全身心地参与活动，提高参与活动的积极性和主动性。通过开展多样化的主题游戏活动，幼儿不再按照固定的、死板的思维模式去观察、思考和学习，而是大胆尝试，自主探究游戏的玩法、自由表述自己的想法，使思维得以激活，想象力得以延伸；促进幼儿对问题产生多种见解，为幼儿后续学习打好基础。

五年来，北京市海淀区教育科学研究院总课题组在教科院吴颖惠院长全过程高位引领，宋官雅副院长、燕海霞副院长、林子尧副院长的悉心指导，

　　　　　　　　　　　幼儿主题游戏活动指南

在方建红所长、金建花老师、赵欣老师的大力支持，以及石宇老师的协助下，形成了团结、和谐、创新、高效的研究团队。

本书的出版发行，离不开多方人员的积极参与和共同努力。本书由吴颖惠策划、审稿；李艳莹负责撰写体例框架，第一、七章的撰写，第二、三章内容的增补完善及统稿修订；白鸽负责起草第二、三章初稿及第四、五、六章的撰写。感谢课题组干部教师（按姓氏拼音排序）：白桦、陈爱玲、付桐桐、何奕昕、贾慧娟、李艳、刘翠红、刘光洪、吕明丽、马闻瞳、潘菲、齐春婷、邵玉鹏、王梦月、王哲莹、吴林、徐燕、闫斐、杨红、张媛媛、赵杰等为本书的撰写提供了素材，使书稿内容更加丰富，形式更加活泼。

尽管课题研究取得了预期的成果，积累了丰富的实践经验，但是由于时间、条件等多方面的限制，研究还处于初步探索阶段，尚有一些不尽如人意之处。相信在今后的实践推进过程中，我们还会不断地完善和改进。

2024 年 9 月